Robert H. Schuller

365 Zeichen der Hoffnung

Robert H. Schuller

365 Zeichen der Hoffnung

Andachten für das ganze Jahr

Titel der englischen Originalausgabe:
365 Positive Thoughts

© 1998 by Crystal Cathedral Ministries
Published by Crystal Cathedral Ministries, Garden Grove, CA

© 2001 der deutschen Ausgabe
by Gerth Medien GmbH, Asslar
3. Auflage 2004

ISBN 3-89490-383-X

Die Bibelstellen wurden, wenn nicht anders angegeben, der Einheitsübersetzung entnommen.

Auf der Grundlage der neuen Rechtschreibung.

Übersetzung: Rosina Erb
Umschlaggestaltung: Michael Wenserit
Umschlagfoto: stone
Satz: Die Feder GmbH, Wetzlar
Druck und Verarbeitung: Ebner & Spiegel, Ulm

Nachdruck, auch auszugsweise, nur mit Genehmigung des Verlages.

Inhalt

Vorwort 7

Januar
Unmögliches wird möglich! 9
Verwirklichen Sie Ihre Möglichkeiten! 16
Hingabe 23
Selbstvertrauen 30
Ausdauer 37

Februar
Mut 44
Friede sei mit dir! 50
Aus Liebe vergeben 58
Hoffnung 65

März
Neues Leben 71
Erwarten Sie Wachstum 79
Nachfolge 86
Jesus ist Herr! 93

April
Auferstehungskraft 100
Öffnen Sie die Tür! 107
Gottes Gegenwart 114
Der Friede Gottes 121

Mai
Friede im Herzen 129
Ein Überwinder sein 135
Der Segen Gottes 142
Die Macht des Gebets 149
Leben in Fülle 156

Juni
Vergebung 163
Gott kann es! 170

Gott sorgt für uns! 177
Gott rettet! 185

Juli
Gott will Wunder tun! 191
Mit Gott reden 198
Liebe dich selbst! 205
Der Blick vom Gipfel 213
Erkenne dich selbst! 220

August
Es ist möglich! 226
Die Zukunft 233
Gottes Kraft in mir 240
Begeisterung für heute und morgen 247

September
Fürchte dich nicht! 254
Spannungen abbauen 261
Befreien Sie Ihre Fantasie! 268
Im Beginn liegt der Gewinn! 275
Hören und das Licht reflektieren 281

Oktober
Loblied auf den Mut 289
Schwächen werden zu Stärken 296
Wissen, wohin die Reise geht 303
Wachsender Glaube 310

November
Leben aus Gottes Kraft 317
Veränderung 324
Dankbarkeit 331
Offen sein für Neues 338

Dezember
Erwarten Sie mehr! 345
Erwarten Sie Liebe! 352
Stern der Freude 359
Erwarten Sie Wunder! 366

Vorwort

Dieses Buch soll Sie dabei unterstützen, all die wunderbaren Möglichkeiten zu entdecken, die Gott für Ihr Leben geplant hat.

Für mein Leben ist ein Vers des Propheten Jeremia sehr wichtig geworden:

„Denn mein Plan mit euch steht fest:
Ich will euer Heil und nicht euer Unglück.
Ich habe im Sinn, euch eine Zukunft zu schenken,
wie ihr sie erhofft. Das sage ich, der Herr"
(Jer 29,11; Gute Nachricht).

Ich bete darum, dass dieses Buch Sie ermutigt, damit Sie voller Freude nach den großen und guten Plänen Ausschau halten, die Gott sich für jeden Tag Ihres Lebens ausgedacht hat.

Ich empfehle Ihnen auch, bei dem Lesen des Andachtsbuches an den entsprechenden Stellen Ihre Antworten und Reaktion zu notieren. Viele Menschen haben mir bestätigt, dass gerade das sehr hilfreich für sie war.

Erlauben Sie Gott, dass er Sie verändert, indem Sie lernen, loszulassen, sich zu öffnen und Dinge zu wagen, und mit neuer Kraft in das kommende Jahr zu gehen.

Und vergessen Sie eines nicht: Gott liebt Sie! Glauben Sie daran und leben Sie jeden Tag in dieser Liebe!

Robert H. Schuller
Garden Grove, Kalifornien

Unmöglisches wird möglich! 1. Januar

„Nichts wird euch unmöglich sein" (Matthäus 17,20).

Wenn Sie lernen, daran zu glauben, dass auch Unmögliches möglich ist, dann können Sie in diesem Jahr viel Freude, aufregende Spannung und große Begeisterung erleben. Wir sind oft nur deshalb so unglücklich und verzweifelt, weil unsere Gedanken ausschließlich um Probleme kreisen. Wenn wir aber unsere Aufmerksamkeit hauptsächlich auf unsere Probleme richten, dann haben wir schon so gut wie verloren. Blicken wir jedoch auf die Möglichkeiten, die immer noch mit jedem Problem verbunden sind, dann haben wir bereits halb gewonnen.

Wie kann man lernen, darauf zu vertrauen, dass Unmögliches möglich ist? Fangen Sie damit an, dass Sie sich auf irgendeinen großen, schönen Traum festlegen, der Ihnen unmöglich erscheint. Beschreiben Sie diesen Traum:

_____

_____

_____

Und nun lassen Sie Ihrer Fantasie freien Lauf! Die einzigen Grenzen, die dabei gelten, sind die Grenzen der Moral und der Ethik. Rechtliche Fragen oder finanzielle Probleme sollten Ihren kreativen „Fluss" nicht einschränken, wenn Sie im Folgenden über zehn Möglichkeiten nachdenken, wie Sie Ihr Problem lösen bzw. Ihren unmöglich erscheinenden Traum verwirklichen können:

1. _____   6. _____
2. _____   7. _____
3. _____   8. _____
4. _____   9. _____
5. _____   10 _____

Ich will erwartungsvoll und fröhlich in dieses Jahr gehen, denn für Gott ist nichts unmöglich!

2. Januar — *Unmögliches wird möglich!*

*Z*ehn Gebote für den Umgang mit Ideen, die Gott mir schenkt:

1. Ich will ja dazu sagen, auch wenn ich diese Idee zunächst nicht für möglich halte.
2. Ich will diese Idee niemals abblocken, nur weil sie mit Schwierigkeiten verbunden ist, oder mit ihrer Umsetzung warten, bis eine Lösung in Sicht ist.
3. Ich will diese Möglichkeit begrüßen, auch wenn ich sie noch nie ausprobiert habe oder mir nicht vorstellen kann, wie das geschehen soll.
4. Ich will einen Plan erstellen, um ein Scheitern möglichst auszuschließen.
5. Ich will mit anderen zusammenarbeiten, um eventuelle gute Ideen zu unterstützen, auch wenn mir nicht alles daran gefällt.
6. Ich will kreative Ideen niemals fallen lassen, nur weil noch nie jemand damit Erfolg hatte.
7. Ich will daran glauben, dass jede konstruktive Idee Wirklichkeit werden kann, auch wenn ich selbst nicht genügend Zeit, Geld, Verstand, Energie, Talente oder Gaben dafür habe.
8. Ich will einen Plan oder ein Projekt niemals ablehnen, nur weil er/es nicht ganz perfekt ist.
9. Ich will einen Vorschlag niemals ablehnen, nur weil er mir nicht selbst eingefallen ist, weil ich das Geld nicht aufbringen kann, weil er mir keinen persönlichen Gewinn bringt oder weil ich nicht lange genug leben werde, um den Erfolg zu ernten.
10. Ich will niemals aufgeben, nur weil ich am Ende meiner Möglichkeiten angekommen bin, sondern Gott für den Knoten am Ende des Seils danken und mich daran festhalten!

Erfolg ist ein Gedanke Gottes,
darum wird er alles in meinem Leben
zum Guten wenden!

Unmögliches wird möglich! 3. Januar

„Wer Gott vertraut, dem ist alles möglich"
(Markus 9,23; Gute Nachricht).

Als meine Frau und ich nach Kalifornien zogen, um eine Gemeinde zu gründen, wurde uns gleich bei unserer Ankunft gesagt, dass es keinen passenden Raum gäbe, in dem wir unsere Gottesdienste abhalten könnten. *Nichts Passendes!* Was für eine negative Auskunft, die nur das Unmögliche sah!

Auf dem Weg nach Kalifornien hatten wir über zehn mögliche Räume nachgedacht, in denen wir beginnen könnten. Jetzt, wo wir mit einem Problem konfrontiert waren, leistete uns diese Liste wertvolle Dienste. Wir besaßen nichts außer einem geliehenen Harmonium und 500 Dollar.

Ich nahm also die Liste und ging sie Punkt für Punkt durch. Nummer 1 war eine Schule. Aber ich fand schnell heraus, dass die örtliche Schulbehörde der Meinung war, es sei nicht in Ordnung, ihre Gebäude einer Kirche zu überlassen. Darum gingen wir zur zweiten Alternative über – einer Kirche, die den Adventisten gehörte. Warum sollten wir deren Räume nicht sonntags nutzen, da sie sich doch immer samstags treffen? Aber daran hatte schon jemand vor mir gedacht und damit fiel diese Möglichkeit aus. So ging es die Liste abwärts bis zu Punkt neun, einem Auto-Kino. Der Direktor hörte verwundert, aber höflich zu, als ich meine ausgefallene Bitte vorbrachte. Aber eine Woche später rief er an und sagte: „Sie können es sonntags haben."

Von diesem bescheidenen Anfang an hat Gott Wunder um Wunder vollbracht. Und das will er auch für Sie tun.

*Alle Dinge werden mir zum Besten dienen,
weil Gott am Werk ist, während ich am Werk bin.*

4. Januar — Unmögliches wird möglich!

„Was für Menschen unmöglich ist, ist für Gott möglich"
(Lukas 18,27).

Diese Vorgehensweise wird Ihnen Freude und Erfolg bringen, Ihnen Energie liefern und in Ihrem Leben Wunder wirken, wenn Sie bestimmte Regeln beachten. Eine davon heißt, dass sich Ihre kreative Energie auf ein ernsthaftes Ziel richten muss. Es muss Ihnen wirklich ein tiefes inneres Bedürfnis sein. Das erst setzt die kreative Energie in uns frei und hält sie am Leben.

Nur wenn Sie ganz davon überzeugt sind, dass diese Sache sehr, sehr wichtig ist, werden die versteckten Kräfte wach, die in den Tiefen Ihres Unterbewusstseins schlummern, und Sie können wirklich kreativ werden.

Vor einigen Jahren wurde mir diese Regel bewusst. Ich traf mich mit einigen Bekannten und wir sprachen über die schwere Erkrankung eines gemeinsamen Freundes. Dieser Freund litt unter ernsthaften gesundheitlichen Problemen, weil die Arterien, die zu seinem Herzen führten, fast vollständig verstopft waren. Damals waren die chirurgischen Möglichkeiten, die es heute zur Heilung dieser Erkrankung gibt, noch nicht bekannt. Aber Gott ist Spezialist für alle unlösbaren Probleme. Und so kommt es, dass heute vielen Menschen durch Bypass-Operationen, Herzklappen-, ja selbst Herztransplantationen geholfen werden kann, Dinge, die noch vor einer Generation unmöglich waren.

Geben Sie Ihr unlösbares Problem an Gott ab und vertrauen Sie darauf, dass er eine Lösung dafür hat, irgendwie, irgendwann. Wenn es Ihnen wichtig genug ist und wenn es Gottes Willen entspricht, können Sie eine Lösung für Ihr Problem finden. Ein Traum kann in Erfüllung gehen!

Glauben Sie daran, dass Gott Wunder vollbringen kann!

Unmögliches wird möglich! 5. Januar

„Du leitest mich nach deinem Ratschluss" (Psalm 73,24).

Stürmen Sie nicht einfach los, sobald Sie herausgefunden haben, wie Sie vorgehen könnten. Analysieren Sie, ob die Möglichkeiten auch zum Erfolg führen. Stellen Sie alle positiven Ideen auf die Probe, indem Sie vernünftige Fragen stellen. Ich versuche alle Möglichkeiten, die sich mir stellen, durch folgende vier Fragen einzuschätzen:

1. Wird mein Traum einem wichtigen menschlichen Mangel abhelfen? Hat er praktischen Nutzen? Wird er Menschen helfen, die in Not sind?
2. Wird mein Traum auch andere inspirieren? Es ist zwar in erster Linie mein eigener Traum, aber hat er auch die Kraft, andere zu begeistern und mitzureißen?
3. Kann ich durch meinen Traum etwas Außergewöhnliches bewirken? Eine wichtige Voraussetzung zum Erfolg liegt darin, dass man etwas Hervorragendes leisten will. Ist mein Traum nützlich *und* groß?
4. Hat mein Traum Vorbildfunktion für andere? Fast alles, was getan wird, kann noch verbessert oder anders gemacht werden. Und wenn Gott an meinem Traum beteiligt ist, verdient dieser es, zum Vorbild für andere zu werden. Hat das schon jemand vor mir gemacht?

Gott wird mir neue Wege öffnen.

6. Januar   *Unmögliches wird möglich!*

„Von dieser Stätte aus werde ich meinem Volk Frieden und
Wohlstand schenken. Das sage ich, der Herr, der Herrscher der Welt"
(Haggai 2,9; Gute Nachricht).

Wenn Sie sich auf einen Traum festlegen, müssen Sie auch für möglich halten, dass es Mittel und Wege gibt, wie er Wirklichkeit werden kann. Dinge für möglich zu halten hat einen Hauch von Verwegenheit. Zuversichtlich gehen Sie davon aus, dass der Erfolg nicht ausbleiben kann, wenn Sie so etwas Großartiges versuchen.

Ich habe einen guten Freund, der diese Methode in seinem Geschäftsleben praktiziert. Wenn er auf ein rechtliches Problem stößt, das den Fortgang behindert, dann muss eben das Gesetz geändert werden.

Dieser Freund hatte beschlossen, ein Einkaufszentrum auf einer Parzelle zu errichten, durch die ein Hochwasserschutzkanal fließt. Es gab aber ein Gesetz, das die Erfüllung seines Traumes behinderte, weil es die Errichtung von Gebäuden über Hochwasserschutzkanälen untersagte.

Es gab also nur eine Möglichkeit: Das Gesetz musste den Möglichkeiten moderner Bauweise angepasst werden. Das Ergebnis? Er versuchte es. Er glaubte daran. Hielt daran fest. Kämpfte. Und das Gesetz wurde geändert! Der Kanal fließt heute unterhalb eines zwölfstöckigen Einkaufszentrums einfach durch einen verstärkten Betontunnel. Für Menschen, die an Gott glauben, ist nichts unmöglich!

Ich will daran festhalten, dass Gott mir Leben
und die Erfüllung meiner Pläne in Fülle schenken will.
Das ist sein Wille für mich.

Unmögliches wird möglich! 7. Januar

„Wer Gott vertraut, dem ist alles möglich"
(Markus 9,23; Gute Nachricht).

Als ich an der Universität von Stockton, Kalifornien, einen Vortrag hielt, war ich von dem großartigen neugotischen Turm am Eingang des Universitätsgeländes sehr beeindruckt. Der Rektor erzählte mir, wie es zu dem Bau gekommen war. Vor einiger Zeit hatte es eine Wasserknappheit gegeben, und die Ingenieure, die man zu Rate zog, sagten, das Problem sei nur durch einen Wasserturm zu lösen, der gleich neben dem Eingang des Geländes errichtet werden müsse.

Der Gedanke an einen riesigen, hässlichen Wasserbehälter, der den Eingang verunzierte, gefiel dem Rektor zunächst überhaupt nicht. Aber dann hatte er eine Idee: „Vielleicht lässt sich das hässliche Ungetüm in ein großartiges Bauwerk verwandeln."

Das Ergebnis? Der Wasserturm wurde gebaut. Um ihn herum errichtete man einen zweiten, 50 Meter hohen Turm aus Zement. Der Wasserbehälter im obersten Drittel versteckt sich hinter bunten Glasfenstern. Der untere Teil ist in neun Stockwerke aufgeteilt und beherbergt heute moderne Verwaltungsräume, einen Sitzungssaal und einen Rundfunksender. Es gibt nur wenige Universitäten auf der Welt, deren Wahrzeichen eine schönere Architektur aufzuweisen haben. Gleichzeitig ist es der Beweis dafür, dass sich hinter jeder Widrigkeit auch eine Möglichkeit verbirgt.

Ich will daran glauben, dass hinter jedem Missgeschick auch etwas Gutes und Schönes stecken kann.

8. Januar
Verwirklichen Sie Ihre Möglichkeiten!

„Den ganzen Tag will ich erzählen, wie du hilfst – deine Wohltaten sind nicht zu zählen" (Psalm 71,15; Gute Nachricht).

Menschen, die Dinge für möglich halten, sind einfallsreiche Leute. Sie folgen dem alten Grundsatz: „Wo ein Wille ist, ist auch ein Weg."

Zu meinen ersten Erfahrungen, die ich in Garden Grove machte, gehörte ein Treffen mit sechs protestantischen Pfarrern. Ich fragte, wie viele Haushalte es in der Stadt gäbe. Man antwortete mir: „14 000." Ich erkundigte mich, ob man etwas unternommen habe, um die Kirchenzugehörigkeit der Leute festzustellen. Die Antwort war nur ein amüsiertes Lächeln und ein verneinendes Kopfschütteln.

Begeistert schlug ich vor, doch gemeinsam alle 14 000 Haushalte zu besuchen, um danach alle Menschen einladen zu können, die keiner Gemeinde angehörten.

Die Reaktion, die darauf folgte, klang alles andere als begeistert. „Das ist unmöglich", hielt man mir entgegen. „Haben Sie eine Vorstellung davon, wie lange das dauern würde?" Und mit dieser simplen Frage wurde meine gute Idee einfach abgewürgt.

Ich sagte einem befreundeten Geschäftsmann in der Gemeinde, der es gewohnt war, Dinge nicht einfach hinzunehmen, wie enttäuscht ich darüber sei. „14 000?", sagte er. „Das ist nicht schwer. Alles, was wir brauchen, sind 40 Leute, die bereit sind, je 350 Kurzbesuche zu machen."

Eine großartige Idee! Er stellte mit seiner Frau die Adressen zusammen, es fanden sich 40 freiwillige Helfer, und wir luden sie Freitagabend zum Essen ein. Zwei Wochen später hatte es an 14 000 Türen geklingelt. 40 Leute hatten zustande gebracht, was sechs Hauptamtliche nicht für möglich gehalten hatten! Es gibt für jedes Problem eine Lösung.

Gott wird mir für jedes Problem eine Lösung schenken!

Verwirklichen Sie Ihre Möglichkeiten!

9. Januar

„Singen will ich dem Herrn, weil er mir Gutes getan hat"
(Psalm 13,6).

Stellen Sie sich den Erfolg Ihres Unternehmens bildlich vor. Lassen Sie dazu Ihrer Fantasie einfach freien Lauf. Versuchen Sie zu sehen, dass Ihr Problem gelöst ist. Stellen Sie sich vor, dass Ihr Traum Wirklichkeit geworden ist. Hören Sie die Geräusche, die mit Erfolg verbunden sind – fröhliches Lachen, Applaus und Glückwünsche. Freuen Sie sich an den reichen Früchten, die mit Ihrer Leistung verbunden sind.

Während Sie Ihre Vorstellungskraft gebrauchen, um das stolze Hochgefühl zu erleben, das mit Erfolg verbunden ist, steigt auch die Begeisterung langsam in Ihnen auf. Sie werden von Aufregung ergriffen. Sie bekommen Kraft und Ihre Sehnsucht nimmt zu. Mit Gottes Hilfe haben Sie Ihr Ziel erreicht! Was für ein großer Augenblick!

Blättern Sie nochmals zu dem Traum oder zu der Möglichkeit zurück, den/die Sie letzte Woche aufgeschrieben haben. Stellen Sie sich jetzt in allen Farben und Nuancen vor, wie es sein wird und welche Gefühle Sie haben werden, wenn Ihr Ziel erreicht ist. Beschreiben Sie es oder zeichnen Sie ein Bild davon!

Ich bin Gottes geliebtes Kind. Er kennt alle
meine Wünsche und alle meine Möglichkeiten.
Er wird mit mir zusammenarbeiten!

10. Januar

Verwirklichen Sie Ihre Möglichkeiten!

„Dies ist der Tag, den der Herr gemacht hat; wir wollen jubeln und uns an ihm freuen" (Psalm 118,24).

Fred Hostrop war ein Mensch, der seinen Blick nicht nur auf seine Möglichkeiten richtete, sondern diese auch voll ausschöpfte. In einem Brief berichtete er mir davon:

„Ich leide seit Jahren an Akromegalie, die durch einen Tumor in meiner Hirnanhangdrüse ausgelöst wird. Dadurch wird die Drüse überaktiv und bewirkt ein abnormes Größenwachstum. Ich wachse immer noch, obwohl ich schon 73 Jahre bin!

Meine Knochen sind viermal länger, als normal wäre. Als Folge leide ich unter Rückenschmerzen und fast ständigen Kopfschmerzen. Ich kann nichts mehr vom Boden aufheben, weil ich mich nicht so tief bücken kann. Ich kann nicht lange stehen, weil auch mein Gleichgewichtssinn in Mitleidenschaft gezogen ist, und ich brauche zwei Stöcke, um gehen zu können. Ich kann nicht weiter als 30 Meter gehen, ohne zusammenzubrechen.

Vielleicht glauben Sie jetzt, meine Gedanken würden nur um Negatives kreisen. Aber statt mir ständig vor Augen zu halten, was ich alles nicht kann, denke ich über die Möglichkeiten nach, die mir geblieben sind, und frage mich, was ich in dieser Situation tun kann.

Dazu ein Beispiel: Früher habe ich gern Golf gespielt, aber auf dem Golfplatz kann ich jetzt nicht mehr spielen. Doch ich kann im Garten hinter meinem Haus spielen!"

Ein beigefügtes Foto zeigt eine seiner Erfindungen – eine Vorrichtung, mit der er den Golfball aufheben und auf den Abschlagplatz legen kann. Und er freut sich, dass er damit auch sonstige Abfälle aufheben kann.

Gott hilft mir bei allem, was ich brauche!

Verwirklichen Sie Ihre Möglichkeiten!

11. Januar

„Fürchte dich nicht, du kleine Herde! Denn euer Vater hat beschlossen, euch das Reich zu geben" (Lukas 12,32).

Der große Geiger Paganini spielte einmal vor einem erlesenen Publikum. Plötzlich riss eine Saite seiner Geige. Die Zuhörer hielten den Atem an, aber der große Meister spielte einfach auf den drei verbliebenen Saiten gelassen weiter.

Peng!, die zweite Saite war gerissen! Paganini spielte immer noch, ohne mit der Wimper zu zucken. Bis auch die dritte Saite mit lautem Knall entzwei war. Die Zuhörer erstarrten vor Schreck. Paganini unterbrach sein Spiel für einen Augenblick, hob die berühmte Stradivari-Geige hoch und verkündete: „Sie hören: eine Saite und Paganini."

Mit einzigartigem Können und der Disziplin eines begabten Künstlers beendete er das Stück furios auf einer einzigen Saite. Die Aufführung war so vollkommen, dass sich das Publikum einhellig von den Sitzen erhob und stürmisch applaudierte.

Es wird auch in Ihrem Leben Zeiten geben, in denen eine Saite nach der anderen reißt. Sie werden Situationen zu bewältigen haben, die andere Menschen schon lange zum Aufgeben veranlassten. Sorgen Sie vor. Am besten dadurch, dass Sie sich an eine unendliche geistliche Kraftquelle anschließen.

Sie brauchen nicht aufzugeben. Wenn die Kraft des ewigen Gottes durch Ihr Leben und durch Ihr Sein fließt, können Sie tapfer weitermachen.

Ich bitte Gott darum, dass seine Kraft durch mich fließt.
Er stärkt mich und weckt den Wunsch in mir,
etwas zu beginnen und auch zu Ende zu führen.

12. Januar

Verwirklichen Sie Ihre Möglichkeiten!

"Sei ohne Furcht; glaube nur!" (Markus 5,36).

Nichts lähmt mehr als Angst. Eines von beiden wird Sie immer beherrschen und antreiben – entweder Glaube oder Angst. Diese beiden vermischen sich ebenso wenig wie Wasser und Öl. Das einzige Mittel, das gegen die Angst hilft, besteht darin zu glauben.

Schöpfen Sie Ihre Möglichkeiten aus! Welche Ängste könnten Sie aufhalten? Die Angst zu versagen? Die Angst, sich lächerlich zu machen? Nennen Sie Ängste beim Namen, die Sie zu lähmen drohen:

1. _____
2. _____
3. _____

Setzen Sie jetzt den Glauben dagegen, dass die Kraft Gottes in Ihrem Leben wirksam ist, und geben Sie Ihre Ängste an ihn ab:

Lieber Gott,

_____

_____

_____

_____

Amen!

Wenn ich mich an die göttliche Kraftquelle anschließe, werden meine Ängste verschwinden! Mein Glaube aber wird immer stärker!

Verwirklichen Sie Ihre Möglichkeiten!

13. Januar

„In deinem Zelt möchte ich Gast sein auf ewig, mich bergen im Schutz deiner Flügel" (Psalm 61,5).

*E*in sumpfiges Gelände im Süden Kaliforniens wurde für nutzlos gehalten, bis ein kühner Unternehmer auf die Idee kam, Kanäle ausheben zu lassen und den Sumpf in einen schönen See umzugestalten. Die Kanäle sollten wie die Speichen eines Rades von einem See in der Mitte ausgehen. Er träumte davon, dass der Kanal von Häusern gesäumt sei, deren Eigentümer Privatanlegeplätze für ihre Boote hätten. Er verdiente mit dieser Idee Millionen.

In der Nähe von Grand Rapids, Michigan, gibt es ein Gipsbergwerk, das 1907 in Betrieb genommen wurde. Sein Umsatz ging in die Millionen. Aber als es 1943 geschlossen wurde, dachte man, die Mine sei erschöpft. Ein einfallsreicher Mann, der nach weiteren Möglichkeiten der Verwendung Ausschau hielt, erkannte das Potenzial, das in dieser Mine steckte. Die unterirdischen Tunnel haben nämlich eine konstante Temperatur von 10° C. Heute wird das alte Gipsbergwerk von einer Firma als Depot für Lebensmittel genutzt. Truthahn, Eier, Nüsse, Kartoffeln und Rindfleisch sind nur einige der Dinge, die dort kostengünstig gelagert werden können.

In der Bibel finden wir die Geschichte eines Mannes namens Simon. Ein etwas wankelmütiger Fischer, der zwar gute Absichten, aber zu wenig Rückgrat besaß. Jesus erkannte jedoch, dass er in sich die Anlage trug, Menschen zu leiten. Er gab Simon einen neuen Namen – Petrus – und eine neue Verantwortung als Leiter seiner jungen Gemeinde.

Welche großen Möglichkeiten sieht Gott schon im Keim, wenn er auf Sie blickt?

---

*Ich will heute allen Schwierigkeiten,
die auf mich zukommen,
voller Zuversicht begegnen.*

14. Januar

Verwirklichen Sie Ihre Möglichkeiten!

O Herr,
gib du meinen Ängsten eine neue Richtung!
Lass sie zur positiven Kraft werden,
die mein Leben zum Guten wendet,
damit ich keine Angst mehr habe, zu versagen,
sondern eher fürchte, niemals mein Potenzial zu entdecken.
Keine Angst mehr habe, verletzt zu werden,
sondern eher fürchte, niemals Wachstumsschmerzen zu erleben.
Keine Angst mehr habe, zu lieben und etwas zu verlieren,
sondern vielmehr fürchte, überhaupt nicht zu lieben.
Keine Angst mehr habe, ausgelacht zu werden,
sondern mehr befürchte, dass Gott eines Tages zu mir sagen wird:
„O du Kleingläubiger!"
Keine Angst mehr habe, wieder zu versagen,
sondern zutiefst befürchte, mein Glück zu versäumen,
wenn ich der Hoffnung keine weitere Chance mehr gebe.

Amen.

Hingabe   15. Januar

„Freut euch am Herrn und jauchzt, ihr Gerechten, jubelt alle,
ihr Menschen mit redlichem Herzen!" (Psalm 32,11).

Vor vielen Jahren waren meine Frau Arvella und ich zusammen mit vielen anderen Gästen zu einem Empfang eingeladen, der zu Ehren von Ethel Waters veranstaltet wurde. Es war ein wunderbarer Abend! Der schönste Teil des Abends bestand sicher darin, dass Ethel Waters in ihrer einmaligen, offenen und ehrlichen Art den versammelten Menschen berichtete, wie glücklich sie war, dass Jesus ihr Herr und Retter war.

Wir alle waren erfreut, als Ethel noch einmal auftrat und wir in den Genuss kamen, Filmausschnitte über ihr großes Leben zu sehen. Während ich hingerissen zuhörte, dachte ich an die enormen Schwierigkeiten, die sie hatte überwinden müssen.

Sie wurde als uneheliches Kind geboren, das in ärmlichen Verhältnissen in einem Ghetto aufwuchs. Allen Voraussagen moderner Psychologie nach hätte Ethel zu einem emotional geschädigten Menschen werden müssen, für den es nur geringe Entwicklungschancen gab.

Aber als wir sie sahen und ihr zuhörten, waren wir alle davon überzeugt, einen Menschen vor uns zu haben, der zu den großartigsten gehörte, die je gelebt haben. Es gibt keine andere Erklärung für ihr Leben, als dass sie von jemandem mit einem großen, weiten, liebenden und schönen Herzen ausgestattet wurde. Dieser Jemand, sagt sie, war Jesus.

Ich bin reich beschenkt und durch die Kraft Gottes
mit überfließender Freude gefüllt.

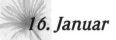
16. Januar   Hingabe

*„Für jetzt bleiben Glaube, Hoffnung, Liebe, diese drei;
doch am größten unter ihnen ist die Liebe"* (1. Korinther 13,13).

Im Laufe der Jahre habe ich eine Liste zusammengestellt, die ich „die sieben positiven menschlichen Werte" nenne. Ich schrieb sie, während ich einen Weltkongress für Psychiatrie besuchte. Das Thema des letzten Vortrags lautete: „Menschliche Werte in der Psychiatrie". Da diese Werte im Programm nicht genannt wurden, fing ich also an, mir selbst darüber Gedanken zu machen. Am Ende des Kongresses hatte ich meine Liste fertig gestellt.

Der erste Sprecher, ein Amerikaner, hielt einen Vortrag darüber, wie wichtig der *Glaube* im Leben des Menschen sei. Ihm folgte ein Deutscher, der auf dramatische Weise den dynamischen Wert der *Hoffnung* schilderte. Er beschrieb die plötzliche Veränderung, die eintritt, wenn es gelingt, in einem Menschen einen Hoffnungsfunken zu entzünden. Dann tritt Heilung ein und das Leben kehrt zurück.

Der letzte Sprecher kam aus Peru und präsentierte uns eine Abhandlung über die Bedeutung der *Liebe*. Als ich die Halle verließ, war ich immer noch erstaunt darüber, wie sehr die Schlüsse, die von den drei Psychiatern gezogen wurden, mit den Werten der Bibel übereinstimmten.

Welche Werte würden Sie dieser Liste noch hinzufügen?

_____

_____

_____

*Mein Herz ist im Einklang mit dem Geist Gottes.
Ich merke, wie seine Werte zu den meinen werden.*

Hingabe 17. Januar

"Befiehl dem Herrn deinen Weg und vertrau ihm; er wird es fügen" (Psalm 37,5).

Der erste Wert auf meiner Liste heißt *Hingabe*. Ich habe dieses Wort bewusst anstelle von *Glauben* gewählt, weil dieser Ausdruck für viele einfach zu verschwommen ist. Es ist leicht zu sagen: „O ja, das glaube ich" oder „Ja, ich glaube, dass Gott das tun kann". Das kann jeder sagen. Aber dabei handelt es sich um einen seichten Glauben. Und ein Glaube ohne Tiefgang hilft keinem, wenn die Wellen hochschlagen.

Darum verwende ich gern das Wort *Hingabe*. Hingabe ist ein *Glaube, der aktiv ist*. Hingabe setzt den eigenen Glauben aufs Spiel. Es hat mit Klarheit, Ehrlichkeit und Aufrichtigkeit zu tun und verlangt von uns, aktiv zu werden.

Wir Menschen haben drei Fähigkeiten, die uns von den Tieren unterscheiden: die Fähigkeit zu wählen; die Fähigkeit, auf intelligente, rationale und logische Weise zu reagieren; und schließlich die Fähigkeit zur Hingabe.

Oscar Wilde sagte einmal: „Eine Idee, die mit keinem Risiko verbunden ist, sollte eigentlich nicht Idee genannt werden." Gehen Sie das Risiko ein, sich hinzugeben. Gott wird Ihnen die Stärke schenken, die Sie unterstützt und Ihnen neue Energie gibt. Wenn Sie Ihr Leben bewusst Jesus Christus anvertrauen, werden ungeheure Kräfte freigesetzt.

Ich bin glücklich über die lebendige, pulsierende Kraft, die Gott mir schenkt, wenn ich mich an etwas hingebe.

18. Januar — *Hingabe*

„Befiehl dem Herrn dein Tun an, so werden deine Pläne gelingen" (Sprichwörter 16,3).

Menschen sind oft nur deshalb so müde und bringen weder Energie noch Freude oder Begeisterung auf, weil es ihnen an Hingabe fehlt.

Aber was geschieht, wenn wir es wagen, uns an etwas hinzugeben? Dann fließen uns ungeahnte Kräfte zu und außerordentliche Geistesblitze überkommen uns. Die Energie steigt in uns auf, Nein sagen zu können zu dem, was falsch ist, und Ja zu dem, was richtig ist. Es ist erstaunlich, wozu wir dann fähig sind.

Ist Ihr Glaube nicht lebendig? Versuchen Sie, einer verbindlichen Hingabe auszuweichen?

Notieren Sie bitte, an welche Sache Sie sich hingeben wollen:

_____

_____

_____

*Ja! Ich entscheide mich heute dafür,
mit dem einen Leben, das ich habe, etwas anzufangen!
Ich will dafür einen Plan ausarbeiten!*

Hingabe

19. Januar

*„Wer ständig nach dem Wind schaut, kommt nicht zum Säen,
wer ständig die Wolken beobachtet, kommt nicht zum Ernten"*
(Kohelet 11,4).

Jemand, der wie ich auf einer Farm groß wurde, weiß, was mit diesem Vers gemeint ist. Wenn der Bauer den Eindruck hat, dass Winde aufkommen, dann wird er das Säen verschieben. Denn wenn man bei Wind sät, wird das Saatgut von den Windstößen fortgefegt, bevor es in den Boden fallen und Frucht bringen kann. Doch wenn er zu vorsichtig ist, wird er niemals säen.

Wenn das Getreide reif ist, der Bauer aber vermutet, dass es regnen wird, wird er andererseits die Ernte verschieben. Denn wenn die Körner bei der Ernte vom Regen durchweicht werden, sind sie verdorben. Die nassen Körner fangen an zu schimmeln und können nicht trocknen. Aber eine Ernte, die niemals eingebracht wird, wird auch vermodern.

Wenn Sie Angst vor dem Wind haben, werden Sie niemals säen. Und wenn Sie immer auf die Wolken schauen, werden Sie niemals ernten. Denn Sie werden nie damit anfangen. Hören Sie auf das Wort Gottes! *Hingabe bedeutet, etwas zu wagen und daran festzuhalten, ohne letzte Gewissheit zu haben, wie diese Sache ausgehen wird.* Die wichtigste Hingabe unseres Lebens ist die an Jesus Christus. Damit sollten wir beginnen.

---

*Herr, ich will heute nicht auf die Umstände blicken.
Ich will auf dich sehen, weil du mir die Kraft schenkst,
ein Projekt zu starten.*

20. Januar — Hingabe

„Seht her, Gott, der Herr, wird mir helfen" (Jesaja 50,9).

*B*evor wir das Gelände rund um die *Crystal Cathedral* zu einem Garten umgestalteten, gab es hier nur Orangenhaine und Walnussbäume. Ich hielt eines Tages mit meinem Auto am Rande eines Feldes an, um zu beten. Plötzlich hörte ich das Knacken eines Zweiges. Ich blickte auf und sah einen Mann mit einer Schrotflinte auf mich zukommen. Ich erschrak, aber er lächelte und sagte: „Tut mir Leid, ich wollte Sie nicht erschrecken." Und mit starkem Akzent fuhr er fort: „Wir sind erst vor kurzem aus Europa gekommen, und ich will Kaninchen jagen, damit wir zu essen haben."

Ich zeigte begeistert auf ein paar Kaninchen, aber er winkte ab. „O, die sind zu weit weg. Die kann ich nicht erreichen."

Ich schlug ihm vor, sich anzuschleichen. Aber er lieferte mir eine ausführliche Erklärung, dass die Tiere die Erschütterung des Bodens spüren, wenn Menschen darauf gehen. Er sah wirklich immer nur, was *nicht* möglich war! Wahrscheinlich half mir sein leerer Magen, ihn schließlich zu überzeugen. „Ich kann es ja vielleicht einmal probieren", meinte er.

Er schlich sich ganz, ganz langsam an. Ich dachte schon lange, dass er nahe genug war, aber er schob sich immer noch näher heran. Schließlich hob er die Flinte und schoss! Er rannte zwischen die Orangenbäume, um kurz darauf mit einem Kaninchen wiederzukommen – das Essen für seine Familie war gesichert.

„Ich kann es ja einmal probieren", sagte er. Und dieser Entschluss machte seine Familie an diesem Abend satt.

Herr, ich will heute versuchen, mit etwas zu beginnen.

Hingabe   21. Januar

„Doch Gott, der Herr, wird mir helfen; darum werde ich nicht in Schande enden. Deshalb mache ich mein Gesicht hart wie einen Kiesel; ich weiß, dass ich nicht in Schande gerate" (Jesaja 50,7).

Dorothy und Henry Poppen gehören zu den großartigsten Menschen, die ich kennen lernen durfte. Sie waren mehr als 40 Jahre lang in China, um zu predigen und Kirchen, Schulen und Krankenhäuser zu bauen.

Zu ihrer Zeit war das noch eine gefährliche Sache. Sie liefen Gefahr, zu erkranken oder von Räubern überfallen zu werden, sich mit Seuchen anzustecken oder unterwegs einen Unfall zu haben. Schließlich wurden sie von den Kommunisten aus China vertrieben und entkamen dabei nur knapp mit ihrem Leben.

Ich fragte Dorothy, was sie all diese Jahre dazu bewegt hätte, in China zu missionieren.

Mit strahlenden Augen antwortete sie: „Wir lieben das Abenteuer!"

Diese Neigung zum Abenteuer, die beide hatten, war durch den Geist Jesu Christi in sie hineingelegt worden und wuchs auf dem Boden einer schon in jungen Jahren vollzogenen Hingabe an ihn. Was für eine aufregende Art zu leben!

Wie steht es um Ihren Traum? Wenn Sie schwankend geworden sind und wieder zweifeln, dann vollziehen Sie einfach Ihre Hingabe noch einmal. Und erwarten Sie ein Leben voller Abenteuer.

Hingabe – der erste der sieben Werte, die unser Leben verändern. Ja, mit ihr beginnt das Leben erst wirklich.

Mit jedem Atemzug, den ich heute mache,
will ich mich von neuem
an all die wunderbaren Möglichkeiten hingeben,
die Gott heute für mich hat.

22. Januar — *Selbstvertrauen*

O Gott,
zu dir will ich kommen und dich bitten,
mich wirklich stark zu machen.
Bewahre mich vor den scheinbaren Stärken,
die mich doch nur schwach zurücklassen.
Hilf mir, ein Mensch zu werden,
der gelassen bleibt,
denn ich vertraue auf dich.
Aus deiner Kraft will ich leben.

Ich glaube, dass du meine negativen Haltungen
von mir nehmen wirst
und auch die Scheu, Verantwortung zu übernehmen,
und alle meine Ängstlichkeit.
Du wirst mir Zuversicht
fürs Leben schenken
und ein neues Lied
auf meine Lippen legen!
Dafür will ich dir danken, Herr.
Amen.

Ich werde meine Berge in Maulwurfshügel verwandeln, in der Kraft, die Gott mir schenkt.

Selbstvertrauen   *23. Januar*

„Auf Gott will ich hoffen! Ich weiß, ich werde ihn noch einmal preisen, ihn, meinen Gott, der mir hilft" (Psalm 42,12; Gute Nachricht).

Hingabe – Glaube in Aktion – ist der erste Punkt auf meiner Werteliste. Damit wir uns an eine Sache ganz hingeben können, müssen wir *Selbstvertrauen* haben. Dieser Wert steht bei mir an zweiter Stelle. Wir müssen daran glauben, dass wir mit Gottes Hilfe eine Aufgabe, an die wir uns hingeben, auch ausführen können.

Das Vertrauen, das wir in uns selbst haben, ist jedoch nur von kurzer Dauer, wenn wir nicht ständig darum bemüht sind, es zu erneuern.

Was könnten Sie diese Woche tun, um Ihr Selbstvertrauen zu stärken?

_____

_____

Was könnte Ihnen zusätzlich dabei helfen, ein gutes Selbstwertgefühl zu bekommen?

_____

_____

Denken Sie weiter darüber nach, was Sie tun können, um ein positives Selbstvertrauen aufzubauen, das Sie bestätigt und zu Ihrem Wachstum beiträgt.

> *Gott, ich danke dir, dass ich so viel Grund habe,*
> *mich gut zu fühlen.*
> *Ich danke dir, dass du mich liebst!*

24. Januar   Selbstvertrauen

„So schuf Gott die Menschen nach seinem Bild, als Gottes Ebenbild
schuf er sie und schuf sie als Mann und als Frau"
(Genesis 1,27; Gute Nachricht).

Wenn es um die Erfüllung von Träumen geht, ist nichts wichtiger, als Selbstvertrauen und ein gesundes Selbstbild zu haben. Das ist der Grund, warum ich diesen Wert an die zweite Stelle gesetzt habe.

Ich hörte einmal die Geschichte eines Pfarrers, der ein sehr negatives Selbstbild hatte und tief deprimiert war. Er war leitender Pfarrer einer Gemeinde, mit der es offensichtlich nicht zum Besten stand.

Niedergeschlagen ging er in die Kirche, kniete am Altar nieder und betete ein sehr negatives Gebet. Immer wieder murmelte er vor sich hin: „O Herr, ich bin ein Nichts. Ich bin nichts wert, einfach nichts."

Da kam der zweite Pfarrer der Gemeinde vorbei und war tief beeindruckt von der Demut seines Vorgesetzten. Er kniete sich neben ihn und stimmte mit ihm in das Gebet ein: „O Herr, auch ich bin ein Nichts, ich bin nichts wert."

In diesem Augenblick kam auch der Hausmeister zufällig in den Raum und hörte ergriffen zu. Da er nicht weniger demütig als seine Gemeindeleiter sein wollte, kniete er neben ihnen nieder und betete: „Ja, Herr, auch ich bin nichts, nichts, nichts."

Der zweite Pfarrer hörte auf zu beten, blickte den Hausmeister erstaunt an und sagte zu seinem Kollegen: „Da sehen Sie sich doch einmal an, wer hier denkt, dass er nichts ist!"

Bei dieser Geschichte muss ich jedes Mal schmunzeln, aber ich könnte auch weinen, wenn ich daran denke, dass viele Christen diese Art von Demut schätzen. Das hat nichts mit christlicher Demut zu tun! Gott möchte, dass Sie voller Selbstvertrauen sind, denn er hat Sie nach seinem Bild geschaffen!

O Gott, ich danke dir, dass ich so wunderbar gemacht bin!
Denn du hast mich nach deinem Bild geschaffen!

Selbstvertrauen 25. Januar

„Ich bin sicher, dass ich ein reines Gewissen habe; denn ich will ja stets in allem das Rechte tun" (Hebräer 13,18; Gute Nachricht).

Die Geschichte von Zachäus, die Sie im Lukas-Evangelium, Kapitel 19, Verse 1 bis 10 nachlesen können, ist bemerkenswert. Jesus war eines Tages in Jericho unterwegs und umgeben von einer großen Menschenmenge, die alle einen Blick auf den großen Wundertäter werfen wollten. Ein Mann, der nicht groß genug war, um über die Köpfe der Menschen zu blicken, rannte ein Stück voraus und kletterte auf einen Maulbeerfeigenbaum, der am Straßenrand stand. Er hielt sich an den Ästen dieses großen Baumes fest und wartete auf Jesus.

Zachäus war ein einflussreicher Jude, der sein Geld damit verdiente, dass er für die Römer Steuern eintrieb. Aber in den Augen seines eigenen Volkes war er ein Verräter – ein Jude, der sich an die Römer verkauft hatte! Der kleinwüchsige Mann hatte dem Geld Vorrang vor der Liebe zu seinem Volk und zu Gott eingeräumt. Er dachte, dass Geld Macht bedeute, und das würde ihm zu mehr Selbstvertrauen verhelfen.

Warum wollte Zachäus Jesus sehen? Sicherlich nicht, um von ihm Geld einzutreiben! Zachäus war auf der Suche nach Selbstvertrauen, und das ist im Grunde Sehnsucht nach Gott. Ein Hunger, den nur Gott stillen kann. Geld, Macht, Ansehen – nichts davon kann uns mit tiefem Frieden erfüllen. Nur wenn wir uns an einen Ort begeben, an dem Gott zu finden ist. Das ist der Grund, warum Zachäus auf den Baum stieg. Er begab sich an einen Ort, an dem er Gott begegnen konnte.

Ich will heute versuchen, herauszubekommen, wo meine Stärken liegen.

26. Januar   Selbstvertrauen

„Werft also eure Zuversicht nicht weg,
die großen Lohn mit sich bringt" (Hebräer 10,35).

Stellen Sie sich vor, dass Sie mit einem Freund auf einer staubigen Landstraße nahe Jerusalem unterwegs sind. Nehmen wir an, es ist das Jahr 31 n. Chr. Aus der Gegenrichtung kommt jemand auf Sie zu – ein Mann. Ihr Freund kennt diesen Mann und bleibt stehen, um Sie miteinander bekannt zu machen. Er sagt: „Jesus, ich möchte dich gerne mit [setzen Sie Ihren Namen ein] bekannt machen."

Mit welchen Worten würden Sie gerne von Ihrem Freund vorgestellt?

Schreiben Sie einige Sätze auf, wie Sie Jesus gern vorgestellt werden möchten. Lesen Sie diese Sätze in den nächsten Tagen mehrmals durch:

_____

_____

_____

_____

Ich habe heute mehr Selbstvertrauen, weil ich weiß,
dass ich ein Kind Gottes bin.

Selbstvertrauen   *27. Januar*

„Herr, du hast mich erforscht und du kennst mich. [...] Du bist vertraut mit allen meinen Wegen. [...] Zu wunderbar ist für mich dieses Wissen [...]. Ich danke dir, dass du mich so wunderbar gestaltet hast" (ausgewählte Verse aus Psalm 139).

Wie hat sich wohl Zachäus gefühlt, als er von Jesus mit seinem Namen angesprochen wurde? Jesus kannte Zachäus, obwohl sie einander noch nie begegnet waren. Stellen Sie sich die Situation bildlich vor. Da war Zachäus, innerlich von seiner Schuld ganz zerrissen. Er erwartete wahrscheinlich strafende Worte, eine ganze Flut harter Worte; er erwartete, ausgeschimpft und zurechtgewiesen zu werden. Aber stattdessen blickte ihn Jesus nur an und sagte: „Zachäus, heute möchte ich gern Gast in deinem Hause sein!"

Gehen Sie zu der Szene zurück, die Sie sich gestern vorgestellt haben. Ihr Freund hat Sie Jesus gerade vorgestellt und ihm einige Dinge über Sie erzählt. Jetzt ergreift Jesus das Wort. Er sagt: „Ich freue mich, dir zu begegnen. Aber ich kenne dich schon lange. Ich weiß, dass du . . ."

Schreiben Sie auf, was Jesus über Sie sagen würde:

_____

_____

_____

_____

Jesus kennt mich, so wie ich bin,
und liebt mich trotzdem.
Darum will auch ich mich heute lieben und annehmen.

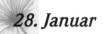

28. Januar — Selbstvertrauen

„Fürchte dich nicht, denn ich habe dich ausgelöst, ich habe dich beim Namen gerufen, du gehörst mir" (Jesaja 43,1).

Ich kann Selbstvertrauen haben, weil Gott mein Vater ist. Jesus Christus ist mein persönlicher Retter und der Heilige Geist wohnt in mir!

Gott hat mich unter all diesen Milliarden von Menschen erblickt, er hat mich bei meinem Namen gerufen und in seine Arme geschlossen. Er hat mir meine Schuld vergeben, mich umarmt und zu mir gesagt: „Du und ich, wir wollen jetzt miteinander durchs Leben gehen!"

Es gibt nichts Großartigeres! Diese Erfahrung, die auch Sie machen können, nennt sich „Erlösung". Sie werden dabei auch entdecken, woher Sie Ihr Selbstvertrauen beziehen können!

Ein Rabbi wurde einmal gefragt, wann man am besten bereuen solle. Der weise alte Rabbi antwortete: „Am letzten Tag eures Lebens."

„Aber", entgegnete man ihm, „es kann doch keiner von uns wissen, wann der letzte Tag unseres Lebens ist."

Der Rabbi lächelte und sagte: „Dann ist es besser, wenn ihr jetzt bereut."

Reue hat nichts damit zu tun, dass wir uns in negativer Weise selbst verurteilen. Reue bedeutet nichts anderes, als die Richtung zu wechseln und wieder auf Gott zuzugehen!

Haben Sie die Erfahrung der Erlösung gemacht? Eines Tages werden Sie vor Gott stehen und er möchte Sie dann loben und mit seiner Liebe überschütten. Entschließen Sie sich heute dafür, Jesus in Ihr Leben einzuladen. Entdecken Sie die wahre Quelle Ihres Selbstvertrauens! Wenn Gott für Sie ist, sind es vielleicht auch alle anderen.

Herr Jesus, ich lade dich ein in mein Leben.
Danke, dass du alle Möglichkeiten siehst,
die in mir liegen,
und dass du mich nicht verurteilst,
sondern für mich bist!

Ausdauer 29. Januar

„Aber ich habe für dich gebetet, dass dein Glaube nicht erlischt"
(Lukas 22,32).

Was war das Beste, das Ihnen in den letzten Monaten passierte? Schreiben Sie es auf:

_____

_____

_____

Wenn Sie Schwierigkeiten haben, überhaupt etwas zu entdecken, dann liegt es vermutlich an Ihnen selbst. Denn Gott hat Ihnen große Möglichkeiten gegeben! Und es liegt an Ihnen, das Geheimnis eines dynamischen und erfolgreichen Lebens zu entdecken.

Die vertrauensvolle Hingabe öffnet uns eine Tür, sodass wir ein langfristiges Ziel ins Auge fassen können. Es gibt viele Menschen, die nur ein vages Bild davon haben, was sie im Leben erreichen möchten. Darum passiert auch nichts, das von Bedeutung wäre.

Um ein aufregendes, erfülltes Leben zu haben, müssen wir uns ein ernsthaftes Ziel setzen, das wir mit Hingabe verfolgen. Wir erreichen dieses Ziel, indem wir es in „sofortige", „aufschiebbare", „langfristige" und in „letzte Schritte" unterteilen.

Nachdem das getan ist, brauchen wir nichts außer einem dritten dynamischen menschlichen Wert – Ausdauer! Diese Eigenschaft ermöglicht es uns, in einer Haltung zu leben, die nur darauf wartet, dass etwas Gutes passiert.

Ich bin vom siegreichen Geist Jesu Christi erfüllt!

30. Januar   Ausdauer

„Die Ausdauer soll zu einem vollendeten Werk führen; denn so werdet ihr vollendet und untadelig sein, es wird euch nichts mehr fehlen" (Jakobus 1,4).

*L*assen Sie uns daran arbeiten, ein Ziel ins Auge zu fassen. Beschreiben Sie ein wichtiges Ziel, das Sie gerne voller Selbstvertrauen verfolgen würden:

_____

_____

Beschreiben Sie jetzt mindestens zwei langfristige Schritte, die Sie unternehmen müssen, um dieses Ziel zu erreichen:

1. _____

2. _____

Nehmen Sie sich nun einen dieser Schritte vor und bedenken Sie alle sofortigen und mittelfristigen Maßnahmen, die Sie Ihrem Ziel näher bringen. (Wahrscheinlich brauchen Sie dazu ein extra Blatt.)

1. _____

2. _____

3. _____

Es ist hilfreich, auch die Zeit abzuschätzen, die Sie dafür brauchen werden. Aber zögern Sie nicht, das Datum zu ändern, wenn Sie merken, dass es länger dauern sollte als geplant.

Gott gibt mir Kraft.
Ich werde mein Ziel so lange verfolgen,
bis ich es erreicht habe. Danke, Herr!

Ausdauer 31. Januar

„Herr, du wirst alles für mich tun, deine Liebe hört niemals auf! Vollende, was du angefangen hast!" (Psalm 138,8; Gute Nachricht).

Im Kindergottesdienst wurde die Geschichte von Jona erzählt. Die Leiterin erklärte, dass Gott Jona bestrafte, weil dieser ihm nicht gehorchte, sondern davonlief. Gott sorgte dafür, dass ein großer Fisch den Mann verschluckte. Drei Tage lang lobte und pries Jona Gott im Bauch des großen Fisches. Am dritten Tag befahl Gott dann dem Fisch, Jona wieder am Strand auszuspucken.

Abschließend fragte sie: „Was können wir aus dieser Geschichte lernen?" Ein kleiner Junge antwortete rasch: „Nun, ich denke, diese Geschichte lehrt uns, dass ein guter Mann einfach nicht unterzukriegen ist."

Und da hat er gar nicht so Unrecht! Das ist auch der Grund, warum ich Ausdauer auf meine Liste gesetzt habe. Doch wir alle erleben manchmal Zeiten, in denen wir bedrückt sind. Vielleicht ist Ihnen diese Woche etwas zugestoßen, das Sie bedrückt, das Sie aufzuhalten droht oder mutlos macht. Beschreiben Sie die Situation:

_____

_____

_____

_____

Vertrauen Sie diese Situation Gott jetzt im Gebet an. Als Jona alle Hoffnung verloren hatte, richtete er seine Gedanken wieder auf Gott. Und warum? „Meine Hilfe kommt vom Herrn allein."

> *Die Situation, die mir noch vor kurzem*
> *unmöglich zu bewältigen erschien,*
> *kann schnell zu einer Möglichkeit werden!*

1. Februar — Ausdauer

„Heute ist dir und deiner ganzen Hausgemeinschaft die Rettung zuteil geworden!" (Lukas 19,9).

Vor kurzem wurde in der Presse über einen Berufssportler berichtet, der seine Vertragsunterzeichnung hinauszögert. Man nimmt an, dass er erst dann unterschreiben will, wenn alle seine Bedingungen erfüllt sind. Aber, so der Artikel, er riskiert dabei, vielleicht zu lange zu warten. Es kann sein, dass er nicht nur nichts erreicht, sondern auch ganz auf seinen Vertrag verzichten muss.

Es gibt Leute, die halten das Leben hin. Sie warten so lange, bis sie sich ihres Erfolgs ganz sicher sein können. Sie zögern, bis es keinerlei Unsicherheiten mehr gibt oder bis sich für jedes Problem eine Lösung abzeichnet. Sie warten, bis kein Risiko mehr für sie besteht. Aber sie vergessen dabei, dass das größte Risiko darin liegt, zu lange zu warten.

„Die traurigsten Worte, die es gibt, heißen: Es hätte sein können!"

„Wird es klappen? Kann ich wirklich sicher sein? Soll ich warten, bis kein Risiko mehr besteht?" Negative Gedanken wie diese sind wie Vögel, die den Samen aufpicken, der eigentlich dazu bestimmt ist, unser Leben bunt und lebendig zu machen und uns mit Glück, Freude und Abenteuer zu füllen. Beschließen Sie heute damit aufzuhören! Unterschreiben Sie den Vertrag und gehen Sie das Risiko ein!

Ich will heute zulassen, dass Gottes gute Gedanken die Herrschaft über mein Denken übernehmen.

Ausdauer 2. Februar

„Betet ohne Unterlass!" (1. Thessalonicher 5,17).

Was machen Sie, wenn Ihnen in Ihrem Leben raue Winde ins Gesicht wehen? Wenn der Druck und die Anspannung immer mehr ansteigen?

In unserem Leben werden wir immer wieder mit Druck konfrontiert. Damit müssen wir leben. Er gehört einfach dazu. Der berufliche Druck: Für welchen Beruf entscheide ich mich? Was fördert meine Karriere? Soll ich den Beruf wechseln und noch einmal die Schulbank drücken?

Oder der Druck, der mit unserem Besitz zu tun hat, mit Auto, Haus und Garten. Ist diese Woche wieder etwas kaputtgegangen? Je mehr wir besitzen, desto mehr kann auch kaputtgehen. Ja, so ist das Leben eben.

Dazu kommt noch der Druck, den wir uns selbst machen. Wir blicken in den Spiegel und entdecken die ersten grauen Haare, das wachsende Bäuchlein, die schlaffe Haut. All das gehört zum Druck, der damit verbunden ist, dass wir leben.

Stop! Halten Sie an! Denn bei all diesem Druck kann es plötzlich passieren, dass wir unsere Verbindung zu Gott verlieren.

Ich habe einmal Mutter Teresa gefragt, warum ihrer Meinung nach nicht alle Menschen an Gott glauben, obwohl er doch so wunderbar ist. Sie antwortete: „Das liegt an den Dingen, die sie ablenken."

Was machen Sie, wenn Sie durch den Druck, den das Leben auf Sie ausübt, abgelenkt werden?

Jetzt ist es an der Zeit, durch Gebet und Meditation die schöne Kunst des Durchhaltens einzuüben!

Herr, lehre mich, mit jedem Atemzug,
den ich mache, zu beten.

3. Februar — Ausdauer

*G*laubensbekenntnis eines Menschen, der mit Gottes Möglichkeiten rechnet:

Ich will nicht aufgeben,
nur weil ich an einen Berg stoße.
Ich werde weiterkämpfen,
bis ich ihn überwunden habe,
einen Tunnel durch ihn gegraben habe oder
einfach ruhig stehen bleiben und ihn
mit Gottes Hilfe
in ein Wunder verwandeln!

Ausdauer

4. Februar

„Wenn jemand hinfällt, steht er dann nicht schnell wieder auf?"
(Jeremia 8,4; Gute Nachricht).

*E*s ist schon einige Jahre her, dass ein Börsenmakler aus meinem Bekanntenkreis über einen längeren Zeitraum geschäftliche Probleme hatte. Er hatte fast alles, was er besaß, verloren. In dieser Zeit entschloss er sich dazu, daran zu glauben, dass Gott ihm bei der Erfüllung seiner Ziele helfen könne.

Als Erstes beschloss er, nach einer Möglichkeit Ausschau zu halten, wie er seine Familie über die Runden bringen könnte. Er besaß kein Geld, aber einen Dienstwagen, mit dem er um vier Uhr morgens durch die Straßen fuhr, um aus dem Müll seiner Nachbarn alte Zeitungen auszusortieren. Das war noch vor der Zeit, als man von Seiten der Stadt an eine Wiederverwertung von Altpapier dachte. Das tat er auch abends, wenn es so dunkel war, dass keiner ihn erkennen konnte. Auf diese Weise verdiente er in der ersten Woche etwa 70 Dollar.

Danach bezog er auch seine Söhne mit ein. Diese gingen in Mietshäuser und boten an, Altpapier einzusammeln. Die Hausverwalter waren froh darüber, auf diese Weise einen Teil des Mülls loszuwerden. Als er mir diese Geschichte erzählte, arbeitete er immer noch an der Börse und verdiente nebenher monatlich 1 000 Dollar.

Seine Kollegen konnten nicht verstehen, warum er so glücklich war. Er erklärte ihnen: „Ich übe mich darin, an die Erreichung von Zielen zu glauben, weil ich an Gott glaube." Außerdem, so könnte man dazufügen, war er gerade dabei, einen weiteren dynamischen menschlichen Wert zu entwickeln – nämlich *Durchhaltevermögen*!

Ich freue mich darüber,
dass ich Durchhaltevermögen entwickle.
Gott und ich sind auch heute dabei,
etwas Großes zu vollbringen!

5. Februar   *Mut*

„Seid mutig und entschlossen! Habt keine Angst! Erschreckt nicht vor ihnen! Der Herr, euer Gott, wird selbst mit euch ziehen. Er wird euch gewiss nicht im Stich lassen"
(Deuteronomium 31,6; Gute Nachricht).

Vergangenen Monat habe ich von Dr. Henry Poppen berichtet, der als einer der ersten Missionare nach China ging und dort über 40 Jahre lebte. Er erzählte mir, dass er einmal in ein abgelegenes Dorf kam, in dem vermutlich noch nie ein Missionar gewesen war.

Er erzählte den Dorfbewohnern von Jesus – wie freundlich, sanft und liebevoll er war und dass er bereit war, schnell zu vergeben. Daraufhin sagte einer der Männer: „Jesus – den kennen wir. Der war schon hier."

„Das kann nicht sein", protestierte der Missionar, „Jesus hat vor langer Zeit in einem Land weit von hier entfernt gelebt."

„Aber nein", entgegneten sie ihm, „er ist hier bei uns gestorben. Wir können dir sein Grab zeigen."

Man führte ihn aus dem Dorf hinaus auf einen chinesischen Friedhof, wo ein Amerikaner begraben lag. Auf dem Grabstein war der Name eines christlichen Arztes zu lesen, der sich von Gott dazu gerufen gefühlt hatte, ganz allein auf sich gestellt in dieses Dorf zu gehen und dort bis zu seinem Tode zu bleiben. Als die Dorfbewohner hörten, wie Jesus war, fiel ihnen sofort dieser Mann ein.

Mut – der vierte Wert auf meiner Liste. Wie mutig muss dieser Arzt gewesen sein! Er wusste, wovon die Rede war, wenn Paulus an die Korinther schrieb: „Auch wir sind schwach in ihm [Christus], aber wir werden zusammen mit ihm vor euren Augen aus Gottes Kraft leben" (2 Kor 13,4).

Ich habe Mut, weil die Kraft Jesu Christi in mir ist.

Mut   6. Februar

„Wenn ihr gelassen abwartet und mir vertraut, dann seid ihr stark"
(Jesaja 30,15; Gute Nachricht).

In Indien erzählte mir ein Missionar, dass sich eines Abends, als er neben seinem Bett zum Beten niederkniete, eine Riesenpython von den Dachsparren herunterließ und sich um seinen Körper wickelte.

Pythons, die in Indien nicht selten sind, töten ihr Opfer, indem sie es zerdrücken. Der Missionar berichtete, dass ihm ein Bibelvers in den Sinn kam, sobald er spürte, wie die windende Schlange seinen Körper umschlang: „Nur Stille und Vertrauen verleihen euch Kraft" (Jes 30,15). Und er hatte augenblicklich die ruhige Gewissheit, dass Gott alles unter Kontrolle hatte. Er verhielt sich vollkommen ruhig und betete und meditierte wie nie zuvor in seinem Leben.

Wäre er erschrocken und hätte er gekämpft oder sich angespannt, hätte ihn die Riesenschlange wahrscheinlich immer mehr eingeschnürt und schließlich zerquetscht. Stattdessen blieb er ruhig, wartete, betete und rührte keinen Muskel. Langsam rollte sich die Schlange auf und zog sich wieder unter das Dach zurück.

Die meisten von uns werden diese stille Art von *Mut* bewundern. Ich glaube, dass es kaum einen Wert gibt, der bemerkenswerter und bewunderungswürdiger wäre als Mut. Beanspruchen Sie den Mut, der Ihnen als Kind Gottes zugesprochen ist! Gott möchte, dass Sie mutig sind.

Ich bin geschaffen,
um mutig und voller Selbstvertrauen zu leben.
Ich kann darauf vertrauen,
dass Gott mir heute Mut schenken wird,
wenn ich ihn darum bitte.

7. Februar   *Mut*

*„Seid mutig und tapfer! Fürchtet euch nicht, und erschreckt nicht [...],
denn bei uns ist der Herr, unser Gott, der uns hilft"*
(2. Chronik 32,7–8).

*I*n dieser Woche haben wir uns mit zwei unterschiedlichen Beispielen von *Mut* beschäftigt. Der eine Mensch führte ein mutiges und kühnes Leben. Der andere besaß den Mut, sich vollkommen ruhig zu verhalten, und konnte deshalb weiterleben. Vielleicht wünschen auch Sie sich, mehr Mut zu haben. Nehmen Sie sich einen Augenblick Zeit, um über Ihre Lebensumstände nachzudenken. Wo brauchen Sie mehr Mut in Ihrem Leben?

_____

_____

_____

Was würden Sie tun, wenn Sie mutiger wären?

_____

_____

_____

Ich möchte Sie heute dazu herausfordern, daran zu glauben, dass Sie das, was Sie eben aufgeschrieben haben, auch tun können. Wenn Sie daran glauben, werden Sie entdecken, dass es stimmt.

Gottes Geist lebt in mir, deshalb kann ich mutig sein!

Mut   8. Februar

„Der Herr ist mein Helfer, ich fürchte mich nicht. Was können Menschen mir antun?" (Hebräer 13,6).

Vor vielen Jahren kam jemand in ein Waisenhaus und fragte: „Gibt es hier ein Waisenkind, das niemand haben will?"

Die Vorsteherin bejahte: „Ja, es ist zehn Jahre alt, ziemlich hässlich und hat einen scheußlichen Buckel. Das einzig Annehmbare ist eigentlich nur sein Name – Mercy Goodfaith [sinngemäß: Gnade Gutglaub]."

„Das ist genau das Kind, das ich suche", sagte der Besucher, und sie verließen zu zweit das Haus.

35 Jahre später wurde dem Leiter der Waisenhausaufsicht ein Bericht vorgelegt, in dem zu lesen war: „Dieses Heim ist außergewöhnlich. Es ist sauber, das Essen ist gut, und die Vorsteherin des Hauses hat ein Herz, das vor Liebe regelrecht überquillt. Alle Kinder werden gut versorgt und erwidern die Liebe ihrer Hausmutter. Als sich nach dem Essen alle um das Klavier scharten, fiel mir eine Atmosphäre auf, wie ich sie nie zuvor bei meiner Arbeit beobachtet habe. Ich habe noch nie so schöne Augen gesehen wie bei dieser Leiterin. Sie sind so überwältigend, dass man darüber fast vergisst, wie reizlos ihr Gesicht ist und dass sie einen schrecklichen Buckel hat. Ihr Name ist Mercy Goodfaith."

Mercy Goodfaith lernte zu lieben, weil irgendein namenloser Mensch den Mut aufbrachte, sich um ein ungewolltes Waisenkind zu kümmern. Sie hat diese Liebe hundertfach an andere weitergegeben. Ich bete dafür, dass Gott Ihnen den *Mut* schenkt, sich um andere zu kümmern.

> *Ich wage, daran zu glauben,*
> *dass Gott mir heute Mut schenkt,*
> *mich so um eine Sache zu kümmern,*
> *dass etwas Wunderbares daraus entsteht!*

9. Februar — *Mut*

„Einer trage des anderen Last; so werdet ihr das Gesetz Christi erfüllen" (Galater 6,2).

Manchmal schickt uns Gott Menschen über den Weg, die wenig liebenswert und sehr schwierig sind. Sie geben uns leider nur allzu oft einen Grund, uns nicht um sie zu kümmern, obwohl sie gerade das bitter nötig hätten.

Welchen schwierigen Menschen, um den sich keiner kümmert, hat Gott in der letzten Zeit in Ihr Leben gestellt? Schreiben Sie auf, warum Sie Mühe haben, sich um diesen Menschen zu kümmern:

1. _____

2. _____

3. _____

4. _____

5. _____

6. _____

7. _____

> *Ich kann sicher sein, dass Gott mir Liebe zu diesem Menschen schenken wird. Ja, ich habe den Mut, mich um sie/ihn zu kümmern!*

Mut   *10. Februar*

*„Ich bitte ihn, dass er euch aus dem Reichtum seiner Herrlichkeit
beschenkt und euch durch seinen Geist innerlich stark macht"*
(Epheser 3,16; Gute Nachricht).

Meine Sekretärin Lois hat über 15 Jahre lang gegen ihren
Krebs gekämpft. Ich glaube kaum, dass ich je wieder einem
Menschen begegnen werde, der so mutig und tapfer ist wie sie.

Manchmal ging es ihr so schlecht, dass sie alle Kraft zusammen-
nehmen musste, um überhaupt aus dem Bett zu kommen. Sie ließ sich
aus dem Bett fallen, um dann auf allen Vieren ins Badezimmer zu kriechen und sich am Waschbecken hochzuziehen. Wenn sie schließlich
auf die Beine gekommen war, zwang sie sich dazu, sich zu kämmen
und anzukleiden.

Dann wankte sie in die Küche, um ein wenig Wasser zu trinken
und ein Stück trockenes Brot zu essen, nach ihrer Handtasche zu suchen und zur Tür zu gehen. Der Schweiß perlte ihr von der Stirn, aber
sie hielt sich aufrecht, blickte ihren Mann an und sagte: „Nun, Ralph,
ich denke, jetzt kann ich es schaffen."

Und sie ging hinaus, stieg in ihr Auto und fuhr in die Gemeinde,
wo sie immer schon vor mir anzutreffen war. Wenn ich sie dann wie
üblich begrüßte und nach ihrem Befinden fragte, lächelte sie mich an
und sagte: „Danke, gut!" Die Hingabe an ihren Dienst in der Gemeinde hat sie tapfer gemacht, sodass sie wesentlich länger am Leben
blieb, als man ihr in Aussicht gestellt hatte. Nur Gott kann uns diese
Art von *Mut* schenken.

*Komm, Herr, und verwandle du meine traurige Seele,
bis mein Herz vor Freude, Glück und Mut fast zerspringt!*

11. Februar

Friede sei mit dir!

„Nimm meine Worte freundlich auf! Lass mein Gebet zu dir dringen, Herr, mein Halt und mein Retter!" (Psalm 19,15; Gute Nachricht).

Neulich beobachtete ich, welche Mühe meine jüngste Tochter damit hatte, Wörter richtig zu buchstabieren. Und ich erinnerte mich daran, wie ich diese Wörter zehnmal hatte schreiben müssen. Wenn ich dabei einen Fehler gemacht hatte, hatte mich meine Lehrerin dazu verdonnert, sie 25-mal zu schreiben! Dabei kam mir der Gedanke: *Warum nicht auch Gedanken zehnmal schreiben, die mich aufbauen?* Ich versuchte es und der Erfolg war umwerfend! Schon beim dritten Mal nahmen diese Worte neue Klarheit an. Und beim zehnten Mal waren sie mir in Fleisch und Blut übergegangen.

Versuchen auch Sie es. Schreiben Sie langsam und mit Bedacht zehnmal hintereinander einen Satz auf, der Sie heute aufbauen soll:

1. _____

2. _____

3. _____

4. _____

5. _____

6. _____

7. _____

8. _____

9. _____

10. _____

Mit Gottes Hilfe finde ich Selbstvertrauen, um meine Arbeit heute mit Kraft und Begeisterung tun zu können.

Friede sei mit dir!   *12. Februar*

„Frieden hinterlasse ich euch, meinen Frieden gebe ich euch; nicht einen Frieden, wie die Welt ihn gibt, gebe ich euch" (Johannes 14,27).

*E*s war einmal ein jüdischer Junge, der schon in jungen Jahren darüber nachdachte, welche Werte er in seinem Leben anstreben wolle. Er schrieb auf seine Liste „Ruhm", dachte eine Weile nach und fügte dann „Reichtum" hinzu. Und eine Weile später „Gesundheit". Dann ging er zufrieden zum Rabbi und zeigte ihm seine Liste.

Aber der Rabbi schüttelte nur den Kopf und sagte: „Du hast einen der wichtigsten Werte, die es im Leben gibt, übersehen – Frieden. Denn was sind Reichtum, Ruhm und Gesundheit wert, wenn im Mittelpunkt deines Lebens kein *Friede* herrscht?"

Die Juden grüßen sich heute immer noch mit dem Gruß „Shalom" – „Friede sei mit dir!". Auch zur Zeit Jesu begrüßte man einander mit diesem schönen Gruß.

Es war darum für Jesus ganz natürlich, dass er noch einige Stunden vor seinem Tod am Kreuz über dieses Wort gesprochen hat. Er sagte zu seinen Jüngern: „Frieden hinterlasse ich euch, meinen Frieden gebe ich euch; nicht einen Frieden, wie die Welt ihn gibt, gebe ich euch. Euer Herz beunruhige sich nicht und verzage nicht" (Joh 14,27).

Diese Worte sind heute speziell an Sie gerichtet! Und das ist auch der Grund, warum *Friede* auf meiner Werteliste steht.

Shalom – Friede sei mit dir!

13. Februar   *Friede sei mit dir!*

„Dies habe ich zu euch gesagt, damit ihr in mir Frieden habt. In der Welt seid ihr in Bedrängnis, aber habt Mut: Ich habe die Welt besiegt" (Johannes 16,33).

*W*ie würden Sie *Frieden* definieren? Sie würden sicher die Abwesenheit von Krieg und Streit anführen. Oder Sie könnten sagen: „Kein Krach und kein Stress." Wenn wir aber die Worte Jesu über Frieden inmitten von Kummer und Bedrängnis lesen, spricht er von einem Frieden, der mit nichts zu vergleichen ist und alles übersteigt, was wir sonst darunter verstehen.

Wie würden Sie *Frieden* definieren – wie würden Sie Frieden beschreiben? Schreiben Sie eine Definition auf oder stellen Sie einfach eine Liste von Eigenschaften oder Qualitäten auf, die für Sie mit Frieden verbunden sind:

_____

_____

_____

_____

_____

Ich spüre, dass es mitten in allen Stürmen der Aktivität,
die mein Leben umtosen,
einen Frieden gibt, der tief in mir verankert ist.

Friede sei mit dir! 14. Februar

"Sein Sinn ist fest; du schenkst ihm Ruhe und Frieden, denn er verlässt sich auf dich" (Jesaja 26,3).

Ich habe das Geheimnis, das mit diesem Frieden im Herzen verbunden ist, vor Jahren entdeckt, als ich von einem Sondereinsatz in Korea zurückkam. Bei einem Zwischenstopp auf Hawaii sah ich dort die wunderbare Statue Jesu Christi, der auf seinen Schultern das verirrte Lamm zur Herde zurückbringt.

Der müde Ausdruck in den Zügen Jesu vermittelte mir den Eindruck, dass er viele Stunden lang unterwegs gewesen sein muss, den Berg steil hinauf und wieder hinunter, durch Schluchten und Felsspalten – bis er das Lämmchen schließlich fand.

Was mich besonders berührte, war der Friede, den das Lämmchen ausstrahlte, das sich wie ein wolliger Schal um den Nacken des guten Hirten zu legen schien. Es hatte seine Vorderfüße ganz entspannt übereinander gelegt. Man konnte sich gut vorstellen, dass es immer noch ein wenig zitterte und dass sich sein schmächtiger Körper feucht und kalt anfühlte. Aber während es sich auf den Schultern des guten Hirten bequem machte, wurde ihm wieder warm. Die ganze Szene war umgeben von einer Atmosphäre der Ruhe und Sicherheit.

Hier auf den Schultern des guten Hirten war es sicher. Es hatte sich verirrt, aber er hatte es wieder gefunden. Friede überflutete sein ganzes Wesen. Es war gerettet!

Das Geheimnis wahren Friedens liegt in Jesus. Darin, dass wir uns finden lassen und durch den Heiligen Geist wieder geboren werden und unsere Zukunft in seine Hand legen. Er ist die Quelle wahren Friedens.

Wenn ich meine Aufmerksamkeit auf Jesus, meinen Retter, richte, kann ich spüren, wie Ängste und Spannungen von mir abfallen und Friede mein Wesen überflutet.

15. Februar   *Friede sei mit dir!*

„Der Frieden, den Christus schenkt, soll euer ganzes Denken und Tun bestimmen [...]. Dankt Gott dafür!" (Kolosser 3,15; Gute Nachricht).

Friede in unserem Herzen und in unserer Seele – das ist sowohl Privileg als auch Verantwortung. Nehmen Sie sich Zeit, um darüber zu meditieren und zu beten. Bitten Sie Gott, Ihnen bewusst zu machen, in welchen Bereichen Ihres Lebens Sie keinen Frieden haben. Was stört Ihren Frieden? Schreiben Sie auf, was Gott Ihnen zeigt:

_____

_____

_____

Wenn Sie damit fertig sind, nehmen Sie sich jeden einzelnen Punkt vor und vertrauen Sie Gott alles an, was Ihnen den Frieden raubt. Er hat Ihnen Frieden versprochen; das ist Ihr Vorrecht als sein Kind. Vertrauen Sie ihm, dass er sein Versprechen halten wird!

Schreiben Sie dann ein Gebet auf, mit dem Sie Gott für den Frieden danken, den er Ihnen gibt:

_____

_____

_____

Mein Herz ist erfüllt von Gottes Frieden!
Ich werde nicht zulassen, dass mir heute irgendetwas
dieses Geschenk wieder nimmt!

Friede sei mit dir!   16. Februar

„Gnade sei mit euch und Friede von Gott, unserem Vater, und dem Herrn Jesus Christus" (Galater 1,3).

*E*s war einmal ein Mann, der mit seiner Tochter in den Bergen lebte. Er war Schafzüchter. Eines Tages waren die beiden unterwegs, um nach einem verirrten Schaf zu suchen, und sie fanden es mitten in einem Dornendickicht. Sie befreiten es ganz behutsam und sehr vorsichtig, denn es war zerkratzt und blutete an vielen Stellen. Das kleine Mädchen weinte und sagte zu seinem Vater: „Das ist ein böser Strauch! Wir sollten ihn umhauen!"

Am nächsten Tag kehrten sie mit einer Axt zurück, um den Strauch umzuhauen. Aber als sie näher kamen, sah das kleine Mädchen, wie ein kleiner Vogel herunterflog und seinen Schnabel öffnete, um sich ein wenig von der Wolle zu holen, die sich in den Dornen verfangen hatte. Der kleine Vogel zerrte und zerrte, bis er endlich ein Stückchen hatte. Dann flog er damit fort.

Das kleine Mädchen blickte zu seinem Vater auf und sagte: „Ich glaube, bei Gott hat auch dieser Dornenstrauch einen Sinn. Wir sollten ihn doch nicht umhauen, denn seine Dornen helfen mit, dass der kleine Vogel warme, weiche Wolle für das Nest seiner Jungen findet."

Erlauben Sie den Dornen in Ihrem Leben nicht, Ihre Perspektive zu verschieben! Diese Dornen schmerzen und verletzen Sie vielleicht und scheinen sinnlos zu sein. Aber in Gottes großem Plan und in seinem Ziel für Ihr Leben kann jeder Dorn mithelfen, Ihnen die Augen für die wunderbaren Möglichkeiten zu öffnen, die er für Sie hat. Ruhen Sie in seinem Frieden, auch wenn Ihr Weg dornig ist, denn er geht mit Ihnen!

Ich will heute in Gottes Frieden ruhen.
Denn sein Friede ist stärker als alles,
was mich sonst im Leben umtreibt.

17. Februar

Friede sei mit dir!

„Hält er sich still, wer spricht ihn schuldig?" (Ijob 34,29).

In Frieden leg ich mich nieder und schlafe ein; denn du allein, Herr,
lässt mich sorglos ruhen."
Psalm 4,9

„Der Herr wird seinem Volk Kraft geben, er wird es mit Glück und
Frieden beschenken."
Psalm 29,11 (Gute Nachricht)

„Durch die barmherzige Liebe unseres Gottes wird uns besuchen das
aufstrahlende Licht aus der Höhe, um allen zu leuchten, die in
Finsternis sitzen und im Schatten des Todes, und unsere Schritte zu
lenken *auf den Weg des Friedens.*"
Lukas 1,78–79

„Der Herr des Friedens aber schenke euch den Frieden zu jeder Zeit
und auf jede Weise. Der Herr sei mit euch allen."
2. Thessalonicher 3,16

Der Friede Gottes soll heute mein Herz regieren.
Nichts darf diesen Frieden stören.

Friede sei mit dir! 18. Februar

„Wer dich liebt, sei in dir geborgen. Friede wohne in deinen Mauern" (Psalm 122,6–7).

Henry Drummonds erzählt die Geschichte von zwei Künstlern, die den Auftrag hatten, ein Bild zu malen, das wahren Frieden zum Ausdruck bringen sollte.

Der eine von ihnen malte eine Landschaft mit einem Bergsee, der friedlich, still und ruhig dalag, mit klarem Wasser und glatter Oberfläche. Den Hintergrund bildeten herrliche grüne Berge, und das Ganze war eingerahmt von schlanken, hohen Pinien, die sich im Wasser des Sees spiegelten.

Der zweite Künstler malte die sehr bewegte Szene eines gewaltigen Wasserfalls. Neben einer entwurzelten Birke, deren zarte Zweige noch über den Rand des Wasserfalls hinausreichten, stürzte er donnernd in die Tiefe. In einer der Astgabeln hatte ein Vogel sein Nest gebaut. Und in diesem Nest, feucht glitzernd im Gischt des Wasserfalls, lag ruhig und geborgen ein schlummerndes Vögelchen.

Der zweite Künstler versuchte einen Frieden auszudrücken, den auch wir haben können. Gott hat uns nicht versprochen, dass es auf dieser Welt keine Probleme geben wird. Die wird es immer geben. Aber er hat uns versprochen, dass es für uns möglich sein wird, Frieden zu haben – wirklichen Frieden! – mitten in allen Stürmen unseres Leben.

Herr, ich will die Augen von meinen Problemen und Schwierigkeiten abwenden und auf dich blicken. Wenn ich das mache, kann ich deinen Frieden in mir spüren – die große Ruhe mitten im Sturm meines Lebens.

19. Februar — Aus Liebe vergeben

„Seid gütig zueinander, seid barmherzig, vergebt einander, weil auch Gott euch durch Christus vergeben hat" (Epheser 4,32).

Punkt sechs auf meiner Werteliste lautet *Vergebung*. Jemand, der sich meine Liste einmal ansah, fragte mich, warum ich die Liebe nicht darin aufgenommen hatte. Ich antwortete, dass das Wort Liebe in seinem tiefsten Sinn für mich im Grund „Vergebung" bedeutet.

Die alten Griechen kannten drei Bezeichnungen für Liebe. Das inhaltsschwerste Wort ist *agape*, das sich von allen anderen Worten, die wir für Liebe kennen, abhebt. *Agape* bedeutet, jemanden zu lieben, obwohl er diese Liebe nicht verdient. Das ist die Art von Liebe, mit der Sie und ich von Gott geliebt werden. Es ist interessant, dass man *agape* auch mit „vergeben" übersetzen kann.

Gott liebt uns, auch wenn für diese Liebe keinerlei Anlass besteht. Das bedeutet *agape*. Und das bedeutet auch Vergebung. Gottes Liebe in Aktion für Menschen, die es nicht verdienen!

Man hat mir beigebracht, dass nur Gott wirklich vergeben kann. Die Natur kennt keine Vergebung. Wenn ich mir voller Wut meine Hand abhacke, wird sie nicht wieder nachwachsen. Lehrer kennen keine Vergebung. Wenn ich nicht lerne, werde ich durch die Prüfung fallen. Die Gesellschaft kennt keine Vergebung. Wenn ich ein Verbrechen begehe, werde ich dafür zur Rechenschaft gezogen. Vergebung ist ein Wunder, das nur bei Gott möglich ist. Der Grund für die Vergebung ist seine große Liebe – *agape*-Liebe. Es ist möglich, dass mir aus Liebe vergeben wird!

> *Ich lebe heute ohne Furcht und ohne Schuld,*
> *denn Gott hat mir aus Liebe vergeben!*

Aus Liebe vergeben 20. Februar

„So fern der Osten vom Westen liegt, so weit entfernt er die Schuld von uns" (Psalm 103,12; Gute Nachricht).

Was Gott vergibt, das vergisst er auch! Ein weiser Mensch hat einmal gesagt: „Wenn du das Kriegsbeil begraben willst, dann lass seinen Griff nicht aus dem Boden ragen." Denn so lässt sich das Kriegsbeil jederzeit wieder finden und ausgraben. Gott gräbt unsere Vergangenheit nie wieder aus, wenn er sie einmal vergeben hat! Ist das nicht wunderbar? Wenn Gott mir aus Liebe vergeben hat, bin ich wieder frei.

Denken Sie darüber nach, was für eine große Bedeutung das für Sie haben kann. Beenden Sie den folgenden Satz auf unterschiedliche Arten:

Weil Gott mir vergibt, kann ich

_____

_____

_____

_____

_____

_____

_____

Heute will ich mich freuen, weil Gott mir vergeben hat!

21. Februar — Aus Liebe vergeben

„Aber bei dir finden wir Vergebung" (Psalm 130,4; Gute Nachricht).

Vergebung ist bedingungslose Liebe. Das ist die einzig echte Liebe. Die meisten von uns lieben andere Menschen nicht bedingungslos. Sie sagen: „Ich liebe dich, wenn du meiner Meinung bist. Ich liebe dich, wenn du anfängst, wieder ein ordentliches Leben zu führen. Aber wenn du meinen Erwartungen nicht entsprichst, werde ich dich auch nicht lieben."

Gott liebt uns bedingungslos, auch wenn wir nicht an ihn glauben. Die Liebe, die Gott für Sie und mich hat, kennt kein Wenn und Aber!

In der Bergpredigt hat Jesus gesagt: „Was ist denn schon dabei, wenn ihr nur die Leute liebt, die mit euch übereinstimmen? Das machen auch die Gauner und Betrüger, die ihre Kumpel lieben." Er führte weiter aus, dass sich die echte Liebe darin zeigt, dass Gott seine Sonne über Gerechte und Ungerechte scheinen lässt und dass er seinen Regen auf Gute und Böse fallen lässt.

Das mag Ihnen ungerecht scheinen, aber ich möchte Ihnen versichern, dass dieses Konzept auf Gnade beruht. Und zwischen Gerechtigkeit und Gnade wird es immer eine Spannung geben. Wenn Sie Mühe haben, jemandem zu vergeben, weil das, was er getan hat, einfach nicht richtig war, dann möchte ich Sie ermutigen, so zu vergeben, wie Ihnen vergeben wird.

*Ich kann die Sicherheit haben,
dass Zorn und Bitterkeit nachlassen,
wenn ich Gott für seine Vergebung danke.
Mir ist vergeben. Darum will ich auch vergeben!*

Aus Liebe vergeben *22. Februar*

Warum sollte ich vergeben? Der Grund dafür heißt:

„Was der Mensch sät, wird er ernten."
Galater 6,7

„Nach dem Maß, mit dem ihr messt und zuteilt, wird euch zugeteilt werden, ja, es wird euch noch mehr gegeben."
Markus 4,24

„Denn wenn ihr den Menschen ihre Verfehlungen vergebt, dann wird euer himmlischer Vater auch euch vergeben. Wenn ihr aber den Menschen nicht vergebt, dann wird euch euer Vater eure Verfehlungen auch nicht vergeben."
Matthäus 6,15

*Wenn ich auf Gottes leise Stimme höre,
werde ich von heilbringenden Gedanken durchdrungen.*

23. Februar   Aus Liebe vergeben

„Ertragt euch gegenseitig und vergebt einander, wenn einer dem andern etwas vorzuwerfen hat. Wie der Herr euch vergeben hat, so vergebt auch ihr!" (Kolosser 3,13).

Ich wage zu behaupten, dass in der Vergebung die stärkste Heilungskraft liegt, die es im menschlichen Leben gibt. Einige von Ihnen hegen gegen andere Groll und Sie sollten diesen Menschen vergeben. Einige sollten sich vielleicht auch selbst etwas vergeben. Nur so können Sie von Ihrem Kummer geheilt und von Eifersucht und bitteren Erinnerungen befreit werden.

Wofür brauchen Sie Vergebung? Beschreiben Sie kurz den Bereich Ihres Lebens, in dem Sie die Kraft der Vergebung erfahren möchten:

_____

_____

Stellen Sie sich vor, dass Sie auf den Menschen zugehen, der Ihre Vergebung braucht. Sagen Sie ihm, welche Gefühle Sie ihm entgegenbringen, und erklären Sie ihm, warum Sie jetzt dazu bereit sind zu vergeben. Bitten Sie ebenfalls um Vergebung, dass Sie ihm bis jetzt nicht vergeben haben. Und stellen Sie sich dann die Wärme und die Herzlichkeit vor, die mit einer Versöhnung verbunden ist. Genießen Sie diese Gefühle, und machen Sie dann Pläne, um diese Szene in die Realität umzusetzen.

> *Herr, ich bin aus eigener Kraft nicht in der Lage*
> *zu vergeben. Aber ich möchte dich darum bitten,*
> *dass du mir die Kraft gibst, es doch zu tun!*

Aus Liebe vergeben

24. Februar

„Denn ich bin gewiss: Weder Tod noch Leben [...] weder Gegenwärtiges noch Zukünftiges [...] können uns scheiden von der Liebe Gottes, die in Christus Jesus ist, unserem Herrn" (Römer 8,38–39).

Im 14. Jahrhundert kündigte einmal ein Mönch den Bewohnern seines Dorfes an, dass er die großartigste Predigt aller Zeiten über die Liebe Gottes halten werde. Er lud sie alle eindringlich ein zu kommen.

Zur angesetzten Stunde füllte sich die Kathedrale mit Jung und Alt. Alles wartete gespannt auf die „große" Predigt. Der Mönch stieg aber nicht wie erwartet auf die Kanzel, sondern er nahm sich eine lange, brennende Kerze vom Leuchter und ging damit zum Altar. Dort hing eine Skulptur des gekreuzigten Christus.

Er hob die Kerze wortlos hoch, bis ihr Schein direkt auf eine der durchbohrten Hände fiel. Er hielt die Kerze hoch und drehte der Gemeinde den Rücken zu.

Dann machte er ein, zwei Schritte zur Seite und hielt die Kerze unter die andere Hand Jesu. Langsam bewegte er die Kerze auf die Stelle an seiner Seite zu, wo der Gekreuzigte von der Lanze durchbohrt war. Dann kniete er nieder, um zu beten. Das flackernde Kerzenlicht beleuchtete dabei die von Nägeln durchbohrten Füße Jesu.

Nach kurzer Zeit stand der Mönch wieder auf, drehte sich um und hielt die Kerze vor sich, sodass alle die Tränen sehen konnten, die ihm übers Gesicht liefen. Er sagte: „Liebe Gemeinde, das war meine Predigt über die Liebe Gottes." Und er entließ sie mit einem Segen.

Mein Herz ist erfüllt von Liebe, von Gottes Liebe.
Ich kann gar nicht anders, als heute ein Mensch zu sein,
der auch anderen vergibt!

25. Februar   Aus Liebe vergeben

„Die Liebe [...] trägt das Böse nicht nach"
(1. Korinther 13,5; Gute Nachricht).

Als Kind liebte ich Schnee, nicht aber die Schneestürme, die mit bis zu 100 Stundenkilometern übers Land fegten und die Straßen unpassierbar machten. Wir waren auf unserer Farm manchmal von der Umwelt abgeschlossen. Das einzig Gute an einem Schneesturm bestand darin, dass ich nicht zur Schule musste.

Vom Fenster aus sahen wir zu, wenn der Schneepflug kam. Er fuhr durch die Wehen einfach hindurch, zerteilte den Schnee und spie ihn in weitem Bogen wieder in den Straßengraben. Danach konnten wir wieder einkaufen oder zur Schule gehen.

Groll auf Menschen ähnelt einem Schneesturm und Vergebung erinnert mich an diesen Schneepflug. Vergebung ist in den Augen vieler Menschen nicht viel mehr als ein passiver Freispruch. Aber Vergebung im christlichen Sinn ist wie ein Schneepflug, der Straßen frei macht, Barrieren abräumt und die Kommunikation mit anderen wieder ermöglicht.

Im Laufe eines Tages können sich viele Dinge ansammeln, die Ihre Beziehung zu anderen beeinträchtigen. Und der einzige Weg, um wieder Freude in Ihr Gesicht und in Ihr Herz zu bringen, besteht darin, dass Sie diese überwältigende Liebe finden, die den Groll beiseite schafft und Ihr Herz mit Vergebung erfüllt.

Die Sprache der Liebe heißt: „Ich vergebe dir!"

Heute will ich die Sprache der Liebe sprechen.
Ich bin immun gegen Groll und destruktive Gefühle,
weil ich aus Liebe vergeben kann.

Hoffnung   26. Februar

„Meine Seele, warum bist du betrübt und bist so unruhig in mir? Harre auf Gott" (Psalm 42,6).

Ich erinnere mich an die Worte eines prominenten Psychiaters, der in leuchtenden Farben die Kraft beschrieb, die mit der Hoffnung verbunden ist. Er sagte: „Woche für Woche und Monat für Monat sitzen Patienten in unserem Zimmer, die deprimiert, leblos und teilnahmslos sind, mit kranker Seele, fahler Haut und stumpfem Blick.

Dann kommt während einer unserer Sitzungen der Moment, in dem sich das Blatt plötzlich wendet. Wir sind uns gar nicht bewusst, dass wir etwas Besonderes gesagt haben, haben es vermutlich auch nicht, aber die Veränderung, die mit diesem Menschen vor sich geht, wird uns unvergessen bleiben.

In die leblosen Augen kommt plötzlich Glanz. Die niedergeschlagenen Augen öffnen sich weit, wenn ein neuer Lebensfunke in ihnen aufleuchtet. Sogar die aschgraue Haut verändert ihr Aussehen, wenn sich dieser Mensch plötzlich wieder dem Leben zuwendet! Und warum? Weil er Hoffnung geschöpft hat.

Aber was ist Hoffnung? Wie kann man als Arzt diese Emotion definieren, woher kommt sie und was bedeutet sie für einen Menschen? Sie ist ein rein menschliches Phänomen."

Ich weiß, wovon dieser Arzt gesprochen hat. Und ich weiß auch, wie man diesen kraftvollen Geist der Hoffnung definieren kann, der Menschen so dramatisch verändert. Nennen wir sie bei ihrem richtigen Namen – nennen wir sie Gott! Hoffnung ist der Geist Gottes, der einen Menschen berührt, um sein Leben und seine Perspektive zu verändern!

Sie kennen sicher den Ausspruch: „Wo Leben ist, da ist Hoffnung." Wir sollten diesen Satz besser umwandeln in: „Wo Hoffnung ist, da ist Leben!"

Ich weiß, dass Gott heute etwas Gutes für mich geplant hat!

27. Februar   Hoffnung

„Seid fröhlich als Menschen der Hoffnung"
(Römer 12,12; Gute Nachricht).

Als ich vor vielen Jahren in Kalkutta war, besuchte ich auch Mutter Teresas „Heim für Sterbende". Die ganze Welt kennt den Dienst, den Mutter Teresa und ihre Schwestern der Barmherzigkeit in Indien aufgebaut haben und den diese auch nach ihrem Tod fortsetzen.

Als Mutter Teresa in den Straßen Kalkuttas sterbende Menschen liegen sah, war sie darüber so erschüttert, dass sie diese Sterbenden selbst zu einem verlassenen Tempel brachte, den sie vorher gesäubert hatte. Dort kümmerte sie sich liebevoll um sie. Sie sagte: „Jeder Mensch verdient es, dass sich wenigstens einer in Liebe um ihn kümmert, wenn er stirbt."

Als ich diesen Ort besuchte, war er voll belegt. Die Räume waren niedrig und nur schwach beleuchtet, aber alles roch sauber und angenehm. Eine der Krankenschwestern sagte zu mir: „Dr. Schuller, es ist interessant, was hier passiert. Wir nehmen nur Menschen auf, die an unheilbaren Krankheiten leiden. Aber wenn sie hier mit der Liebe Christi in Berührung kommen, schöpfen sie Hoffnung und viele von ihnen werden wieder gesund. Ja, wir denken langsam daran, den Namen unseres Hauses umzuändern in ‚Heim für Lebende!'"

Ein unglaublicher Ort und ein vollkommenes Beispiel für Hoffnung. Wo Hoffnung, da ist Leben! Hoffnung birgt gewaltige Kräfte.

Ich bin voll fröhlicher Hoffnung.
Das Leben mit Gott ist aufregend!

Hoffnung   28. Februar

„Wir wissen, dass Gott bei denen, die ihn lieben, alles zum Guten führt" (Römer 8,28)

Wohin ich auch gehe, ich treffe überall Menschen, die mir erzählen, dass sich ihr Leben verändert hat. Und weil sich etwas verändern kann, gibt es auch Hoffnung! Wie immer unsere Lebensumstände heute sind, sie werden sich verändern. Morgen kann schon alles anders aussehen. Und das Erstaunliche daran ist, dass wir Einfluss darauf haben, inwiefern dieses Morgen anders sein wird.

Denken Sie einen Augenblick nach und schreiben Sie dann auf, was morgen anders sein soll:

_____

_____

_____

_____

Entschließen Sie sich, an die Macht Gottes zu glauben, die heute in Ihnen wirkt, damit die Dinge, die Sie aufgeschrieben haben, morgen für Sie Wirklichkeit werden.

Heute will ich neu beginnen!

1. März — Hoffnung

„Alles, was atmet, lobe den Herrn!" (Psalm 150,6).

Was tun Sie, wenn es keine Hoffnung mehr zu geben scheint? Wenn Sie sich einfach hoffnungslos fühlen? Für mich sind in solchen Zeiten die Psalmen eine große Hilfe.

Lesen Sie jetzt bitte die Psalmen 146 bis 150. Fügen Sie dann Ihre eigenen Gedanken hinzu, wenn Sie diese fünf kurzen Psalmen gelesen haben:

Preist den Herrn, all ihr

_____

_____!

Preist ihn für

_____

_____!

Ich will ihn preisen für

_____

_____

_____!

Herzlichen Glückwunsch, Sie haben gerade Psalm 151 verfasst! Wenn Sie wieder in Gefahr stehen, von Hoffnungslosigkeit überwältigt zu werden, dann schieben Sie einen Riegel vor, indem Sie Ihren eigenen Lobpreispsalm lesen!

> *Ich will Gott loben! Und während ich ihn preise,*
> *kann ich wieder neue Hoffnung schöpfen.*

Hoffnung *2. März*

„Ich sage: Der Herr ist mein Ein und Alles; darum setze ich meine Hoffnung auf ihn" (Klagelieder 3,24).

Wissen Sie, was das Gegenteil von „hoffen" ist? Verzweifeln! Ich bin erstaunt darüber, wie oft gerade berühmte Männer Gefühle der Hoffnungslosigkeit und Verzweiflung geäußert haben.

So sagte z. B. Wilberforce 1801, dass er nicht zu heiraten wage, weil die Zukunft zu ungewiss sei.

1806 sagte William Penn: „Rund um uns gibt es nur Trümmer und Verzweiflung."

1848 sagte Lord Shaftsbury: „Das Britische Reich wird zweifelsohne untergehen."

1848 sagte Benjamin Disraeli: „Es gibt keine Hoffnung mehr für Industrie, Handel und Landwirtschaft."

1852 sagte der Herzog von Wellington auf seinem Totenbett: „Ich bin dankbar, dass ich nicht mehr erleben muss, wie der Verfall, von dem wir umgeben sind, immer mehr zunimmt."

1914 sagte Lord Grey: „Überall in Europa gehen die Lichter aus. Wir werden kein Licht mehr sehen, solange wir leben."

Prominente Leute von Rang und Namen haben die erstaunliche Neigung, Verzweiflung zu verbreiten. Offensichtlich kennen sie das Geheimnis nicht, von dem schon Jeremia in den Klageliedern gesprochen hat: „Ich will meine Hoffnung auf den Herrn setzen."

Ich will meine Hoffnung auf Gott setzen, und ich spüre, wie mich seine Gegenwart umfängt.

3. März — Hoffnung

"Gesegnet der Mann, der auf den Herrn sich verlässt und dessen Hoffnung der Herr ist" (Jeremia 17,7).

Nehmen wir an, Sie sind voller Hoffnung. Wenn Sie aber einen Blick auf andere werfen, werden Sie sehen, dass viele Menschen verzweifelt und hoffnungslos sind. Halten Sie einen Augenblick inne, um zu überlegen, wer heute eine Ermutigung von Ihnen gebrauchen könnte. Schreiben Sie alle Namen auf, die Ihnen in den Sinn kommen:

_____

Warum sind diese Menschen wohl verzweifelt?

_____

Schreiben Sie einige Worte der Ermutigung auf, mit denen Sie heute bei diesen Menschen Hoffnung wecken wollen. Vergessen Sie nicht, Hoffnung wird davon genährt, dass Sie auf etwas hinweisen, das im Bereich des Möglichen liegt. Sprechen Sie Ihre Ermutigung in einer positiven Haltung aus:

_____

_____

_____

_____

_____

Weil ich Hoffnung habe, kann ich heute für einen anderen zu einem Botschafter der Hoffnung werden. Das ruft mir meine eigene Hoffnung noch stärker ins Bewusstsein.

Neues Leben 4. März

„Und nun, Herr, worauf soll ich hoffen? Auf dich allein will ich harren" (Psalm 39,8).

Robert Louis Stevenson war ein kränkliches Kind. Er vergaß nie, wie er den alten Laternenanzünder beobachtete, wenn er durch die Straßen Edinburghs ging. Man konnte sich darauf verlassen, dass der alte Mann jeden Abend wieder da war, um eine Lampe nach der anderen anzuzünden, sobald es dunkel wurde.

Stevenson schrieb später: „Ich erinnere mich vor allem daran, dass der Laternenanzünder allabendlich eine Lichterkette hinter sich zurückließ. Und dieses Licht wies allen, die nach ihm kamen, den Weg."

Was ist das Schönste, das es auf dieser Welt gibt? Ein Sonnenuntergang? Ein schneebedeckter Gipfel? Von Konfuzius wird berichtet, dass er einmal gesagt haben soll: „Das Schönste, das es auf der Welt gibt, ist ein kleines Kind, das voll Vertrauen seinen Weg weitergeht, nachdem du ihm die richtige Richtung gezeigt hast." Die größte Freude der Welt liegt darin, jemandem, der sich verirrt hat, die richtige Richtung zu weisen! Sie und ich, wir können das tun.

Wenn ich gefragt werde, woher ich die Hoffnung für mein Leben nehme, dann weise ich ihn auf Christus hin: „Das liegt daran, dass Jesus mir vergeben und Sinn und Hoffnung geschenkt hat." Er hat uns versprochen: „Ich, der Herr, werde euch immer und überall führen, auch im dürren Land werde ich euch satt machen und euch meine Kraft geben. Ihr werdet wie ein Garten sein, der immer genug Wasser hat, und wie eine Quelle, die niemals versiegt" (Jes 58,11; Gute Nachricht).

Ich glaube daran, dass sich alles, was mir heute begegnet, als Segen erweisen wird.

5. März — Neues Leben

"Wenn also jemand in Christus ist, dann ist er eine neue Schöpfung: Das Alte ist vergangen, Neues ist geworden" (2. Korinther 5,17).

Vier Wochen, nachdem unser Gottesdienst zum ersten Mal im Fernsehen übertragen wurde, stellte ein junger Mann sein Motorrad auf unserem Parkplatz ab. Als er in mein Büro kam, hatte er eine Schachtel bei sich. „Mir ist noch nie etwas so Verrücktes passiert", sagte er. „Sie sagten, man solle sich ans Fenster stellen und einfach sagen: ‚Ich glaube! Ich glaube! Ich glaube!' Als ich das hörte, lag ich gerade hilflos und ohne Hoffnung in einem Krankenhausbett.

Ich wartete, bis keiner in meiner Nähe war, kletterte aus dem Bett und stellte mich ans Fenster. Leise murmelte ich vor mich hin: ‚Ich glaube, ich glaube, ich glaube!' Ich begriff nicht ganz, was das sollte, aber heute weiß ich, warum es Wirkung zeigte. Ich habe damit die Tür zu meinem Herzen aufgestoßen, die damals fest verschlossen war.

Heute glaube ich an Jesus Christus. Und dafür möchte ich mich bedanken. Ich habe Ihnen ein Geschenk mitgebracht, das ich während meiner Militärzeit in Italien erstanden habe." Und er überreichte mir eine sehr wertvolle Porzellanstatuette. Sie stellt einen Flickschuster dar, neben dem ein verwahrlostes, armes kleines Mädchen steht. Man sieht, dass es arm, aber voller Vertrauen ist. Es hat nur einen Schuh an den Füßen, den anderen hält es dem Schuster hin. Dieser wirft einen Blick darauf. Er wirkt total hilflos, weil dieser Schuh unmöglich mehr zu reparieren ist.

Mein neuer Freund sagte zu mir: „Dr. Schuller, noch vor vier Wochen sah mein Leben wie dieser Schuh aus. Dann kam Jesus und warf einen Blick darauf. Er hat nur den Kopf geschüttelt. Aber er hat mich nicht weggeworfen. Er hat sich meiner angenommen und mich wie neu gemacht."

Dieser Freund ist ein Jahr später gestorben und befindet sich heute im Himmel. Dort werden auch Sie eines Tages sein, wenn Sie sich heute dazu entschließen, an Jesus Christus zu glauben, an den großen Glaubenden, der keinen aufgibt.

Ja, ich glaube! Ich glaube! Ich glaube!

Ich will mein Leben unter die Herrschaft von Gottes verändernder Kraft stellen.

Neues Leben *6. März*

„Ich werde nicht sterben, sondern leben, um die Taten des Herrn zu verkünden" (Psalm 118,17).

Ich liebe die Geschichte des armen Mannes, der während der Wirtschaftskrise aus Deutschland immigrierte. Da er dringend Geld brauchte, um seine Familie zu ernähren, musste er sich etwas einfallen lassen.

Da seine Frau ein fantastisches Wurstrezept kannte, beschloss er, eine Würstchenbude zu eröffnen. Er hatte jedoch kein Geld, um Teller oder Besteck kaufen zu können.

Wieder hatte seine Frau den rettenden Einfall. Sie schlug ihm vor, einfach ein paar Brötchen zu machen, in denen er seine Wurst anbieten könne. Es funktionierte und der Erfolg war durchschlagend. Damit war der „Hot Dog" geboren!

Jeder von uns hat in seinem Leben mit Schwierigkeiten und Widerständen zu kämpfen. Der Unterschied liegt allein darin, wie wir mit ihnen umgehen.

Lassen Sie uns einen Blick auf den Weg werfen, der zum Erfolg führt. Ich bin überzeugt, dass jede Schwierigkeit im Grunde für Gott nicht mehr ist als eine Chance, um Wunder zu vollbringen.

Beschreiben Sie etwas, das Sie bedrückt. Schreiben Sie dann auf, welche Möglichkeiten Gott hat, in dieser Situation ein Wunder zu wirken.

Das Problem:

Gottes Möglichkeiten, Wunder zu wirken, sind:

Ich will Gott für meine Schwierigkeiten loben.
Denn sie sind Gelegenheiten, hinter denen sich Gottes
große Möglichkeiten verbergen!

7. März — Neues Leben

„Ein Licht erstrahlt den Gerechten und Freude den Menschen mit redlichem Herzen" (Psalm 97,11).

*E*ines Morgens beschloss ich, ausgiebig zu joggen. Dabei kam ich an eine Kreuzung, von der aus ich entweder weiter nach Osten laufen oder mich nach Süden oder nach Norden wenden konnte. Wenn ich nach Süden lief, würde mich der Anblick der Morgendämmerung erwarten, der Anblick der aufgehenden Sonne, die sich im Ozean widerspiegelte. Wenn ich nach Norden lief, hätte ich einen wunderbaren Ausblick auf die Berge, hinter denen das Licht der Sonne hervorbrach. Beides schien mir verlockend.

Wenn ich ostwärts lief, müsste ich leicht bergauf laufen. Aber ich würde direkt in das aufgehende Licht laufen. Ich würde gerade rechtzeitig ankommen, um die ersten langen Sonnenstrahlen zu sehen.

Zunächst startete ich Richtung Ozean, aber damit kehrte ich dem anbrechenden Tag den Rücken zu, was mich enttäuschte. Ich hatte das Gefühl, etwas Großes zu versäumen.

Darum fiel es mir nicht schwer, die Richtung zu ändern und der Sonne entgegenzulaufen. Und das war keine Enttäuschung! Als ich oben auf dem Hügel ankam, brach gerade die Sonne am Horizont durch. Ich fühlte mich in ihrem aufgehenden Licht wie neugeboren.

Wie können auch Sie dem Licht entgegenlaufen? Laufen Sie auf das Licht zu, das aus dem Wort Gottes kommt!

*Herr, ich will in deinen Sonnenaufgang hineinlaufen.
Ich will über dich nachdenken.
Danke, dass du mich dabei reich segnest.*

Neues Leben 8. März

„Liebe den Herrn, deinen Gott, hör auf seine Stimme und halte dich an ihm fest; denn er ist dein Leben" (Deuteronomium 30,20).

Alle großen Menschen der Bibel haben Unwahrscheinliches für möglich gehalten. O ja, auch sie waren Realisten – sie wussten, was es heißt, entmutigt, deprimiert und in Todesgefahr zu sein. Ihre Größe besteht darin, dass sie sich inmitten all dieser Schwierigkeiten dafür entschieden, ihre Aufmerksamkeit auf die wunderbaren Möglichkeiten zu richten, die Gott für sie vorbereitet hat.

Selbst Jeremia, der traurige Prophet, entschied sich schließlich dafür, wieder auf die Liebe Gottes zu vertrauen, obwohl er tief deprimiert war. Daraufhin verschwand seine Depression, wie Sie in Klagelieder 3, Verse 1 bis 24 nachlesen können. Er entschied sich bewusst dafür, die Möglichkeiten Gottes ins Auge zu fassen, statt seine Aufmerksamkeit weiter all dem Negativen zu schenken, das ihn umgab.

Stecken Sie in Schwierigkeiten? Haben Sie den Eindruck, dass Sie davon erdrückt werden und dass es keinen Ausweg gibt? Hören Sie auf, über das Negative zu brüten, und wählen Sie stattdessen das Leben! Glauben Sie daran, dass Gott ausreichend Macht hat, um mit diesen Schwierigkeiten fertig zu werden und Ihnen ein aufregend schönes Heute und Morgen zu schenken. Gottes Botschaft an Sie heißt: „Denn ich, ich kenne meine Pläne, die ich für euch habe [...]. Pläne des Heils und nicht des Unheils; denn ich will euch eine Zukunft und eine Hoffnung geben" (Jer 29,11).

> *Ich will das Leben wählen – das Leben,*
> *das Gott für mich hat.*
> *Darum brauche ich keine Angst mehr zu haben.*

9. März — Neues Leben

"Von Gottes Güte kommt es, dass wir noch leben. Sein Erbarmen ist noch nicht zu Ende, seine Liebe ist jeden Morgen neu und seine Treue unfassbar groß" (Klagelieder 3,22–23; Gute Nachricht).

In Psalm 148 wird die gesamte Schöpfung dazu aufgefordert, Gott zu loben, sogar Berge und Bäume. Stellen Sie heute eine Liste der Dinge auf, für die Sie Gott loben wollen. Sollte Ihnen der Platz nicht reichen, könnten Sie anfangen, ein Lobpreis-Tagebuch zu führen. Greifen Sie immer dann auf diese Liste zurück, wenn Sie von negativen Gedanken überfallen werden, und loben Sie Gott.

Fangen Sie Ihre persönliche Liste mit mindestens acht Dingen an, für die Sie Gott dankbar sind.

Ich will Gott loben für:

1. _____
2. _____
3. _____
4. _____
5. _____
6. _____
7. _____
8. _____

Ergänzen Sie diese Liste immer wieder!

> *Herr, heute will ich dich loben.*
> *Denn du bist meine Hoffnung!*

Neues Leben   10. März

„Für Menschen ist das unmöglich, für Gott aber ist alles möglich"
(Matthäus 19,26).

Von Dick Van Dyke, einem der bekanntesten Unterhaltungs-
künstler Amerikas, wird folgende Geschichte erzählt: Eines
Abends spielte er in seinem Haus in Arizona mit einigen Gästen das
Spiel „Ich wäre gerne . . ." Einer der Gäste wollte gerne Beethoven
sein. Ein anderer sagte, dass er gern Rockefeller wäre. Und so weiter.
Als die Reihe an Dick Van Dyke selbst kam, zögerte er und erklärte
scheu, aber ernst, dass er am liebsten wie Christus wäre.

Das finde ich aufregend, denn dafür hätte auch ich mich entschieden. Jesus Christus ist nämlich der großartigste Mensch, den es je gegeben hat und der sich bewusst war, dass alles möglich ist.

Aber er kannte ein Geheimnis. Er teilte es mit seinen Jüngern, als
er zu ihnen sagte: „Für Menschen ist das unmöglich, aber bei Gott
sind alle Dinge möglich." Wenn wir in Christus ein neues Leben
leben, werden wir zu Menschen, denen mit Gott alles möglich ist!

Christus lebt in mir!
Ja, ich gehöre zu den Menschen,
die mit Gottes Möglichkeiten rechnen dürfen!

11. März — Neues Leben

„Allem bin ich gewachsen durch den, der mich stark macht"
(Philipper 4,13; Gute Nachricht).

Vor etwa einer Woche wurden Sie dazu ermutigt, sich für das Leben zu entscheiden. Ziehen Sie jetzt Bilanz und überdenken Sie die vergangenen Tage. Gab es Situationen, in denen Sie Entscheidungen für das Leben getroffen haben, durch die Sie neu belebt wurden?

_____

_____

_____

Verpflichten Sie sich dazu, in der kommenden Woche etwas Neues anzufangen. Etwas, wozu Sie bislang nie den Mut aufgebracht haben. Notieren Sie diese Sache und rufen Sie sie in der kommenden Woche immer wieder in Erinnerung:

_____

_____

_____

_____

_____

Danke, Herr!
Deine Stärke und Macht befähigen mich,
alles zu tun, worum du mich bittest.

Erwarten Sie Wachstum   12. März

„Wer kärglich sät, wird auch kärglich ernten; wer reichlich sät, wird reichlich ernten" (2. Korinther 9,6).

Ich glaube an Gott! Und ich freue mich jedes Mal, wenn ich jemanden treffe, der sich dazu entscheidet, einen ersten kleinen Schritt im Glauben zu gehen. Denn ich bin überzeugt, dass in diesen kleinen Anfängen unbegrenzte Möglichkeiten liegen, wenn Gott mit dabei ist.

Auf Grund meiner Erfahrungen, die ich als Kind auf einer Farm in Iowa machte, kann ich auch den obigen Bibelvers gut nachvollziehen. Mein Vater sah alle Möglichkeiten, die in einem kleinen Getreidekorn steckten. Er hatte den langen Halm, der aus ihm herauswuchs, und den Ertrag vieler Ähren förmlich vor Augen. Wahrscheinlich war es das Beispiel meines Vaters, das mich Jahre später zu einem Satz wie diesem veranlasste: „Jeder von uns kann die Kerne zählen, die in einem Apfel stecken. Gott aber zählt schon die Äpfel, die in jedem Kern stecken."

Wenn wir mehr Futter für unsere Tiere brauchten oder mehr Getreide verkaufen wollten, pflügte mein Vater einfach mehr Land um und säte mehr Samen aus.

Diese frühen Kindheitserfahrungen haben mich ein grundlegendes Prinzip gelehrt: Wenn du mehr brauchst, musst du mehr geben! Wenn du eine größere Ernte einbringen möchtest, musst du mehr Samen ausstreuen. Denn die Gesetze der Natur und des geistlichen Wachstums sind die gleichen: Wir ernten, was wir gesät haben.

Ich will heute Samen des Glaubens säen.
Gott wird mir eine überfließende Ernte der Liebe
und Güte schenken!

13. März — Erwarten Sie Wachstum

"Am Morgen beginne zu säen, auch gegen Abend lass deine Hand noch nicht ruhen; denn du kannst nicht im Voraus erkennen, was Erfolg haben wird, das eine oder das andere, oder ob sogar beide zugleich zu guten Ergebnissen führen" (Kohelet 11,6).

Das Wunder, das in jedem einzelnen Apfelkern steckt, ist ein Beispiel dafür, was Gott im Leben jedes Menschen tun kann. Gott möchte, dass wir ein gesundes, glückliches und erfülltes Leben haben.

Gott streut in unserem Leben fortwährend neue Samen aus. Ist es eine neuer Traum? Oder eine Idee, über die Sie noch mit keinem Menschen gesprochen haben? Wenn Sie diesen Samen im Glauben pflanzen, wird er zu neuer Gesundheit, neuer Stärke, neuer Fülle und neuem Glück führen. Lesen Sie heute das Gleichnis vom Sämann, das im Matthäus-Evangelium, Kapitel 13, Verse 1 bis 8 erzählt wird. Einige Samenkörner fielen auf den Weg und wurden von den Vögeln aufgepickt. Andere fielen auf steinigen Grund und konnten keine Wurzeln schlagen. Wieder andere fielen unter die Dornen und wurden erstickt. Aber der Same, der auf guten Boden fiel, brachte reiche Frucht.

Welche negativen Umstände führen in Ihrem Leben dazu, dass das Wachstum der positiven Glaubenssamen, die Gott heute in Ihr Herz gelegt hat, verzögert oder vielleicht sogar aufgehalten wird? Gott hat die Natur so angelegt, dass sie Möglichkeiten und Chancen zu enormem Wachstum hat. Und das möchte er auch mit Ihnen und mir tun!

Haben Sie Träume oder Ideen, die ganz unscheinbar wirken, aber mit großen Möglichkeiten verbunden sind? Schreiben Sie diese auf. Vielleicht sind es Samen, die Gott in Sie hineingelegt hat.

1. _____

2. _____

3. _____

4. _____

5. _____

Ich will mein Herz für alle Möglichkeiten öffnen,
die Gott für mich vorbereitet hat.
Ich will die Saat pflegen, die er aussät.

Erwarten Sie Wachstum

14. März

„Sät als eure Saat Gerechtigkeit aus, so werdet ihr ernten, wie es der (göttlichen) Liebe entspricht" (Hosea 10,12).

In unserem Institut für Gemeindeleitung erreichte uns ein Anruf. Es war ein verzweifelter Pastor, der kurz davor stand, seinen Dienst aufzugeben.

Wir waren zwar ausgebucht, aber weil Menschen bei uns immer an erster Stelle stehen, nahmen wir ihn noch auf. Nach fünf Tagen war er wie ausgewechselt. Voller Begeisterung ging er in seine Gemeinde zurück. In seinem Gepäck befand sich ein Buch, das er bei uns erstanden hatte. Darin wird die Geschichte von Tara, der Tochter eines unserer Fernsehproduzenten, beschrieben. Nach einem bösen Sturz und einer damit verbundenen Schädelverletzung war sie ins Koma gefallen und erlebte danach eine Reihe von Wundern.

Kurz nachdem der Pastor wieder zu Hause war, wurde ein kleines Mädchen von einem Auto angefahren und schwebte in Lebensgefahr. Der Pastor brachte dieses Buch zu den Eltern ins Krankenhaus und bemühte sich sehr, sie zu ermutigen.

Diese Eltern gingen nicht zur Kirche und hatten auch keinen Bezug zum Glauben. Aber als sie das Buch lasen, erwachte der Glaube in ihnen. Sie beteten und das Wunder geschah – das kleine Mädchen erholte sich wieder. Vor kurzem kam die ganze Familie zu uns nach Kalifornien, um mit uns den Gottesdienst zu feiern. Was für eine Freude, sie kennen zu lernen! Und alles begann mit einem kurzen Anruf.

Herr, ich will heute auf jede kleine Chance achten, die du mir eröffnest. Und ich will erwarten, dass daraus ein Wunder wird, auch wenn es noch so winzig ist.

15. März   Erwarten Sie Wachstum

„Ich bitte ihn, dass Christus durch den Glauben in euch lebt und ihr fest in seiner Liebe verwurzelt und auf sie gegründet seid. Ich bitte ihn, dass ihr zusammen mit der ganzen Gemeinschaft der Glaubenden begreifen lernt, wie unermesslich reich euch Gott beschenkt" (Epheser 3,17–18; Gute Nachricht).

Zu den Menschen, die mich in meinem Leben am meisten inspiriert haben, gehört ein Mann, der über 90 Jahre alt war. Ein wunderbarer, verschmitzter, glücklicher, positiver und fröhlicher Mensch, der in Ohio lebte. Er lebte in einem kleinen Haus und war nicht im eigentlichen Sinn reich. Ich fragte ihn: „Was macht Sie in Ihrem Leben glücklich?"

Er entgegnete: „Mein Garten."

„Und was ernten Sie dort?"

„Obst und Gemüse."

Ich fragte ihn, was er mit der ganzen Ernte mache, die er doch als Witwer nicht alleine verbrauchen könne.

„Oh", meinte er, „sobald die Ernte anfängt, stelle ich am Straßenrand einen Tisch mit Obst und Gemüse auf und daneben ein Schild ‚Zu verschenken!' Dann kommen die Menschen vorbei und bedienen sich. Manche können gar nicht glauben, dass alles umsonst ist. Aber wenn ich darauf bestehe, dass ich nichts dafür haben möchte, nehmen sie das Geschenk dankbar und glücklich an. Schon viele haben mir gesagt, dass es für sie eine Gebetserhörung war, als sie nicht genug Geld hatten, um sich Essen zu kaufen. Es macht mich so glücklich, all das Obst und Gemüse zu verschenken."

„Und was tun Sie im Winter?"

Er antwortete: „Ich denke darüber nach, was ich im Frühling anpflanzen werde, und füttere die Vögel."

Nur Menschen, die auf Gott vertrauen, glauben daran, dass er durch sie Großes vollbringen wird, unabhängig davon, wie arm oder wie alt sie sind. Menschen wie diese erleben die Fülle Gottes, weil sie in der Liebe „verwurzelt" und auf sie „gegründet" sind.

Ich will heute Wachstum erwarten.
Denn ich richte meine Augen auf den konstruktiven
und positiven Plan, den Gott für mich hat.

Erwarten Sie Wachstum   16. März

„Dank sei Gott, dass er uns durch Jesus Christus, unseren Herrn, den Sieg schenkt!" (1. Korinther 15,57; Gute Nachricht).

*E*s gibt eine sicherlich rein mythologische Geschichte zum Thema „Entmutigung", die man mir als Kind erzählte. Diese Geschichte berichtet, dass Satan alle Teufel zusammenruft, um mit ihnen darüber zu diskutieren, wie sie den Einfluss eines bestimmten Gläubigen auf der Erde angreifen, untergraben und wirkungslos machen könnten. Es kamen die verschiedensten Vorschläge. Ein kleiner Teufel sagte: „Ich schlage vor, wir greifen ihn bei seiner Lust an."

Aber die anderen lachten ihn nur aus und sagten: „Du kennst ihn nicht gut genug. An dieser Stelle ist er nicht angreifbar. Ja, er ist wirklich sehr stark."

Und sie machten weitere Vorschläge. Aber jedes Mal wurde dagegen protestiert: „Er ist zu beherrscht, zu beschützt, zu abgeschirmt."

Schließlich sagte einer: „Vielleicht könnten wir alle zusammen daran arbeiten, um ihn zu entmutigen."

Alles applaudierte und man war sich einig: „Das könnte klappen! Los!" Entmutigung gehört zu den effektivsten Waffen, die der Widersacher gegen Gottes Mitarbeiter aufbieten kann.

Viele von uns leben die ganze Woche über als kraftvolle, fröhliche und positive Christen. Sie verbergen ihren Glauben weder an der Arbeitsstelle noch vor ihren Angehörigen. Wenn diese aber darüber spotten oder wortlos darüber hinweggehen, bleiben Enttäuschungen nicht aus. Lassen Sie nicht zu, dass sich Ihre Enttäuschung in Entmutigung verwandelt!

Durch Christus werde ich siegreich sein!
Nichts kann mir die Freude nehmen, die mit diesem Sieg verbunden ist!

17. März — Erwarten Sie Wachstum

„Er ist wie ein Baum, der an Wasserbächen gepflanzt ist, der zur rechten Zeit seine Frucht bringt und dessen Blätter nicht welken. Alles, was er tut, wird ihm gelingen" (Psalm 1,3).

Vor einiger Zeit schwärmte ich sehr von Ölbäumen, die ich auch auf unserem Gemeindegrundstück anpflanzen ließ. Ölbäume, die man aus dem Mittelmeerraum hierher verpflanzt hat, gedeihen im Süden Kaliforniens gut.

In meiner Begeisterung machte ich den Hörern unserer Sendung *Hour of Power* das Angebot, ihnen einen Ölbaumschössling zu schenken. Wir haben Tausende davon verschickt, aber als sie ankamen, waren viele von ihnen vertrocknet. Von einem dieser Hörer bekam ich einen interessanten Antwortbrief: „Als das Paket eintraf, war ich glücklich und aufgeregt. Ich öffnete es vorsichtig und war überrascht, einen Plastikbeutel mit einem kleinen Behälter vorzufinden, in dem ein dürrer Zweig lag! Was für eine Enttäuschung! Ich hätte weinen können."

Aber, so berichtete er weiter, er wässerte den Zweig dennoch und stellte ihn ans Licht. Die Blätter wurden bald wieder frisch und wandten sich der Sonne zu. „Ich bin gespannt, wie er sich entwickeln wird", schrieb er, „und ich werde Ihnen davon berichten."

Als ich diesen Brief las, fragte ich mich, wie viele Ölbäume wohl weggeworfen wurden, weil Menschen keinen Glauben hatten, dass sie leben könnten. Wer kann bereits die Oliven an einem Schössling zählen, der so trostlos dürr aussieht? Um Wachstum schon im Voraus sehen zu können, brauchen wir einen Glauben, den Gott uns schenkt.

Glaube, der von Gott kommt,
durchströmt mich
und gibt meinen Träumen und Ideen neues Leben.

Erwarten Sie Wachstum

18. März

*Wenn ein neuer Tag beginnt, Herr,
dann lehne ich mich bequem in meinem Sessel zurück
und warte darauf,
dass der Vorhang aufgeht
und das Stück beginnt.*

*Wenn dieser Tag zu Ende geht, Herr,
dann werde ich ein anderer sein,
denn ich bin ein Stück gewachsen,
je nachdem, wie weit ich mich
auf die Realität der Liebe Gottes,
die in mir wirkt, eingelassen habe.*

Danke, Herr!

*Ich will mein Leben heute
unter die Herrschaft
der Gedanken stellen,
die Gott mir schenkt.*

19. März   Nachfolge

„Fürchte dich also nicht, und hab keine Angst; denn der Herr, dein Gott, ist mit dir bei allem, was du unternimmst" (Josua 1,9).

*E*s ist schon eine Weile her, dass der Olympiasieger Charley Paddock einmal vor jungen Männern an einer weiterführenden Schule eine Rede hielt. „Wenn ihr glaubt, dass ihr etwas könnt, dann könnt ihr es auch", spornte er sie an. „Ihr müsst nur fest genug daran glauben, dass etwas in eurem Leben Wirklichkeit werden kann."

Anschließend kam ein Junge auf dünnen Beinen auf ihn zugestakst und sagte: „Oh Mann, ich würde alles darum geben, ein Olympiasieger wie Sie zu werden!" Das war der Augenblick, in dem dieser junge Mann einen Traum erhielt. Von dieser Stunde an veränderte sich sein Leben. 1963 flog dieser junge Mann nach Berlin, um an den Olympischen Spielen teilzunehmen. Er kam mit vier Goldmedaillen nach Hause. Sein Name war Jesse Owens.

Zu Hause wurde er durch die Straßen von Cleveland gefahren, um den Jubel der Bevölkerung entgegenzunehmen. Der Wagen hielt an, damit er Autogramme geben konnte. Ein magerer kleiner Junge presste sich an das Auto und sagte: „Oh Mann, Mister Owens, ich würde alles darum geben, ein Olympiasieger wie Sie zu werden!" Jesse lehnte sich hinaus, legte die Hand auf seinen Arm und sagte: „Junge, ich war in deinem Alter, als ich genau dasselbe sagte. Wenn du dafür arbeitest, trainierst und daran glaubst, kannst auch du ein Olympiasieger werden!"

1984 war aus diesem kleinen Jungen ein junger Mann geworden. Im Londoner Wembley-Stadion hockte er in den Startlöchern und wartete auf den Startschuss für das Finale des Einhundertmeterlaufs. Harrison „Bones" Dillard gewann diesen Lauf und stellte damit den Rekord ein, den schon Jesse Owens aufgestellt hatte.

Täglich werden Menschen durch das Beispiel anderer dazu inspiriert, etwas Großes zu tun. Welchem begeisternden Beispiel folgen Sie?

Ich bin begeistert! Ja, ich bin bereit,
Gottes Leitung zu folgen!

Nachfolge

20. März

„Wo es an Beratung fehlt, da scheitern die Pläne, wo viele Ratgeber sind, gibt es Erfolg" (Sprichwörter 15,22).

Wir alle werden durch das Beispiel anderer dazu ermutigt, etwas zu tun. Manchmal sind es nur wenige Worte, die unsere Aufmerksamkeit auf sich ziehen und damit unserem Leben eine neue Richtung geben. Dann wieder ist es über einen längeren Zeitraum hinweg das Vorbild eines Menschen, der unser Denken maßgeblich beeinflusst.

Mein Onkel, der als Missionar in China war, kam auf Heimaturlaub und besuchte uns auf unserer Farm in Iowa. Ich war erst vier Jahre alt, aber ich erinnere mich immer noch an die Worte, die er am Hoftor zu mir sagte. „Bob", sagte er, „aus dir wird bestimmt einmal ein Prediger werden!" Diese Aussage hat meinem Leben eine neue Richtung gegeben.

Wenn Sie Ihr Leben überdenken – wer waren die Menschen, die Ihr Leben geprägt haben? Wer hatte Einfluss auf Ihre Entscheidungen – durch eine zufällige Begegnung oder durch eine längerfristige Beziehung? Schreiben Sie diese Namen auf:

_____   _____

_____   _____

_____   _____

_____   _____

Danken Sie jetzt Gott für das Leben und das Vorbild dieser Menschen. Vielleicht können Sie dem einen oder anderen eine Karte schreiben und sich dafür bedanken, was er in Ihrem Leben bewirkt hat.

> *Ich bin dankbar für die Menschen,*
> *die Gott in mein Leben schickt.*
> *Es sind seine Botschafter für mich!*

21. März — Nachfolge

"Wenn Jahwe der wahre Gott ist, dann folgt ihm!" (1. Könige 18,21).

Was macht einen Menschen zu einem Leiter? Welche Eigenschaften machen den einen zum Leiter und den anderen zum Nachfolger? Welche Qualitäten erwarten Sie von Ihrem Chef, von einem Bundespräsidenten oder von jemandem, der zu bestimmten Zeiten ein Leiter für Sie ist?

Erstellen Sie eine Liste von den Qualitäten eines Menschen, die Sie als grundlegende Führungseigenschaften betrachten:

1. _____
2. _____
3. _____
4. _____

Schreiben Sie jetzt die Eigenschaften auf, die einen Nachfolger auszeichnen:

1. _____
2. _____
3. _____
4. _____

Sind Sie ein Mensch, der andere leitet, oder jemand, der anderen nachfolgt?

Nennen Sie die großen Leitungspersönlichkeiten der Bibel, die alle hingegebene Nachfolger Gottes waren!

> *Ich will heute Gott nachfolgen, wenn ich andere auf ihren Wegen begleite.*

Nachfolge   22. März

„Ich bin das Licht der Welt. Wer mir nachfolgt, wird nicht in der Finsternis umhergehen, sondern wird das Licht des Lebens haben" (Johannes 8,12).

Jesus Christus lebt heute buchstäblich in Millionen von Menschen rund um die Welt. Er lebt auch in mir. Er war und ist der einflussreichste Leiter, den es je auf dieser Welt gegeben hat. Doch er hatte jeden erdenklichen Grund, daran zu zweifeln, dass die Prophezeiungen über ihn Wirklichkeit werden würden.

So gehörte er z. B. einer Minderheit an, die damals unterdrückt wurde. Seine Landsleute unterstanden der Herrschaft der Römer, die horrende Steuern erhoben. Sie hatten keinerlei politische Freiheit. Und offensichtlich trug er auch nichts dazu bei, um diese Dinge zu ändern.

Er besaß keine Schulbildung und konnte weder akademische Grade noch Auszeichnungen vorzeigen. Außerdem lebte er während seines ganzen Lebens in Armut. Er besaß nicht einmal eine Wohnung. Er sagte selbst: „Die Füchse haben Gruben und die Vögel ihre Nester, ich aber habe nichts."

Er stammte von ungebildeten Leuten aus der Unterschicht ab. Sein Vater war ein einfacher Handwerker. Kritiker sagten über seine Herkunft: „Was kann schon aus Nazareth Gutes kommen?"

Er war unverheiratet und besaß auch keinerlei Verbindungen zu Männern von Rang und Namen oder zur Regierung. Die, die ihm nachfolgten, waren zerlumpte, ungehobelte, unzivilisierte Verlierertypen.

Er diente sein ganzes Leben lang anderen und erntete wenig Dank dafür. Zum Schluss wurde er zum unschuldigen Opfer einer schlimmen Ungerechtigkeit. Er wurde von seinen Freunden im Stich gelassen und einer davon verriet ihn sogar.

Zuletzt fühlte er sich auch von Gott verlassen. Er hätte wirklich allen Grund gehabt aufzugeben. Aber stattdessen änderte er den Lauf der ganzen Menschheitsgeschichte.

Ich bin ein Nachfolger Christi!

23. März — Nachfolge

"Seid untereinander so gesinnt, wie es dem Leben in Christus Jesus entspricht" (Philipper 2,5).

Für Jesus waren Schwierigkeiten nur versteckte Möglichkeiten. Kranke lieferten ihm eine Möglichkeit, Wunder zu wirken und Gottes Liebe praktisch zu zeigen. Noch am Kreuz nahm er die Möglichkeit wahr, sich um seine Mutter und um den sterbenden Verbrecher an seiner Seite zu kümmern.

Jesus suchte sich bewusst die Schwierigen aus. Er umwarb und brachte die Gute Nachricht gerade denen, die von der Welt abgelehnt wurden. Er glaubte an die Möglichkeiten, die in jedem Menschen steckten. Ein ungehobelter Petrus, eine Prostituierte namens Maria Magdalena, ein betrügerischer Steuereintreiber namens Zachäus – sie alle waren darauf angewiesen, dass er ihnen half.

Jesus glaubte an die Würde jedes einzelnen Menschen. Darum bezeichnete er Menschen nie als Sünder. Er sah immer den Heiligen, der in ihm steckte. Aber er glaubte auch an eine letzte Gerechtigkeit in der Ewigkeit. Darum hatte er über die Hölle genauso viel zu sagen wie über den Himmel.

Eine weitere große Möglichkeit, die er verkündete, betraf die grenzenlose Barmherzigkeit Gottes. Jesus hat versprochen, dass jede Sünde vergeben wird, die wir bereuen.

> *Ich lasse mich durch Christus verändern.*
> *Ich werde ihm jeden Tag ein Stück ähnlicher,*
> *in jedem Bereich meines Lebens.*

Nachfolge   24. März

J esus Christus ist derselbe gestern, heute und in Ewigkeit"
(Hebräer 13,8).

Jesus hat gesagt:

„Ich bin der gute Hirt. Der gute Hirt gibt sein Leben hin für die
Schafe."
Johannes 10,11

„Ich bin die Tür; wer durch mich hineingeht, wird gerettet werden;
er wird ein- und ausgehen und Weide finden."
Johannes 10,9

„Ich bin das Brot des Lebens; wer zu mir kommt, wird nie mehr
hungern, und wer an mich glaubt, wird nie mehr Durst haben."
Johannes 6,35

„Ich bin der Weinstock, ihr seid die Reben. Wer in mir bleibt und in
wem ich bleibe, der bringt reiche Frucht."
Johannes 15,5

„Ich bin die Auferstehung und das Leben. Wer an mich glaubt, wird
leben, auch wenn er stirbt."
Johannes 11,25

„Ich bin das Licht, das in die Welt gekommen ist, damit jeder, der an
mich glaubt, nicht in der Finsternis bleibt."
Johannes 12,46

> *Danke, Jesus, dass du dich so zu erkennen gibst,*
> *dass dich jeder von uns verstehen kann*

25. März Nachfolge

„Wer Gott vertraut, dem ist alles möglich"
(Markus 9,23; Gute Nachricht).

Die wichtigste Frage unseres Lebens heißt: „Was denkst du über Jesus Christus?" Der römische Hauptmann, der die Hinrichtung Jesu bewachte, soll gesagt haben: „Wahrhaftig, das war Gottes Sohn!"

Was denken Sie über ihn? Ist er der Mittelpunkt Ihres Lebens? Haben Sie Jesus Christus jemals eingeladen, als Ihr Herr und Erlöser in Ihr Leben zu kommen? Wenn nicht, dann möchte ich Ihnen Mut machen, dass Sie ihn als Leiter erwählen. Vertrauen Sie die Herrschaft über Ihr Leben dem einen an, der Ihnen wirklich einen Neuanfang schenken kann. Beten Sie dazu das folgende Gebet:

„Herr Jesus Christus, ich entdecke gerade, dass viele Dinge möglich sind, die ich nie für möglich gehalten hätte. Es wird mir bewusst, dass du den Wunsch hast, in mir zu leben, und dass du mich leiten und mir jeden Tag helfen möchtest. Ich glaube, dass du vom Vater in diese Welt geschickt worden bist, um mein Retter zu sein. Ich bitte dich, mir zu vergeben und mich zu verändern. Ich nehme dich jetzt in mein Leben auf. Danke, Herr. Amen."

Wenn Sie die Macht Jesu in Ihrem Leben entdeckt haben, möchten Sie diese gute Nachricht vielleicht auch an andere weitergeben. Welcher Mensch in Ihrem Lebensumfeld könnte daran interessiert sein, etwas von Gott zu erfahren? Rufen Sie ihn an oder schreiben Sie ihm einen Brief, in dem Sie erzählen, was Sie diese Woche über Jesus entdeckt haben.

Die Freude Jesu Christi ist in mir.
Er ist mein Leiter.
Ich werde zu einem neuen Menschen,
weil Jesus Christus in mir lebt!

Jesus ist Herr! 26. März

"Himmel und Erde werden vergehen, aber meine Worte werden nicht vergehen" (Lukas 21,33).

Haben Sie den Mut, Gott zu vertrauen? Jesus hatte ihn. Bei seinem triumphalen Einzug in Jerusalem brachte er vor allen Leuten zum Ausdruck: „Ich wage es, meinem Vater zu vertrauen, der im Himmel ist." Er wagte es, obwohl er wusste, was ihn das kosten würde.

Versetzen Sie sich ein Stück in die Vergangenheit zurück und beobachten Sie die römischen Herrscher bei ihrem Einzug in die Stadt. Sie fahren in goldenen Wagen vor, die von sechs bis acht prächtigen Pferden gezogen werden. Welcher Prunk, was für eine Aufregung!

Dann kommt Cäsar. Bei ihm muss alles anders sein, darum lässt er sechs Löwen vor seinen Wagen spannen. Pompeius benutzt dafür Elefanten. Und die Könige und Kaiser von Portugal, England, Österreich oder Preußen sitzen in prächtigen Staatskarossen, die mit vergoldeten Schnitzereien verziert sind.

Aber dann kommt Jesus – König von Israel und Herr über die ganze Schöpfung! Er zieht in seine Hauptstadt ein – und reitet dabei auf einem Esel. Ganz ohne Prunk und Schau, in seinem Gesicht keine Spur von Stolz und Überheblichkeit, sondern nur Liebe!

Jesus, deine Liebe zieht mich heute näher hin zu dir!

27. März — *Jesus ist Herr!*

„Ich bin die Auferstehung und das Leben. Wer an mich glaubt, wird leben, auch wenn er stirbt" (Johannes 11,25).

Jesus predigte diese grandiosen Möglichkeiten:

Du kannst wiedergeboren werden!
Dein Charakter kann sich ändern!
Du kannst ein neuer Mensch werden!
Das Leben kann schön werden!
Es gibt eine Lösung für jedes Problem!
Es gibt Licht hinter jedem Schatten!
Ja, das ist wahr.

Jesus hatte einen unerschütterlichen Glauben an die größten aller Möglichkeiten:

Gott existiert!
Das Leben hört mit dem Tod nicht auf!
Es gibt einen Himmel!

Und er war bereit, das durch seinen Tod und seine Auferstehung zu beweisen! Er sah die Möglichkeit, dass die Gerechtigkeit letztendlich siegen wird! Das war der Grund, warum er über die Hölle genauso viel zu sagen hatte wie über den Himmel.

Jesus war tief davon beeindruckt, was aus der Welt werden kann, und nicht deprimiert darüber, wie sie ist. Er glaubte wirklich daran, dass Menschen verändert werden können. Er glaubte tatsächlich daran, dass ganz gewöhnliche Leute mit außergewöhnlicher Macht ausgestattet werden können.

> *Ich glaube, dass Christus lebt*
> *und auch in diesem Augenblick versucht,*
> *über meinen Verstand und die Worte, die ich lese,*
> *mein Leben zu durchdringen.*

Jesus ist Herr!   28. März

„Denn er befiehlt seinen Engeln, dich zu behüten auf all deinen Wegen" (Psalm 91,11).

Ich habe viele sehr reale Erfahrungen mit Jesus Christus gemacht. Jede von ihnen ist in ihrer Art einzigartig und doch haben sie alle eine gewisse Ähnlichkeit. Heute möchte ich Ihnen aber von einer Erfahrung erzählen, die meine Tochter Carol machte.

Carol war 13, als ihr linkes Bein nach einem Motorradunfall bis zum Knie amputiert werden musste. Dieser Unfall kostete sie beinahe das Leben. Es gab zahlreiche Komplikationen, und so verbrachte sie fast sieben Monate im Krankenhaus, was für ein Kind eine sehr lange Zeit ist.

Gestern vertraute sie uns etwas an, das sie bis jetzt noch niemandem erzählt hatte. Sie sagte: „Papa, weißt du, dass Jesus wirklich lebt?" Dann erklärte sie: „Als ich im Krankenhaus war, gab es Zeiten, in denen ich mich sehr einsam fühlte. Besonders dann, als Mama nicht mehr jede Nacht bei mir bleiben konnte, weil auch Gretchen sie brauchte." Gretchen ist unsere jüngste Tochter, die damals elf Jahre alt war.

Carol fuhr fort: „Mama ging also nach Hause. Die Krankenschwestern versorgten mich wie üblich und gingen dann auch. Ich erinnere mich besonders an den ersten Abend, als ich allein auf der Intensivstation zurückblieb. Es war dunkel. Und ich fühlte mich einsam. Ich betete: ‚O Jesus, du lebst, nicht wahr? Willst du heute Nacht bei mir sein? Kannst du bei mir bleiben? Wirst du neben mir schlafen?'" Und dann, mit Tränen in den Augen: „Und er kam! Ich kann mich noch gut daran erinnern, Papa. Ich drehte mich auf die Seite und nahm meinen Lieblings-Stoffhund in die Arme. Und er kam! Ich konnte ihn spüren. Alles war plötzlich so friedlich. Und so sicher. Dann bin ich eingeschlafen."

Können Sie glauben, dass Jesus wirklich lebt?

29. März *Jesus ist Herr!*

„Denn Gott hat die Welt so sehr geliebt, dass er seinen einzigen Sohn hingab, damit jeder, der an ihn glaubt, nicht zugrunde geht, sondern das ewige Leben hat" (Johannes 3,16).

Wenn wir Jesus Christus erlauben, wirklich den Mittelpunkt unseres Lebens einzunehmen, dann flammt ein Feuer in uns auf – das Feuer des Heiligen Geistes, des lebendigen Gottes. Alles Negative in uns wird ins Positive verwandelt, und das ist aufregend!

Die Idee, die Jesus zum Ausdruck brachte, als er mit seinen Jüngern das letzte Abendmahl einnahm, ist so einfach, dass wir sie leicht übersehen können. Aber sie ist ebenso revolutionär wie die Annahme, dass es ein Morgen geben wird. Diese Idee ist die mächtige Idee der *Liebe*!

Bis zum Kommen Jesu gab es keinen Kult und keine Religion, die wirklich auf Liebe basierte. Der alttestamentliche Bund ruhte auf dem Gesetz. Er betonte den Gehorsam und verlangte, dass regelmäßig blutige Opfer gebracht wurden, um die Sünden zu sühnen. Das war zwar liebevoll, aber es war nicht Liebe.

Jesus sagt, dass mit ihm der neue Bund beginnt. Dieser neue Bund der Liebe gibt Antwort auf die beiden wichtigsten Fragen, die Menschen stellen können: „Was kann ich von Gott erwarten?" und: „Was erwartet Gott von mir?"

Die Antwort auf beide heißt – Liebe! Gottes Gnade ist so groß, dass er mich auch dann liebt, wenn ich es nicht verdiene. Das Kreuz und die Kreuzigung Jesu sind ein Beweis für diese grenzenlose, unerschöpfliche, opferbereite Liebe, die Gott für Sie und mich hat! Das ist die Botschaft des neuen Bundes!

Ich will die verändernde Liebe Gottes einladen, an mir zu wirken.

Jesus ist Herr!

30. März

„Muss ich auch wandern in finsterer Schlucht, ich fürchte kein Unheil; denn du bist bei mir, dein Stock und dein Stab geben mir Zuversicht" (Psalm 23,4).

Nach allen entwicklungspsychologischen Gesetzen, die wir kennen, hätte Jesus zu einem Menschen werden müssen, der wie gebannt auf seine Grenzen starrte. Er gehörte einer verachteten Minderheit an, lebte in einem besetzten Land, war Jude und als solcher von der Welt gehasst.

Bei den rassischen Vorurteilen, die ihm schon als Kind entgegenschlugen, hätte er zu einem Erwachsenen werden können, der überempfindlich, reizbar und ablehnend reagierte. Es gab drückende Steuern im Land, nur eingeschränkte Freiheit und keine sicheren Überlebenschancen. Und eine negative, freudlose Religion lieferte ebenfalls ihren Beitrag, indem sie die Menschen noch weiter einengte.

Doch als er erwachsen war, hielt Jesus keine aufrührerischen Reden, er organisierte weder einen Untergrundkampf noch führte er einen Feldzug gegen Rom an.

Er war nicht gebildet, nicht weit gereist und hatte keine Orden. Er kannte weder Politiker noch andere wichtige Leute seiner Zeit. Ja, man sagte tatsächlich über ihn: „Seht nur, wie er die Verlierertypen anzieht statt der Einflussreichen!"

Er lebte und starb in Armut. Er besaß weder ein Haus noch eine Lebensversicherung, und er hatte auch keine Frau, die ihn trösten konnte. Aber Wunder über Wunder, er wurde zu dem Menschen, der wie kein anderer in der Welt schon alle verborgenen Möglichkeiten vor sich sah.

Er glaubte an die äußerste aller Möglichkeiten und lieferte auch den Beweis dazu: „Ich bin die Auferstehung und das Leben. Wer an mich glaubt, wird leben, auch wenn er stirbt." Und als er starb, ist er von den Toten wieder auferstanden! Durch diesen Tod schenkt er jedem von uns Leben und Lebenssinn.

Ich lebe, weil Jesus lebt!

31. März — *Jesus ist Herr!*

„Es gibt keine größere Liebe, als wenn einer sein Leben für seine Freunde hingibt" (Johannes 15,13).

Welche Bedeutung hat das Kreuz in Ihrem Leben? Als Zeichen für unseren Glauben tragen wir Kettchen mit goldenen oder silbernen Kreuzen. Wir bringen das Kreuz auf Kirchturmspitzen an und stellen es am Altar auf. Aber für Jesus war das Kreuz ein Instrument des Leidens, der Schmerzen und des Todes.

Die gewaltigen Möglichkeiten, die in unserem Glauben liegen, zeigen sich auch darin, dass Gott ein grausames Todesinstrument in ein Symbol verwandeln kann, das für Hoffnung und Leben steht.

Denken Sie einen Augenblick darüber nach, welche Möglichkeiten Ihnen heute offen stehen, weil Jesus am Kreuz gestorben ist. Beschreiben Sie, welche Bedeutung das Kreuz Jesu für Ihr Leben hat.

Das Kreuz Jesu Christi bedeutet für mich:

_____

_____

_____

_____

> *Die Liebe Gottes hat am Kreuz das Minus in ein Plus verwandelt. Es ist ein Zeichen dafür, dass Gott seine Hände ausstreckt, um sich wieder mit uns zu versöhnen.*

Jesus ist Herr! 1. April

„Denn Gott hat seinen Sohn nicht in die Welt gesandt, damit er die Welt richtet, sondern damit die Welt durch ihn gerettet wird"
(Johannes 3,17).

Auf der Spitze unseres „Turms der Hoffnung" befindet sich ein 30 Meter hohes Kreuz, das von den in Orange County zusammenlaufenden Schnellstraßen aus schon von weitem zu sehen ist. Es erhebt sich 80 Meter über den Erdboden und ist ständig beleuchtet – ein Symbol der Hoffnung, die Jesus Christus uns versprochen hat.

Piloten, die den Flughafen von Orange County anfliegen, berichten, dass sie unser Kreuz als Bezugspunkt benutzen, um sich zu vergewissern, dass sie auf der richtigen Landebahn sind. Im Krankenhaus blicken Patienten von ihren Betten aus auf das beleuchtete Kreuz. Sein stummes Zeugnis hat schon in vielen Menschenleben eine Änderung bewirkt.

Eines Abends, als einer unserer Sicherheitsbeamten seinen Rundgang machte, fand er kurz nach Mitternacht auf unserem Parkplatz eine bewusstlose junge Frau. Er rief einen Seelsorger an, der sich um die Frau kümmern sollte.

Als dieser die Stufen heruntereilte, kam sie gerade zu sich. Sie trugen sie hinauf, flößten ihr Kaffee ein und wickelten sie in eine Decke. Der Seelsorger blieb vier Stunden bei ihr. Als sie zur medizinischen Betreuung weggebracht wurde, sagte sie: „Ich wusste, dass ich Hilfe finden würde, wenn ich es nur bis zum Kreuz schaffe."

Wir alle müssen zum Kreuz kommen, damit unsere tiefsten Bedürfnisse erfüllt werden. Beim Kreuz ist immer Hilfe zu finden!

*Ich komme zum Kreuz und begegne dort Jesus.
Er füllt meine Seele mit Mut und Kraft.*

2. April   Auferstehungskraft

„Selig sind, die nicht sehen und doch glauben" (Johannes 20,29).

Auch für Menschen, die alle Dinge für möglich halten, gibt es manches, das nicht möglich ist. So z. B. dass jemand morgens zur Sonne sagt: „Heute sollst du deine Bahn nicht über den Himmel ziehen." Oder dass jemand bei Ebbe an den Strand geht, im feuchten Sand einen Strich zieht und zum Meer sagt: „Diese Linie sollst du heute nicht überschreiten." Allein davon werden diese Dinge nicht Realität.

Wenn römische Soldaten einen Stein vor den Eingang des Grabes wälzen, in dem Jesus liegt, und sagen: „Du sollst niemals auferstehen", dann liegt das nicht im Bereich des Möglichen! Ähnlich ist es nicht möglich, dass Sie Jesus in Ihr Leben einladen und seine Auferstehungskraft nicht zu spüren bekommen! Die Sonne wird scheinen, die Flut wird kommen, Christus ist auferstanden, und wenn er in Ihr Leben kommt, werden Sie seine Kraft empfangen.

Christus gibt uns *Auferstehungskraft*! Vielleicht haben einige von Ihnen diese dynamische Kraft noch nicht erfahren. Aber es ist möglich! Sie können diese Kraft in Ihrem Leben erfahren.

In dieser Woche werden wir uns mit vier Worten beschäftigen, die die Auferstehungskraft beschreiben, die Jesus Christus uns gibt, wenn er uns verwandelt. Es sind vier einfache Worte, die leicht zu merken sind:

Wir bekommen *Mut*, gewinnen *Selbstvertrauen*, finden *Gemeinschaft* und entdecken unsere *Kommunikationsfähigkeit*! Wenn diese vier Dinge in unserem Leben Wirklichkeit geworden sind, dann sind wir auch der Auferstehungskraft begegnet.

Es ist für mich möglich, die Auferstehungskraft Christi heute in meinem Leben zu erfahren.

Auferstehungskraft 3. April

„Habe ich dir nicht befohlen: Sei mutig und stark? Fürchte dich also nicht und hab keine Angst; denn der Herr, dein Gott, ist mit dir bei allem, was du unternimmst" (Josua 1,9).

Jeder von uns braucht Mut! Ich brauche Mut und auch Sie brauchen ihn. Halten Sie einen Augenblick inne und blicken Sie auf Ihr Leben. Wo könnten Sie heute Mut gebrauchen? Welche Situationen müssen Sie bewältigen, die Ihnen Angst machen? Beschreiben Sie eine dieser Situationen kurz:

_____

_____

_____

Die Auferstehungskraft Christi schenkt Ihnen Mut. Stellen Sie sich vor, wie Sie in dieser Situation handeln könnten, indem Sie sich auf die Kraft Jesu Christi berufen, die Ihnen Mut verleiht. Beschreiben Sie, wie dieses mutige Handeln aussehen könnte:

_____

_____

_____

_____

*Ich bin mutig! Ich kann die Kraft Christi
in meinem Leben spüren, die mir Mut verleiht.
Ich habe keine Angst mehr.*

4. April   Auferstehungskraft

„Tod, wo ist dein Sieg? Tod, wo ist dein Stachel? [...] Gott aber sei Dank, der uns den Sieg geschenkt hat durch Jesus Christus, unseren Herrn" (1. Korinther 15,55–57).

Christus schenkt uns Mut! Echten Mut. Und das kann er tun, weil er von den Toten auferstanden ist und wir keine Angst mehr vor dem Sterben haben müssen. Wenn wir die Todesfurcht besiegt haben, haben wir damit die Quelle aller Angst eliminiert.

Neulich habe ich in den Britischen Annalen eine interessante Anekdote entdeckt: Auf den Westindischen Inseln lagen einmal fünf Schiffe vor Anker. Eines davon war ein britisches Schiff.

Plötzlich zog unerwartet ein Sturm auf und wilde Wellen wälzten sich auf den Hafen zu. Der britische Kapitän ließ den Anker lichten und fuhr aufs offene Meer hinaus, direkt in die sich auftürmenden, wütenden Wellen hinein. Er segelte mitten in den Sturm hinein.

Zwei Tage später kam das Schiff etwas angeschlagen wieder in den Hafen zurück, aber es war noch seetauglich und hielt sich im Wasser. In der Ruhe, die über dem jetzt stillen Wasser brütete, begutachtete er die Szenerie und musste dabei feststellen, dass die anderen vier Kapitäne aus Angst vor dem Sturm ihre Anker nicht hochgeholt hatten und die Schiffe an der Küste zerschellt waren.

Der einzige Weg, die Angst zu besiegen, besteht darin, ihr ins Auge zu blicken. Wenn Christus unser Herr und Gott ist, dann können wir allem, wovor wir Angst haben, die Stirn bieten, auch dem Tod! Denn die Auferstehungskraft gibt uns Mut!

> *Weil Jesus Christus in mir lebt,*
> *kann alle Angst von mir weichen.*

Auferstehungskraft 5. April

„Leben und Tod lege ich dir vor, Segen und Fluch. Wähle also das Leben, damit du lebst, du und deine Nachkommen" (Deuteronomium 30,19).

Als Zweites schenkt Christus uns Selbstvertrauen! Selbstvertrauen beseitigt alle Ängstlichkeit, die durch schrankenlose Freiheit verursacht wird. Wissen Sie, dass wir heute in einer Gesellschaft leben, die wie kaum eine andere vor uns von Ängsten geplagt wird? Dieser Anstieg der Ängste fällt in eine Periode, in der wir Menschen vermutlich mehr Unabhängigkeit und Freiheit haben als das je der Fall war.

Psychologen haben dieses Phänomen studiert. Einer ihrer Tests fand auf dem Spielplatz statt. Die Forscher waren der Meinung, dass sich die Kinder durch den Zaun, der den Spielplatz begrenzte, unterdrückt und eingeschränkt fühlten. Darum wurde er für eine kleine Gruppe, die sie untersuchten, weggenommen. Totale Freiheit!

Raten Sie, was passierte! Die Kinder wurden noch anfälliger für Angst. Sie drängten sich aneinander und spielten in der Mitte des Spielplatzes. Sie wollten nicht mehr laufen, weil sie Angst hatten, in Gefahr zu geraten. Aber als man den Zaun wieder aufstellte, tollten sie mit ausgestreckten Händen über den Spielplatz, bis hin zur Begrenzung. Ein Zaun bedeutet Sicherheit! Besonders dann, wenn er aus gutem Grund aufgestellt wurde.

Wenn Christus in unser Leben kommt, entwickeln wir ein neues moralisches Bewusstsein. Einen positiven Zaun. Dann sagen wir: „Ich möchte Christus immer treu sein und zu Gott stehen!" Das gibt uns Selbstvertrauen. Wir können jedem in die Augen sehen, ohne uns zu schämen. Es gibt keine dunklen Geheimnisse mehr. Und das schafft eine Zuversicht, an die sonst nichts heranreicht.

Ich lebe aus der Zuversicht, dass Gott täglich mit mir geht. Denn er lebt in mir!

6. April   Auferstehungskraft

„Wie mich der Vater geliebt hat, so habe auch ich euch geliebt. Bleibt in meiner Liebe!" (Johannes 15,9).

*V*iele von uns leiden unter Einsamkeit. Gemeinschaft ist etwas, das wir schätzen. Doch manche von uns wissen nicht mehr, wie schön Gemeinschaft sein kann. Wenn wir unter Einsamkeit leiden, fehlt es uns an Begeisterung, Glück und Freude. Wir fühlen uns innerlich einsam, wagen aber nicht, mit einem Menschen darüber zu sprechen.

Manche von uns leiden unter Einsamkeit, weil sie versagt haben. Wir glauben, dass wir einen Fehler begangen haben, und wagen nicht, darüber zu sprechen. Andere sind erfolgreich, aber ebenso einsam. Sie trauen sich nicht, jemandem ihren Erfolg mitzuteilen, weil sie fürchten, das würde falsch verstanden. Ich weiß wirklich nicht, was schlimmer ist – Einsamkeit auf Grund von Versagen oder Einsamkeit auf Grund von Erfolg.

Manche leiden unter der Einsamkeit der Trauer. Wenn wir um einen Menschen trauern, der gestorben ist oder uns verlassen hat, vergraben wir uns in unserem Schmerz. Wieder andere leiden unter der Einsamkeit von Krankheit und Schmerzen und wagen nicht einmal ihrem Ehegatten oder ihren Kindern zu sagen, wie schlecht es ihnen geht. Sie leiden einfach stumm vor sich hin.

Gegen die Einsamkeit gibt es nur ein Heilmittel. Die Erkenntnis: Es gibt jemanden an meiner Seite, der mich versteht, *wirklich* versteht. Nur Christus kann uns aus der Einsamkeit und Isolation unseres Geistes herausholen. Er allein ist das Heilmittel gegen diese negative Emotion. Unsere Herzen sehnen sich danach, mit ihrem Schöpfer Gemeinschaft zu erleben. Und die Auferstehungskraft Jesu Christi bringt uns Gemeinschaft mit ihm!

Ich bin nicht allein. Jesus Christus ist immer bei mir!

Auferstehungskraft 7. April

"Lasst uns aufeinander achten und uns zur Liebe und zu guten Taten anspornen" (Hebräer 10,24).

Wann fühlen Sie sich einsam? Beschreiben Sie, was „einsam sein" für Sie bedeutet:

_____

_____

_____

Kennen Sie Menschen, die einsam sind? Was könnten Sie tun, um diesen die Einsamkeit zu erleichtern:

Name: Was könnte ich tun:

_____ _____

_____ _____

_____ _____

_____ _____

_____ _____

_____ _____

Weil mir Christus seine Auferstehungskraft gibt, bin ich ein Werkzeug, mit dem er die Einsamkeit anderer lindern kann.

8. April   Auferstehungskraft

„Alle deine Söhne werden Jünger des Herrn sein und groß ist der Frieden deiner Söhne" (Jesaja 54,13).

Vor Jahren musste ich einmal Gretchen, unsere Jüngste, bestrafen. Sie ist im Grunde ein liebes Kind, aber als sie sich schlecht benahm, musste diese Strafe sein. Sie rannte in ihr Zimmer und schlug die Tür hinter sich zu.

Wenig später ging ich durch den Flur und horchte an ihrer Tür. Alles war still, darum drückte ich langsam die Klinke herunter und warf einen Blick durch den Türspalt. Da lag sie und hatte die Bettdecke über den Kopf gezogen.

Ich ging zu ihr hinüber und sah, dass ihre Lieblingsspielsachen über das Bett verstreut lagen. Eine Puppe hielt sie fest an sich gedrückt. Ich strich ihr übers Haar, nahm ihr verweintes Gesicht in meine Hände und flüsterte: „Gretchen, schläfst du?" Sie öffnete die Augen und drehte mir den Kopf zu. Obwohl sie immer noch die Puppe im Arm hielt, war es klar, dass sie eigentlich ihren Papa umarmen wollte.

„Gretchen", erklärte ich ihr, „ich musste streng sein, weil ich dich lieb habe." Sie ließ die Puppe los, schob die Decke beiseite und schlang die Arme um meinen Hals. Eine Puppe kann den Papa nie ersetzen! Als sie ihre noch feuchten Wangen an die meinen presste, betete ich: „Lieber Gott, ich danke dir für Gretchen!" Dieser zärtliche Moment hat uns besonders tief miteinander verbunden.

Gott will Ihnen seine Liebe schenken, aber Sie müssen erst Ihren Ersatz loslassen. Lassen Sie es heute zu, dass die Liebe Jesu Christi der Mittelpunkt Ihres Lebens ist!

Herr, ich komme zu dir, weil du mich verstehst.
Deine Liebe gibt mir Auferstehungskraft!

Öffnen Sie die Tür! 9. April

„Im Traum schließt man viele Geschäfte ab" (Kohelet 5,2).

Was hält Sie noch zurück? Bis jetzt wissen Sie, dass es

- ... ein Ziel gibt, das Sie verfolgen,
- ... einen Traum, den Sie in Angriff nehmen,
- ... einen Plan, den Sie ausführen,
- ... eine Sache, die Sie anfangen,
- ... eine Möglichkeit, die Sie entdecken,
- ... eine Gelegenheit, die Sie ergreifen,
- ... eine Idee, der Sie sich verschreiben,
- ... ein Problem, das Sie lösen, und
- ... eine Entscheidung, die Sie treffen sollen!

Es wird Zeit, Nägel mit Köpfen zu machen. Der richtige Zeitpunkt, um aktiv zu werden und eine Sache nicht weiter hinauszuschieben, ist *jetzt*. Was hält Sie also noch zurück? Was sind Ihre Lieblingsausreden, wenn Sie sich vor einer Entscheidung drücken wollen? Schreiben Sie diese auf:

Ich kann heute nicht damit anfangen, weil _____

_____

und weil _____

_____

und weil _____

_____

> *Ich bin begeistert und zuversichtlich!*
> *Ich bin offen und bereit für alles,*
> *was Gott für mich geplant hat!*

10. April

Öffnen Sie die Tür!

„Ich habe vor dir eine Tür geöffnet, die niemand mehr schließen kann.
Du hast nur geringe Kraft und dennoch hast du an meinem Wort fest-
gehalten und meinen Namen nicht verleugnet" (Offenbarung 3,8).

Als mir Frieda Schulze ihre Geschichte erzählte, war sie 87 Jahre alt. Mit 77 hatte sie den Sprung in ein neues Leben gewagt. „Es schaudert mich immer noch, wenn ich daran denke", sagte Mrs. Schulze, „aber es hat sich gelohnt. Ich konnte ihre Politik einfach nicht mehr ertragen."

Als man im Osten Berlins die Mauer errichtete, lebte Frau Schulze im Erdgeschoss eines Mietshauses, das direkt an der Grenze stand. Der Bürgersteig gehörte zu West-Berlin, das Haus selbst zu Ost-Berlin. Nachdem eine Reihe von Leuten durch die Fenster im Erdgeschoss geflohen waren, wurden diese zugemauert und die verbliebenen Mieter mussten in obere Stockwerke ziehen.

„Auch ich musste nach oben umziehen", sagte Mrs. Schulze, „und da saß ich nun wie gelähmt." Sie hatte in diesen Räumen keinen Strom, aber dafür jede Menge Licht, das die Suchscheinwerfer von draußen hereinwarfen. Ihr Schlaf wurde fortwährend von Schüssen und Sirenen unterbrochen, von Rufen aus dem Westen, die irgendjemand dazu aufforderten zu fliehen, und von groben Antworten der Ost-Berliner Wachen.

Schließlich hatte Mrs. Schulze genug. Sie kletterte auf ihr Fensterbrett und wurde sofort von der West-Berliner Polizei gesichtet. Die Feuerwehr kam, spannte das Sprungtuch aus und forderte sie auf zu springen. Dann hörte sie, wie ihre Tür eingetreten wurde, und zwei Ost-Berliner Wachen griffen nach ihr. Schließlich schaffte sie es, sich loszureißen, und sprang – in die Freiheit. Sie hat die Tür zur Freiheit aufgemacht! Nein, es ist nie zu spät, etwas zu beginnen!

Jesus ist mein Befreier.
Ich will heute ganz von vorn beginnen!

Öffnen Sie die Tür! 11. April

„Meine Gnade genügt dir; denn sie erweist ihre Kraft in der Schwachheit" (2. Korinther 12,9).

Thomas Carlyle hatte sein umfangreiches Manuskript über die Französische Revolution fertig gestellt und gab es seinem Nachbarn John Stuart Mill zur Durchsicht. Einige Tage später kam dieser blass und aufgeregt in Carlyles Haus gerannt. Seine Magd hatte das Manuskript benutzt, um damit im Ofen Feuer zu machen!

Carlyle tobte zwei volle Tage. Zwei Jahre Arbeit umsonst! Er würde die Energie zum Schreiben kein zweites Mal aufbringen. Denn diese Aufgabe hatte ihn schon beim ersten Mal an den Rand seiner Kräfte gebracht. Allein der Gedanke, dass er alles noch einmal würde schreiben müssen, lähmte ihn völlig.

Eines Tages, als Carlyle unterwegs war, fiel ihm ein Steinmetz auf, der an einer langen, hohen Mauer arbeitete. Er sah ihm lange bei der Arbeit zu und begriff plötzlich, dass diese Mauer auch nur Stein für Stein entstand. Er ließ sich davon zu der Entscheidung inspirieren: „Ich werde jeden Tag nur eine Seite schreiben. Eine Seite – und nicht mehr."

Er fing langsam und bescheiden an. Die Aufgabe war ermüdend, aber er gab nicht auf, bis er sie zu Ende gebracht hatte. Und das Ergebnis war besser als beim ersten Mal!

Erlauben Sie schlechten Erinnerungen oder unglücklichen Umständen nicht, Ihr Leben zu beherrschen! Sie werden nicht weit kommen, wenn Sie immer in den Rückspiegel blicken – Sie müssen nach vorne sehen!

Gott wird in mir mächtig, wenn ich mich für ihn öffne.
Mit seiner Kraft sind mir alle Dinge möglich!

12. April — Öffnen Sie die Tür!

Tief in mir
habe ich die ruhige Gewissheit,
dass ich die richtige Entscheidung getroffen habe
und auf dem rechten Weg bin.

Ich will nichts und niemandem gestatten,
mich aufzuhalten, abzulenken, umzuleiten,
zu deprimieren oder zu besiegen.
„Wer seine Hand an den Pflug legt und
schaut zurück, taugt nicht für Gottes Königreich. "

Gottes Geist erhebt sich in mir
und weckt den Entschluss,
treu zu meinen Worten zu stehen.
Ich bin treu.
Ich bin verlässlich.
Herr, dafür danke ich dir!

Amen.

Auch dieser Tag bringt wunderbare neue Möglichkeiten
mit sich, um das Leben erfolgreich zu führen
und etwas zu erreichen.
Es ist Zeit, nach vorn zu gehen!

Öffnen Sie die Tür! 13. April

„Ich vergesse, was hinter mir liegt, und strecke mich nach dem aus, was vor mir ist" (Philipper 3,13).

Haben Sie so viel erreicht, dass Sie darüber müde geworden sind und beschlossen haben, sich zurückzulehnen? Betrachten Sie die Trophäen, Orden und Preise von gestern und ruhen Sie auf Ihren Lorbeeren aus? Ein Vertreter sagte einmal zu mir: „Seit ich von meiner Firma die höchste Prämie für Verkauf bekommen habe, die es gibt, geht es mit mir nur noch abwärts. Ich nehme an, dass ich mir selbst etwas beweisen wollte, und jetzt scheint mich nichts mehr zu interessieren."

Wie überwindet man Gefühle wie diese? Vielleicht haben Sie ähnliche Gefühle, obwohl Sie den Gipfel nicht erreicht haben – der Kampf war einfach zu anstrengend. Wie dem auch sei, ich schlage vor, dass Sie Gott erlauben, dass er Sie wieder neu belebt. Lesen Sie den heutigen Bibelvers mehrere Male. Lassen Sie seine Bedeutung tief in sich hineinsinken. Setzen Sie ihn in Beziehung zu Ihrer Situation und drücken Sie ihn dann mit Ihren eigenen Worten aus:

_____

_____

_____

_____

Vergessen Sie nicht: Müßiggang ist aller Laster Anfang! Wer aufhört zu kämpfen, der verliert auch seine Kraft. Kämpfen Sie weiter!

Es gibt einen Weg!
Ich bin voller neuer Kraft und gehe vorwärts!

14. April

Öffnen Sie die Tür!

„Wer immer nach dem Wind sieht und auf das passende Wetter wartet, der kommt weder zum Säen noch zum Ernten"
(Kohelet 11,4; Gute Nachricht).

Vor einigen Jahren gewöhnte ich es mir an, täglich mehrere Kilometer zu joggen. Dann fiel ich von der Leiter, musste vorübergehend ins Krankenhaus und war monatelang in allen körperlichen Aktivitäten eingeschränkt. Damit verlor ich auch diese Gewohnheit. Um mir selbst einen Anreiz zu geben, wieder damit anzufangen, sagte ich mir, dass es für mein Herz gesund wäre, wenigstens schnell zu gehen. Außerdem würde ich schlank bleiben, jünger aussehen und eine bessere Figur haben. Aber das alles half nichts.

Dann unterbreitete mir mein Friseur den verrückten Vorschlag, ich solle mir eine Woche lang täglich die Haare waschen und so lange joggen, bis sie getrocknet waren. Zuvor hatte ich auch gute Gründe gehabt, wieder anzufangen, aber es bedurfte eines anderen, der mir den entscheidenden Anstoß gab, es wirklich zu tun. Mein Friseur hat die Tür für mich aufgemacht und mich wieder zum Laufen gebracht!

Haben Sie schon angefangen? Wenn nicht, dann suchen Sie sich einen kleinen Impuls, der Sie dazu drängt, es zu tun. Keine große Sache – nur einen kleinen Startimpuls. Beschließen Sie dann, nur den ersten Schritt zu gehen. Entscheiden Sie sich erst danach zu einem zweiten Schritt. Und zu einem dritten. Nun sagen Sie sich: „Ich habe eine große Sache ins Rollen gebracht, ich darf damit nicht wieder aufhören!"

Vergessen Sie nicht, dass der Anfang immer das Schwerste ist. Was werden Sie also heute tun, um anzufangen?

Begonnen ist schon halb gewonnen!
Sobald ich eine Sache beginne, die Gott mir aufgetragen
hat, weiß ich, dass er mir auch die nötige Energie gibt,
wenn ich darum bitte!

Öffnen Sie die Tür! 15. April

"Seht, wie groß die Liebe ist, die der Vater uns geschenkt hat: Wir heißen Kinder Gottes, und wir sind es" (1. Johannes 3,1).

Unser Gehirn hat Ähnlichkeit mit einer Walnuss – die äußere Schale besteht aus der Großhirnrinde (Cortex) und der Hirnstamm (Thalamus) liegt im Inneren. Dort befindet sich der Sitz unserer Gefühle und Emotionen, während der Großhirnrinde unser intelligentes, rationales Ich zugeordnet ist.

Wenn Ihr Cortex – Ihr denkendes Ich – in bestimmten Situationen sagt: „Das finde ich gut!", Ihr Thalamus – Ihr emotionales Ich – aber heftig protestiert: „Ich habe keine Lust dazu!", dann sollten Sie besser auf die Stimme der Vernunft hören. Benutzen Sie Ihren Verstand!

Im Thalamus liegt das Zentrum unseres Nervensystems. Es ist der Teil des Gehirns, der schon beim Neugeborenen aktiv ist. Es ist dieser egoistische, besitzergreifende Teil, der uns befiehlt: „Ich will alles, und zwar sofort!" Wenn wir nicht tun, was wir nach besserem Wissen eigentlich tun sollten, dann regiert der Thalamus unseren Cortex. Das Kleinkind befiehlt dem Erwachsenen, was er tun soll. Die Gefühle haben die Oberhand über unseren gesunden Menschenverstand gewonnen.

Das gilt nicht nur hinsichtlich der Aufgaben, die wir uns vornehmen, sondern es hat auch Auswirkungen auf unsere Gottesbeziehung. Es gibt Tage, an denen wir uns einfach nicht wie Kinder Gottes fühlen. Hören Sie dann besser nicht auf Ihre Gefühle, sondern schenken Sie den Tatsachen Gehör – *wir sind Kinder Gottes*!

Ich will die Gedanken Gottes denken und meine Aufmerksamkeit darauf richten, was er tun kann.

16. April   *Gottes Gegenwart*

*„Wenn also jemand in Christus ist, dann ist er eine neue Schöpfung:
Das Alte ist vergangen, Neues ist geworden"* (2. Korinther 5,17).

Gottes Gegenwart– hinter Ihnen, vor Ihnen und um Sie herum.
Es ist möglich, sie zu fühlen, von ihr zu wissen, an sie zu glauben, sie zu besitzen und an ihr festzuhalten. Damit können Sie allem
die Stirn bieten, jederzeit und überall. Damit können Sie Sieger sein
und gewinnen – wirklich gewinnen!

Ich glaube fest daran, dass Gott vor mir und hinter mir ist und mich
von allen Seiten umgibt. Eines weiß ich sicher – dass ich nicht darum
gebeten habe, geboren zu werden. Ich konnte mir weder meinen
Vater noch meine Mutter aussuchen. Ich hatte keine Möglichkeit,
Rasse, Hautfarbe oder meine Staatsangehörigkeit zu wählen. Ich
konnte mir auch nicht das gesellschaftliche Umfeld aussuchen, in das
ich hineingeboren wurde. Dasselbe gilt für die Schule, von der ersten
bis zur letzten Klasse. Es gab Bedingungen, die mich dazu veranlassten, eine bestimmte weiterführende Schule zu wählen und die einen
Einfluss darauf hatten, welche Richtung mein Leben nahm.

Ich glaube, dass es in meinem Leben so etwas wie eine Vorsehung
gibt. Und das gilt auch für Ihr Leben. Alles, was ich über mein Leben
gesagt habe, trifft auch auf Sie zu. Sie sind ein Gedanke Gottes. Sie
sind ein Traum Gottes!

Ein Dichter hat einmal gesagt, er wünschte sich, es gäbe einen Ort
mit dem wunderbaren Namen „Land des Neubeginns", einen Ort, an
dem wir Kummer, Leid und Sorgen wie einen schäbigen, alten Mantel ablegen, um ihn nie wieder anzuziehen. Nun, diesen Ort gibt es
tatsächlich, und er heißt Heute. Gott gewährt jedem von uns die
Gnade, jeden Tag neu beginnen zu dürfen. Wenn Gott in uns ist, wird
alles neu!

---

*Es wird immer einen Neuanfang für mich geben,
denn Gott ist mit mir!*

Gottes Gegenwart 17. April

"Der Herr geht vor euch her, und er, der Gott Israels, beschließt auch euren Zug" (Jesaja 52,12).

Gott ist mit uns! Er geht vor uns her. Er steht hinter uns! Er ist an unserer Seite. Wir nehmen seine Gegenwart oft ganz selbstverständlich hin. Nur wenn wir in Schwierigkeiten geraten und das Gefühl haben, dass Gott uns verlassen hat, sehnen wir uns danach, dass er bei uns ist.

Bitte denken Sie heute einmal über die vergangenen Wochen und Monate nach. Suchen Sie nach einer Erfahrung, in der Sie Gottes Gegenwart in Ihrem Leben deutlich spürten, entweder während des Erlebnisses oder zumindest im Nachhinein. Beschreiben Sie diese Erfahrung:

_____

_____

_____

_____

_____

Formulieren Sie jetzt auf Grund dieser Erfahrung einen aufbauenden Satz, der Sie immer daran erinnern soll, dass Gott bei Ihnen ist, unabhängig davon, was die Umstände zu sagen scheinen:

_____

_____

Ich will mein Leben heute unter die Herrschaft der Gedanken stellen, die Gott mir schenkt!

18. April   Gottes Gegenwart

„Ich vertraue darauf, dass er, der bei euch das gute Werk begonnen hat, es auch vollenden wird" (Philipper 1,6).

Jesaja macht deutlich, dass Gott hinter uns steht und uns schützt. Gott ist unsere Nachhut. Dieser Ausdruck geht auf militärische Gepflogenheiten zurück. In den Wüstenfeldzügen, die Israel im verheißenen Land unternahm, hatten die Soldaten immer eine Vorhut und eine Nachhut. Die Vorhut bestand aus Kundschaftern, die vor ihnen herzogen, um das unbekannte Land auszukundschaften und einen Plan auszuarbeiten, wie man am besten vorgehen konnte. Die Nachhut bildete den Abschluss und sorgte dafür, dass nichts Wertvolles liegen blieb und die Armee auch dort gegen Angriffe geschützt war.

Gott ist unsere Nachhut. Ich glaube wirklich daran, dass Gott in meinem Leben hinter mir her geht. Manchmal schlage ich ein zu schnelles Tempo ein, so wie Sie vermutlich auch, und führe Dinge nicht ganz zu Ende. Aber Gott geht hinter mir und führt zu Ende, was ich auf halbem Wege liegen gelassen habe. Ich habe volles Vertrauen, dass Gott das gute Werk, das er durch Sie und mich begonnen hat, auch vollenden wird.

Wenn Sie sich Zeit nähmen, um Ihr Leben daraufhin zu überprüfen – wie viel Unvollendetes würden Sie wohl finden, weil Sie von der Dringlichkeit einer neuen Aufgabe bereits weggerufen wurden, noch ehe Sie die erste Sache wirklich zu Ende bringen konnten? Wenn Sie Ihr Bestes gegeben haben, wird Gott für den Rest sorgen! Ich habe oft mit Eltern von Teenagern gesprochen, die sagen: „Ach, hätten wir doch nur . . .!" Ich erinnere sie dann behutsam daran, dass sie getan haben, was sie konnten. Nun müssen sie der Nachhut Gottes vertrauen, der hinter ihnen hergeht und ihre Sache zu Ende führt. Er sammelt die Scherben auf, fügt sie zusammen und macht etwas Schönes und Wunderbares daraus.

Danke, Gott, dass du die Aufgabe vollendest,
die ich nicht zu Ende bringen konnte!

Gottes Gegenwart 19. April

"Ich lasse dich nicht fallen und verlasse dich nicht" (Hebräer 13,5).

*A*ls meine Frau und ich nach Kalifornien zogen, war unsere liebe Freundin Edith wie eine Mutter zu mir. Sie war schon alt und lebte in einem Altersheim. So oft ich konnte, ging ich zu ihr, um sie zu besuchen. Ich sagte immer: „Ich werde dich nie vergessen, Mom!"

Wenn sie dann nach meiner Hand griff und fragte: „Meinst du das wirklich, Bob?", und ich darauf entgegnete: „Ja, Mom, das meine ich wirklich!", dann leuchteten ihre Augen auf.

Ediths einziger Sohn war im Zweiten Weltkrieg gefallen und in ihren Augen war ich gewissermaßen ein Ersatz für ihn. Indem wir sie als unsere erste kalifornische Großmutter adoptierten, konnten wir zum Teil die Leere füllen, die durch den frühen Tod ihres Sohnes in ihrem Leben entstanden war. Wir kümmerten uns um sie, bis sie starb. Wir wollten nicht, dass sie verlassen und vergessen war.

Wann haben Sie sich heute verlassen gefühlt? Beschreiben Sie kurz die Situation:

_____

_____

Lesen Sie jetzt den Vers aus Hebräer 13, Vers 5 und überdenken Sie diese Situation noch einmal. Wenn Gott auch in Situationen mit Ihnen ist, in denen Sie sich verlassen fühlen, was bedeutet das für Sie? Beschreiben Sie, inwiefern die Gegenwart Gottes sowohl diese Situation als auch Sie verändert:

_____

_____

Ich will glauben, dass Gott bei mir ist, auch wenn meine Gefühle und alle Umstände dagegen sprechen. Ich fange an, seine Gegenwart zu spüren. Ich merke, wie sich meine Haltung verändert!

20. April   Gottes Gegenwart

*„Der Herr segne dich und behüte dich. Der Herr lasse sein Angesicht
über dich leuchten und sei dir gnädig. Der Herr wende sein Angesicht
zu dir und schenke dir Heil"* (Numeri 6,24–26).

Als Napoleon den Rückzug aus Russland antritt, lässt er Marschall Ray mit einer Nachhut zurück. Monate vergehen und
die Armee ist wieder sicher in Paris zurück. Die Schlacht ist vorüber.
Eines Abends machen sich die Offiziere Gedanken darüber, was wohl
aus der Nachhut geworden ist. Einige vermuten, dass sie vernichtet
wurde. Da öffnet sich die Tür und ein ausgemergelter, hagerer Mann
betritt den Raum. Er steht einfach nur da in der zerfetzten Uniform
eines französischen Generals, mit leerem Blick und tief eingesunkenen Augen.

Schließlich fragt einer der Offiziere, wer er sei. „Ich bin Marschall
Ray." Die Offiziere ringen nach Luft, springen auf und salutieren. Endlich wagt einer zu fragen: „Marschall, was ist aus der Nachhut geworden?"

Der Marschall lässt den Kopf sinken und sagt: „Ich bin die Nachhut. Außer mir gibt es niemanden mehr."

Wir Christen schauen auf das Kreuz und sehen dort Jesus Christus.
Er ist unsere Nachhut – sonst gibt es niemanden mehr! Und in dieser
Funktion füllt er unsere Lücken aus, hebt er die Scherben auf, die wir
verursacht haben, kittet sie und fügt sie wieder zusammen.

Wenn Sie unnötigen alten Kram mit sich herumschleppen, dann
sollten Sie diese Dinge hinter sich lassen, damit Gott sich darum kümmert. Wenn Sie jemanden verletzt haben, dann beten Sie für ihn,
reden Sie mit ihm und lassen Sie Gott diese Verletzung heilen. Gott
geht vor Ihnen her, er steht hinter Ihnen, und er geht mit Ihnen!

*Friede erfüllt mein Herz und meine Seele,
denn ich weiß, dass Gott mit mir geht!*

Gottes Gegenwart   21. April

„Lass mich deine Huld erfahren am frühen Morgen; denn ich vertraue auf dich. Zeig mir den Weg, den ich gehen soll; denn ich erhebe meine Seele zu dir" (Psalm 143,8).

Arthur Gordon ist einer meiner Lieblingsschriftsteller. Einmal kam er nach New York, um Dr. Blanton zu interviewen, einen der Mitbegründer der Amerikanischen Stiftung für Religion und Psychiatrie. Gordon saß in einem Restaurant und wartete auf den angesehenen Psychiater. Während er wartete, ließ er sein Leben vor sich Revue passieren. Als Blanton endlich erschien, hatte Gordon tiefe Falten auf seiner Stirn und sah sehr bekümmert aus.

„Was ist los, Arthur?", erkundigte sich Blanton.

Der Schriftsteller antwortete: „Ach, ich habe eben nur darüber nachgedacht, wie mein Leben aussehen würde, wenn ich manches anders gemacht hätte." Dr. Blanton schlug ihm vor, nach dem Gespräch mit in sein Büro zu kommen, dort hätte er etwas Interessantes für ihn.

Dort angekommen, ließ Blanton ein Band ablaufen und sagte zu Gordon: „Hier sind Aufnahmen von drei verschiedenen Menschen, die psychisch krank sind und zu meinen Patienten gehören. Hören Sie genau zu."

Eine Stunde lang hörte der große Schriftsteller zu. Dann fragte Dr. Blanton: „Was haben alle drei gemeinsam?" Gordon dachte nach, konnte die Frage aber nicht beantworten.

„Dann werde ich es Ihnen sagen", sagte der Psychiater. „Alle drei jammern andauernd: ‚Wenn ich nur . . . hätte ich nur . . . ach, wenn ich doch nur . . .' Das sind Worte, die seelisch krank machen. Sie sind wie Gift. Diese Menschen müssen lernen zu sagen: ‚Nächstes Mal . . . nächstes Mal . . . nächstes Mal.' Das sind Worte, die in die Zukunft weisen, auf einen neuen Tag, auf Heilung und auf Gesundheit!"

Ich will Gott meine Vergangenheit anvertrauen und meine Augen auf die Zukunft richten!

22. April

Gottes Gegenwart

„Seht her, nun mache ich etwas Neues. [...] Ja, ich lege einen Weg an durch die Steppe und Straßen durch die Wüste" (Jesaja 43,19).

Gott ist nicht nur unsere Nachhut, sondern geht uns auch voran. Schauen Sie doch einmal nach vorn, und stellen Sie sich vor, wie Ihre Zukunft aussehen wird. Sie können es nicht wirklich, nicht wahr? Nun, da habe ich gute Nachrichten für Sie. Gott sieht schon Schwierigkeiten, die Sie nicht einmal ahnen können. Aber er wird Sie immer hindurchführen und Ihnen den Weg frei machen.

Was macht einen guten Leiter aus? Ein Leiter ist jemand, der an der Spitze eines Geschäfts, einer Gesellschaft, eines Vereins, einer Institution oder einer Familie steht. Er ist ein Mensch, der Schwierigkeiten sieht, die noch kein anderer wahrnimmt, und Lösungen dafür findet.

Gott ist unser Leiter. Er handelt still und ruhig, aber wirkungsvoll. Er lenkt und gestaltet die Ereignisse so, dass uns die richtigen Lösungen gerade rechtzeitig zur Verfügung stehen, wenn wir unseren Weg mit ihm gehen. Er richtet sich auf diese Schwierigkeiten ein, schon lange bevor uns diese überhaupt bewusst werden. Einen solchen Gott haben Sie und ich – einen Gott, der vor uns hergeht und den Weg für uns auskundschaftet.

Manche von uns blicken mit wenig Hoffnung in ihre Zukunft. Verlieren Sie Gott nicht aus den Augen! Er ist uns immer ein Stück voraus. Vertrauen Sie ihm Ihr ganzes Leben an. Er will uns leiten und führen. Gibt es irgendwo eine versteckte Sünde, die diese Sicht vielleicht blockiert? Lassen Sie diese los! Haben Sie einen Traum? Halten Sie daran fest! Haben Sie ein Ziel vor Augen? Strecken Sie sich danach aus! Gott ist mit uns. Jetzt ist genau die richtige Zeit, um vorwärts zu gehen – heute!

Gott gibt mir den Mut, vorwärts zu gehen.
Ich kann richtige Entscheidungen treffen,
weil Gott vor mir ist und mich führt!

Der Friede Gottes 23. April

„Da stand er auf, drohte dem Wind und sagte zu dem See: Schweig, sei still! Und der Wind legte sich, und es trat völlige Stille ein"
(Markus 4,39).

Vor einigen Jahren ging ich mit meiner Frau in Singapur an Bord einer riesigen Boeing 747. Zu diesem Zeitpunkt sah das Wetter noch recht freundlich aus. Wir hoben ab, aber noch ehe das Flugzeug die volle Flughöhe erreicht hatte, gerieten wir plötzlich in ein fürchterliches Gewitter, verbunden mit einem heftigen Sturm. Der Motor wurde beinahe abgewürgt, als er gegen die heftigen Regengüsse ankämpfte. Tonnen von Wassermassen stemmten sich der riesigen Maschine entgegen, als sich diese ruckend und stotternd ihren Weg durch den tropischen Sturm bahnte.

Plötzlich leuchtete ein Licht über unseren Köpfen auf und der Kapitän sagte mit ruhiger Stimme: „Bitte schnallen Sie sich an!" Wir kamen dieser Bitte nach. Als ich mich umblickte, bemerkte ich, dass auf allen Gesichtern blanke Angst zu sehen war. Wir schafften es sicher über das Chinesische Meer, flogen eine Schleife über Thailand und Vietnam und erreichten schließlich Los Angeles.

Erst später wurde mir bewusst, dass es die Stimme des Kapitäns war, die mir in dieser Situation Zuversicht gegeben hatte. Er sprach mit ruhiger, fester und sicherer Stimme. Das erinnert mich daran, dass Sie und ich in den Stürmen unseres Lebens ebenfalls diese feste Stimme brauchen, einen Menschen, der das Kommando übernimmt. Wenn wir daran glauben, dass Gott alles unter Kontrolle hat, können wir ganz zuversichtlich sein.

*Ich will gelassen, ruhig und unerschrocken sein,
denn Jesus Christus schenkt mir seinen Frieden!*

24. April — Der Friede Gottes

"Sein Sinn ist fest; du schenkst ihm Ruhe und Frieden; denn er verlässt sich auf dich. Verlasst euch stets auf den Herrn; denn der Herr ist ein ewiger Fels" (Jesaja 26,3–4).

Jesus spricht von einem Frieden, den wir trotz Kummer und Leid in unserem Herz und in unserer Seele haben können. Wie ist das möglich? Nehmen wir an, Sie hätten eben einen Brief bekommen, in dem steht: „Ich dachte, als Christ könne man erwarten, Frieden im Herzen zu haben. Aber ich erlebe im Grunde nur Chaos und Aufruhr, aber keinen Frieden. Bitte helfen Sie mir!"

Wie würden Sie darauf antworten?

Formulieren Sie einen Antwortbrief, beginnend mit den Worten:

„Ich kann gut verstehen, wie Sie sich fühlen. Aber ich möchte Ihnen ein paar Dinge sagen, die Ihnen vielleicht weiterhelfen . . ."

Gott hat einen vollkommenen Plan für mich, darum kann nichts meinen Frieden stören!

Der Friede Gottes   25. April

„Darum sollst du den Herrn, deinen Gott, lieben mit ganzem Herzen, mit ganzer Seele und mit ganzer Kraft. Diese Worte [...] sollen auf deinem Herzen geschrieben stehen" (Deuteronomium 6,5–6).

Ich habe einige Prinzipien entdeckt, die uns Frieden bringen können, wenn wir uns täglich daran halten. Erstens: Genießen Sie den Augenblick, das Heute!

Ein namhafter Autor, der im Kaukasus aufwuchs, erzählt von einem Einsiedler, der in den Bergen lebte. Eltern besuchten den alten Mann dort mit ihren Kindern, damit etwas von seiner Weisheit auf sie überginge.

Auch der Schriftsteller wurde von seinen Eltern mit einem Geschenk zu diesem Mann gebracht. Sie warteten, bis sie an der Reihe waren, und der Junge ging ängstlich auf den Alten mit dem langen Bart zu. Dieser hob ihn mit seinen runzeligen Händen auf den Schoß, legte den Arm um ihn und bedeutete den anderen, sich zu entfernen.

Der Junge überreichte ihm das mitgebrachte Geschenk. Der weise Alte lächelte ihn an und fragte: „Was möchtest du später einmal tun, mein Sohn? Wohin willst du ziehen? Was möchtest du werden?"

Er antwortete, so gut er konnte, und hörte dann den wundersamen Erzählungen des Alten zu, der ihm berichtete, wo er gewesen war und was er alles in seinem langen Leben gemacht hatte. Dann blickte er dem Jungen fest in die Augen und sagte: „Mein Junge, ich will dir etwas verraten, das immer wunderbar ist, egal, ob du jung oder alt, traurig oder glücklich bist. Einen Trost, auf den du immer zurückgreifen kannst. Hier ist er, vergiss ihn nie: dieser Augenblick! Jeder Augenblick unseres Lebens ist ein Teil der Ewigkeit. Genieße ihn!"

Der wichtigste Augenblick meines Lebens ist der, den ich gerade erlebe. Ich will ihn genießen!

26. April   *Der Friede Gottes*

„Sorgt euch also nicht um morgen; denn der morgige Tag wird für sich selber sorgen. Jeder Tag hat genug eigene Plage" (Matthäus 6,34).

Jesus lebte jeden Augenblick ganz intensiv. Es ist erstaunlich, wie oft wir es nicht schaffen, wirklich in der Gegenwart zu leben. Entweder träumen wir von zukünftigen Dingen oder wir bedauern die Fehler unserer Vergangenheit.

Aber bedenken Sie: Das Einzige, dessen wir uns wirklich sicher sein können, ist der Augenblick. Morgen werden wir vielleicht nicht mehr leben und gestern ist für immer vorbei.

Wie können wir den Augenblick, das „Jetzt", genießen? Es ist eine Gewohnheit, die man einüben kann. Es ist eine Frage der Selbstdisziplin, sich bewusst daran zu freuen, wenn man im Hinterhof Vögel füttert, Bäumen zusieht, die sich im Wind wiegen, oder den Duft einer Rose einatmet, der aus dem Nachbargarten zu uns herüberweht.

Wie viel Zeit bringen Sie im „Jetzt" zu? Überdenken Sie den gestrigen Tag. Wie viel Zeit haben Sie damit zugebracht, um sich über die Zukunft Sorgen zu machen? Wie lange haben Sie über Vergangenes nachgedacht? Wie lange haben Sie bewusst in der Gegenwart gelebt?

Heute will ich

_____ *meiner Zeit damit verbringen, zukünftige Dinge zu planen.*

_____ *meiner Zeit damit verbringen, mich an die Vergangenheit zu*

erinnern.

_____ *meiner Zeit damit verbringen, mich an der Gegenwart zu*

freuen!

Beschließen Sie, heute jeden Augenblick bewusst zu leben. Wenn Ihnen etwas Zukünftiges in den Sinn kommt, dann machen Sie sich eine Notiz. Wenn Sie an etwas aus Ihrer Vergangenheit erinnert werden, dann sprechen Sie mit Gott darüber. Und genießen Sie darüber hinaus jeden Augenblick, den Gott Ihnen schenkt, bis zur Neige!

> *Ich will heute so leben, als ob ich nur diesen einen Tag hätte. Gott ist im Heute!*

Der Friede Gottes

27. April

*Sonnenschein nach Regen
und Tau auf einer Rose,
Kinder schlummernd in der Wiege
und ein Vogel nippend an der Quelle,
Blätter, die im stillen Wasser segeln und
ein Herz, das sich nach Gott ausstreckt.*

*So ist der Friede,
den ich tief in meinem Innern spüre,
jetzt,
wenn ich die Augen schließe
und an Jesus Christus denke.*

*Danke, Gott!
Amen.*

*Jesus, hilf mir, all die herrlichen Facetten
des Lebens zu entdecken!*

28. April   *Der Friede Gottes*

„Werde sein [Gottes] *Freund, und halte Frieden! Nur dadurch kommt das Gute dir zu"* (Ijob 22,21).

Wenn man Frieden empfinden möchte, darf man nicht an mehrere Dinge gleichzeitig denken. Viele von uns tun dies jedoch. Vor kurzem erhielt ich deswegen einen Strafzettel. Ich war gedanklich mit etwas anderem beschäftigt, achtete nicht auf den Straßenverkehr und das brachte mir ein Bußgeld ein!

Ein führender Kardiologe hat darauf hingewiesen, dass Menschen mit dieser Angewohnheit um vieles anfälliger für Herzerkrankungen sind. Er empfiehlt ihnen, alle Ablenkungen zu reduzieren und sich immer nur auf eine Sache zu konzentrieren!

Der Computer ist unserem Gehirn nachempfunden. So wie das Gehirn hat auch er gewöhnlich viele Programme. Wir können unseren Verstand über unsere Augen und Ohren oder über unseren Tast- und Geruchssinn füttern. Und jedes dieser Programme kennt viele Variationen. Wenn man versucht, einem Computer gleichzeitig über mehrere Programme Daten einzugeben, wird man das System schließlich zum Erliegen bringen.

Auch wir können nicht zur gleichen Zeit zwei (oder mehr) Probleme lösen. Jesus hat uns den Grundsatz gelehrt, dass niemand zwei Herren gleichzeitig dienen kann. Nur eine Sache im Herzen zu bewegen, das ist der Schlüssel zum Frieden.

Vermeiden Sie heute, gleichzeitig an mehrere Dinge zu denken! Bringen Sie die Disziplin auf, immer nur an eine Sache zu denken!

---

*Ich will meine Aufmerksamkeit heute
nur auf eine Sache nach der anderen richten.
Dieser Tag wird ruhig sein,
denn meine Kanäle sind nicht überlastet.*

Der Friede Gottes

29. April

„Der Herr wird seinem Volk Kraft geben, er wird es mit Glück und Frieden beschenken" (Psalm 29,11; Gute Nachricht).

Lassen Sie uns einen Plan aufstellen, der uns zu vermeiden hilft, in den kommenden Wochen gleichzeitig an mehrere Dinge zu denken. Erstellen Sie als Erstes eine Liste der acht wichtigsten Dingen, die Sie erledigen müssen:

1. _____
2. _____
3. _____
4. _____
5. _____
6. _____
7. _____
8. _____

Ordnen Sie als Nächstes diese Dinge nach dem Grad ihrer Dringlichkeit. Die wichtigste Sache kommt an erster Stelle etc. Beschließen Sie, den wichtigsten Punkt als Erstes in Angriff zu nehmen. Wenn etwas Neues auf Sie zukommt, dann sollten Sie auch Ihre Prioritäten neu ordnen. Bitten Sie Gott, dass Ihnen das gelingt!

*Ich bin ruhig und voller Frieden,
denn Gott lenkt meine Schritte!*

30. April — Der Friede Gottes

„In Frieden lege ich mich nieder und schlafe ein; denn du allein, Herr, lässt mich sorglos ruhen" (Psalm 4,9).

Vor kurzem hatte ich das Privileg, mit dem Präsidenten einer großen Raumfahrtsgesellschaft zu Mittag zu essen. Danach führte er mich in der großen Anlage herum.

Der Raum, in dem Reinraumbedingungen herrschen, hat mich tief beeindruckt. Mein Gastgeber erklärte mir, dieser Raum sei deshalb so makellos rein, weil eine besondere Klimaanlage verhindere, dass Staubpartikel eingeschleust würden, es sei denn, sie wären so klein, dass sie auf einer Nadelspitze Platz hätten. Er sagte, dass eine Nadelspitze eigentlich flach sei – was mit dem Mikroskop leicht nachzuprüfen ist. Und das größte Stäubchen, das in diesen Raum gelangen kann, muss klein genug sein, um auf der flachen Stelle einer Nadelspitze liegen zu können!

Um in diesen Raum hineinzukommen, musste auch ich Sicherheitskontrollen über mich ergehen lassen, die dafür sorgten, dass ich keine Keime mitbrachte. Das war eine faszinierende Erfahrung, die mich nachdenklich stimmte.

Auch wir sollten im Mittelpunkt unseres Lebens einen solchen Raum haben. Unsere Seele sollte ein Ort sein, der frei ist von störenden Einflüssen. Wir sollten Sicherheitsvorkehrungen treffen, die entscheiden, was und wem wir zu diesem Raum Zugang gewähren. Es gibt Schriftsteller, die ich zu lesen ablehne, weil sie einen negativen Einfluss auf mich ausüben oder Ideen und Haltungen vertreten, die die „Sicherheitsüberprüfung" nicht bestehen. Gehen Sie zu sorglos mit solchen Dingen um? Ich möchte Ihnen heute vorschlagen, einen persönlichen Raum im Zentrum Ihres Herzens einzurichten. Einen Ort, der so sauber ist, dass Sie und auch Gott sich darin wohl fühlen. Ein Wohnzimmer Gottes.

*Ich will sorgfältig darüber wachen,
was meine Seele beeinflusst.
Ich will versuchen, nur zu denken und zu tun,
was zum Frieden meiner Seele beiträgt.*

Friede im Herzen 1. Mai

"Lasst uns also nach dem streben, was zum Frieden und zum Aufbau [der Gemeinde] beiträgt" (Römer 14,19).

Stellen Sie sich vor, Ihr Herz hätte ein Filter, durch das alles, was in Sie hineinkommt, gefiltert wird. Welche Gedanken, Vorstellungen oder Haltungen würden dabei herausgefiltert? Was dürfte passieren? Denken Sie darüber nach, was Sie in sich aufnehmen, und machen Sie daraus zwei Listen:

Durchgang gestattet: *Ausgefiltert:*

_____   _____

_____   _____

_____   _____

_____   _____

_____   _____

_____

Unterhalten Sie sich auch mit Gott über diese beiden Listen! Bitten Sie ihn, dass er Ihnen hilft, alle Gedanken, Vorstellungen und Haltungen auszufiltern, die den Frieden Ihres Herzens gefährden oder erheblich stören. Er wird es tun!

Ich will von nun an nur Gedanken, Vorstellungen und Haltungen akzeptieren, die Gott gefallen. Er ist mit mir und wird mir Frieden schenken!

2. Mai

Friede im Herzen

„Sorgt euch nicht um euer Leben und darum, dass ihr etwas zu essen habt, noch um eueren Leib und darum, dass ihr etwas anzuziehen habt. Ist nicht das Leben wichtiger als die Nahrung und der Leib wichtiger als die Kleidung?" (Matthäus 6,25).

Ein weiteres Prinzip, das uns zu Frieden verhilft, liegt darin, dass wir lernen, nicht so sehr nach der Uhr, sondern mehr nach dem Kalender zu leben. Innere Unruhe, Gefühlsaufruhr, fehlende Gelassenheit und mangelnder Friede lassen sich größtenteils darauf zurückführen, dass wir kleine Dinge aufbauschen.

Nehmen wir z. B. den Kalender. Wenn wir versuchen, alle 365 Tage eines Jahres in den Blick zu bekommen, wird uns das kaum gelingen. Aber wenn wir das Jahr in zwölf Monate aufteilen, kommt damit eine gewisse Ordnung in den Ablauf der Zeit. Und auch mit uns wird etwas passieren. Wir fangen an, auf größere Zusammenhänge zu achten.

Emily Kimbrough, die große Schriftstellerin und Dozentin, berichtet von einer Lektion, die sie bereits als Kind lernte. Als Zehnjährige war sie sehr aufgeregt, als sie kurz vor ihrem Auftritt auf der Schulbühne bemerkte, dass ihre Haare in Unordnung waren. Sie wurde hektisch, ja fast hysterisch. Ihre Großmutter aber sagte: „Emily, mach dich nicht so verrückt. Das fällt keinem auf, der im Galopp an dir vorüberreitet."

Emily vergaß diesen Rat nie. Als sie Jahre später vor einem großen Auditorium einen Vortrag halten sollte, bemerkte sie eine Laufmasche in ihren Strümpfen. Einen Augenblick lang überkam sie Panik. Dann erinnerte sie sich wieder an den Rat ihrer Großmutter: „Unsinn, Emily, keiner wird das merken, wenn er im Galopp an dir vorüberreitet!"

Alles, was Sie heute noch in helle Aufregung versetzt, wird einmal an Ihnen vorübergezogen sein, und nach einem Jahr wird keiner mehr daran denken, nicht einmal Sie selbst. Leben Sie dem Kalender nach und nicht nach der Uhr!

Herr, hilf mir heute auf das Wesentliche zu blicken!

Friede im Herzen 3. Mai

„Und seine Verheißung an uns ist das ewige Leben"
(1. Johannes 2,25).

In unser Herz kommt Friede, wenn wir Frieden mit der Ewigkeit schließen. Dr. Peale berichtet von einer Erfahrung, die sein Leben schon in jungen Jahren prägte. Er lebte damals in Ohio, wo sein Vater, der früher Arzt gewesen war, nun predigte.

An einem kalten Winterabend wurde sein Vater an ein Sterbebett gerufen. Er sagte zu seinem Sohn: „Norman, da du allmählich erwachsen wirst, solltest du mit mir kommen."

Sie fuhren in einen Stadtteil, der als Rotlichtbezirk bekannt war. Eine Frau öffnete ihnen und führte sie in ein Zimmer. Auf dem Bett lag eine junge Frau. Ihre kindliche Hand lag flach und still mit gespreizten Fingern auf der Bettdecke. Sie bewegte sich kaum, wenn der Atem in kurzen Stößen kam.

Man konnte sehen, dass sie sehr krank war. Der alte Mann ging zum Bett, nahm diese winzige Hand in seine Hände, sah sie an und sagte: „Mein Mädchen, wie krank du bist."

Tränen liefen ihr übers Gesicht, als sie sagte: „Ich bin in einer christlichen Familie aufgewachsen. Wie bin ich nur hierher gekommen? Wird Gott mir je vergeben?" Ihr schmächtiger Körper zitterte, während sie weinte.

Normans Vater fragte: „Junge Dame, hast du Jesus lieb?" Sie nickte. „Möchtest du deine Sünden bekennen?" Sie nickte wieder und betete das Bußgebet, das er ihr vorsprach. Nachdem sie mit „Amen" geschlossen hatte, erschien ein Ausdruck tiefsten Friedens auf ihrem Gesicht. Einen Augenblick später war sie tot.

Das, was früher war, gilt nicht mehr.
Denn ich habe in alle Ewigkeit Frieden mit Gott.

4. Mai

Friede im Herzen

„Gerecht gemacht aus Glauben, haben wir Frieden mit Gott durch Jesus Christus, unseren Herrn" (Römer 5,1).

Das Thema, das sich wie ein roter Faden durch unseren Glauben zieht und immer von neuem Frieden schafft, Liebe weckt und Kräfte in uns entfacht, heißt: Wir haben Frieden mit Gott durch unseren Herrn Jesus Christus. Paulus schreibt an die Römer: „Nachdem wir nun auf Grund des Glaubens bei Gott angenommen sind, haben wir Frieden mit Gott. Das verdanken wir Jesus Christus, unserem Herrn" (Röm 5,1; Gute Nachricht). Und Jesus sagt: „Freut euch darüber, dass eure Namen im Himmel verzeichnet sind" (Lk 10,20).

Wir alle sind uns bewusst, dass das Leben irgendwann einmal endet, dass dies aber nicht das endgültige Aus ist. Ein Bewusstsein davon, dass wir nicht aufhören zu existieren, wenn unser Leben hier auf dieser Erde vorüber ist. Solange wir keinen Frieden mit Gott geschlossen haben, können wir jedoch nicht ganz sicher sein, was in der Ewigkeit auf uns zukommt.

Doch wenn wir Frieden mit Gott schließen, dann werden wir auch in diesem Punkt Sicherheit haben! Haben Sie diesen Frieden geschlossen? Ich kenne nur eine Person, die Ihnen dabei helfen kann – Jesus Christus. Nur er kann unsere Sünden vergeben. Nur er kann unserem Leben eine neue Richtung geben und uns diesen Frieden schenken. Vertrauen Sie ihm heute Ihr Leben an, wenn Sie dies bislang nicht getan haben. Und schreiben Sie ein persönliches Übergabegebet auf:

Ich will mich ganz an Gott binden.
Mein Herz singt ein neues Friedenslied!

Friede im Herzen   5. Mai

„Vergebt einander, wenn einer dem anderen etwas vorzuwerfen hat. Wie der Herr euch vergeben hat, so vergebt auch ihr!" (Kolosser 3,13).

Vor kurzem kam eine Familie in unsere Gemeinde, die gerade erst von New York nach Kalifornien gezogen war. Sie sagten, dass es unerträglich sei, jeden Winter im Osten Schnee schaufeln zu müssen. Darum hatten sie beschlossen, für den Rest ihres Lebens im warmen Klima Kaliforniens in der Sonne zu baden.

Ich habe eine noch bessere Idee. Beschließen Sie, den Rest Ihres Lebens im warmen Klima der Vergebung zu baden und sich der Liebe Gottes auszusetzen. Im Zentrum dieser Liebe steht die Vergebungsbereitschaft, die zu wirklichem Frieden führt.

Ich habe viele Abende damit verbracht, die Telefonanrufe in unserem Seelsorgezentrum *New Hope* („Neue Hoffnung") entgegenzunehmen, das rund um die Uhr besetzt ist. Menschen aus allen Teilen des Landes rufen dort an und finden jederzeit ein Ohr und ein mitfühlendes Herz.

Einmal, als ich mich mit den Worten meldete: „Hier ‚New Hope', kann ich Ihnen helfen?", erwiderte eine weibliche Stimme am anderen Ende der Leitung: „Wenn Sie jetzt nicht abgehoben hätten, hätte ich mich umgebracht." Dann fing sie an, vor mir eine Geschichte voll Eifersucht, Hass und Groll auszubreiten, weil eine andere Frau denselben Mann liebte wie sie.

35 Minuten später sagte ich: „Ja, Sie haben ein Problem. Ihr größtes Problem liegt aber darin, dass Sie vergeben müssen und selbst Vergebung brauchen." Sie erkundigte sich, wie sie diese bekommen könne. Und ich hatte die Freude, ihr von Jesus Christus zu erzählen. Als sie ihn in ihr Leben aufnahm, verflogen Hass und Bitterkeit. Sie hatte die Quelle des Friedens entdeckt!

Vergeben bedeutet in Frieden zu leben.

6. Mai

Friede im Herzen

*„Herr, nur eines ist wesentlich auf dieser Welt:
mich selbst zu erkennen und dich, Gott, zu lieben.
Himmlischer Vater, schenke mir
deine Liebe und deinen Frieden.
Damit bin ich überreich beschenkt
und brauche nichts weiter.
Demütiger, gütiger Jesus,
lass mich dir immer ähnlicher werden.
Amen."*

Johannes XXIII.

> *Jesus, Sohn Gottes, ich will versuchen,
> deinem vollkommenen Beispiel zu folgen!*

Ein Überwinder sein — 7. Mai

„Lass dich nicht vom Bösen besiegen, sondern überwinde es durch das Gute!" (Römer 12,21).

Ich sammle Auszeichnungen. Sie hoffentlich auch. Die Auszeichnungen, die ich zu gewinnen versuche, sind die „Überwinder-Preise". Ich will Ihnen einige Beispiele dafür geben, wie sie zu gewinnen sind.

Wenn Sie Ihre Feinde töten, dann sind Sie ein Sieger; wenn es Ihnen aber gelingt, sie zu Freunden zu machen, dann sind Sie ein Überwinder, und das ist mehr als ein Sieger.

Wenn Sie Ihren Garten jäten, dann können Sie das Unkraut besiegen; wenn es Ihnen aber gelingt, es durch ein Meer von Blüten zu ersetzen, dann sind Sie auf gutem Weg, es zu überwinden.

Wenn Sie sich bemühen, den Schmerz auszuhalten und nicht wild um sich zu schlagen, wenn Sie verletzt werden, dann sind Sie Sieger. Wenn Sie so stark werden, dass Sie von Schwierigkeiten nicht mehr aus der Bahn geworfen und besiegt werden, dann haben Sie darüber gesiegt. Wenn Sie aber aus diesen Schwierigkeiten etwas Produktives machen, das Früchte trägt, dann sind Sie ein Überwinder.

Paulus sagte, dass wir das Böse durch das Gute überwinden sollen. Wenn wir mit Gott zusammenarbeiten, können wir unsere Schwierigkeiten in glorreiche Siege verwandeln. Damit lassen sich immer „Überwinder-Preise" gewinnen.

Arbeiten Sie mit Gott zusammen! Hier sind drei simple Methoden, wie Sie Ihre Schwierigkeiten in einen Triumph verwandeln können:

1. Geben Sie Gott *Dank* – wann immer Sie auf Probleme stoßen!
2. Geben Sie Gott *Zeit* – damit er sie in einen Triumph verwandeln kann!
3. Geben Sie Gott *Vertrauen* – jeden Augenblick, den Sie darauf warten!

Gott und ich, wir arbeiten daran, meine Schwierigkeiten in triumphale Siege zu verwandeln!

8. Mai   Ein Überwinder sein

„Dankt Gott in jeder Lebenslage!"
(1.Thessalonicher 5,18; Gute Nachricht).

Carl Sandberg erzählt die Geschichte des sieben Jahre alten Abraham Lincoln. Eines Abends ging Lincoln vors Haus, blickte hinauf zum Vollmond und sagte: „Mister Mond, was siehst du von deiner Warte da oben aus?"

Mister Mond antwortete: „Ich sehe einen Kalender, Abe, mit der Jahreszahl 1816. Ich sehe, dass in den Vereinigten Staaten von Amerika acht Millionen Menschen leben. Ich sehe 16 000 Planwagen, die unterwegs nach Kalifornien sind und sich langsam und mühevoll einen Weg durch die Ebenen des Mittleren Westen suchen. Und weiter westwärts, Abe, mitten in der Wüste, zwischen zwei Gebirgskämmen der Rocky Mountains, erblicke ich noch einen Wagen. Er ist zusammengebrochen und zwischen seinen Speichen wächst Unkraut. Daneben liegt ein staubbedecktes Skelett mit alten Mokassins an den Füßen und ein Schild, auf dem geschrieben steht: ‚Feiglinge brechen niemals auf!'"

Sie haben Schwierigkeiten? Danken Sie Gott dafür! Allein die Tatsache, dass Sie mit Schwierigkeiten konfrontiert sind, ist eigentlich ein Kompliment für Sie. Denn Sie hatten den Mut, etwas zu wagen und zu versuchen! Wenn wir mit dieser Haltung an Schwierigkeiten herangehen, werden sie oft zum Segen und Gewinn für uns. Wenn die Straße blockiert ist und Sie notgedrungen einen Umweg fahren müssen, dadurch aber vor einem Unfall bewahrt werden, dann wird sich dieser Umstand als Segen für Sie erweisen.

Wenn wir durch Leiden dazu gezwungen werden, unnötigen Ballast abzuwerfen, den wir bis jetzt nicht loszuwerden wagten, dann erweisen sie sich im Nachhinein vielleicht als Segen. Danken Sie Gott, wann immer Sie Schwierigkeiten haben, für das, was daraus entstehen kann!

Ich kann nicht immer verstehen,
was in meinem Leben passiert,
aber ich kann Gott immer dafür danken,
dass er bei mir ist!

Ein Überwinder sein   9. Mai

„Ihr habt Böses gegen mich im Sinn gehabt, Gott aber hatte dabei Gutes im Sinn, um zu erreichen, was heute geschieht: viel Volk am Leben zu erhalten" (Genesis 50,20).

Welche Probleme oder Schwierigkeiten stürmen heute auf Sie ein? Beschreiben Sie diese kurz:

_____

_____

_____

_____

Gebrauchen Sie jetzt Ihre Vorstellungskraft, und versuchen Sie, sich all das Gute vorzustellen, das daraus entstehen könnte:

_____

_____

_____

_____

_____

_____

Danken Sie Gott – auch angesichts von Schwierigkeiten!

Ich will Angst, Bitterkeit und Spannungen loslassen und zulassen, dass Gott mit seiner Güte mein Leben regiert!

10. Mai — Ein Überwinder sein

„Am Tag wird er mir seine Güte erweisen, und in der Nacht will ich ihm singen voller Dank; zu Gott will ich beten, der mir das Leben gibt" (Psalm 42,9; Gute Nachricht).

Kurz vor seiner Rückkehr aus China bekam Dr. Poppen Schwierigkeiten mit den chinesischen Kommunisten. Nachdem er 40 Jahre lang Christus als Missionar in China gedient hatte, wurde er unter Hausarrest gestellt.

Tausende hatten sich zur öffentlichen Verhandlung eingefunden. Dr. Poppen wurde auf einer Tribüne zur Schau gestellt, mit falschen Beschuldigungen konfrontiert und zuletzt des Hochverrats angeklagt.

Nach dem Prozess brachte man ihn in eine winzige Zelle, in der er weder stehen noch liegen konnte. Darin verblieb er, ohne zu wissen, was man mit ihm vorhatte. Tage vergingen, bis er schließlich am Ende seiner Kräfte angekommen war. Er betete, dass Gott ihn zu sich nähme, und schlief ein.

Plötzlich erwachte er, weil die Tür geöffnet wurde und jemand ihm zuflüsterte: „Folgen Sie mir." Poppen folgte der Person, und sie gingen durch dunkle, verwinkelte Straßen, bis sie am Kai ankamen. Sein Begleiter sagte: „Sehen Sie das Boot dort drüben? Es wird Sie nach Hongkong bringen. Fliehen Sie, wenn Sie angekommen sind. Leben Sie wohl."

Henry Poppen wusste nicht, was ihn erwartete, als er das chinesische Festland hinter sich ließ. Aber er war dankbar, dass er frei war und Gott Zeit und Gelegenheit gegeben hatte, dieses überwältigende Problem in einen Triumph zu verwandeln. Geben Sie Gott Zeit und Gelegenheit und Sie werden zu den Überwindern gehören!

Ich will geduldig sein und gespannt darauf warten, dass Gott meine Schwierigkeiten in Siege verwandelt!

Ein Überwinder sein 11. Mai

„Euer Herz sei stark und unverzagt, ihr alle, die ihr wartet auf den Herrn" (Psalm 31,25).

Wenn man mich bitten würde, einen „Überwinder-Preis" zu entwerfen, dann wäre das für mich sicher eine große, aufrecht stehende Gestalt. Sie würde eine Fahne mit der Inschrift „Hoffnung" hochhalten.

Das ist meine Vorstellung. Was würden Sie sich ausdenken?

Nutzen Sie den leeren Platz auf dieser Seite, um einen „Überwinder-Preis" oder eine „Überwinder-Fahne" zu entwerfen!

Durch Jesus Christus bin ich heute ein Überwinder!

12. Mai — Ein Überwinder sein

„Herr, Gott der Heerscharen, wer ist wie du? [...] Dein Arm ist voll Kraft, deine Hand ist stark, deine Rechte hoch erhoben" (Psalm 89,9.13).

Als ich ein Junge war, beschloss ich einmal, ein fremdes Pferd zu satteln, das auf unserer Farm in Iowa untergestellt war, um mit ihm auszureiten. Das Wetter war wunderschön. Ich kann mich noch gut daran erinnern – ein sonniger Tag, dicke weiße Wolken, die über den Himmel segelten, und eine angenehme Temperatur.

Ich ritt eine Zeit lang, bis sich das Pferd plötzlich vor einem Traktor erschreckte. Es scheute und raste in wildem Galopp davon. Ich riss an den Zügeln, schrie, trat es heftig in die Flanken – aber alles half nichts.

Mit bebenden Nüstern, Schaum vor dem Maul und blind vor Angst raste es wie wild über Weideland und Gräben hinweg. In diesem wilden Galopp wurde auch ich nach oben und unten, nach hinten und vorne geworfen. Ich konnte nichts anderes tun, außer mich mit aller Kraft am Sattel festzuklammern. Ich presste die Augen zusammen und hielt mich fest, bis alles Blut aus meinen Knöcheln gewichen war. Völlig unerwartet blieb das Pferd dann plötzlich wieder stehen. Ich öffnete die Augen und da standen wir – vor dem Scheunentor!

Wenn Sie von Ihrem Leben in wildem Trab mitgerissen werden, dann greifen Sie nach einem festen Halt. Für unser Leben ist das der mächtige Arm Gottes. Halten Sie sich daran fest und vertrauen Sie ihm – jeden Augenblick, den Sie auf Hilfe warten!

Ich will Gott für meine Lebensumstände schon im Voraus danken, denn er wird für mich alles zum Guten wenden!

Ein Überwinder sein 13. Mai

„Wir wissen, dass Gott bei denen, die ihn lieben, alles zum Guten führt, bei denen, die nach seinem ewigen Plan berufen sind"
(Römer 8,28).

Gott kennt die Zukunft besser als ich, darum kann ich ihm vertrauen! Der Vers aus dem Römer-Brief drückt dieses Vertrauen gut aus. Vertrauen Sie Gott auch mitten in Schwierigkeiten? Wann haben Sie Schwierigkeiten, ihm zu vertrauen?

_____

_____

_____

Gott versteht uns! Schreiben Sie einen Brief an sich selbst, in dem Gott darlegt, wie er Ihre Vertrauensschwierigkeiten sieht. Greifen Sie in diesem Brief Ihre Schwierigkeiten als Beispiel dafür auf, wie er alles zum Guten führen wird, und fassen Sie die Bibelstelle aus Römer 8, Vers 28 in eigene Worte:

_____

_____

_____

_____

_____

_____

> *Mein Glaube wird stärker!*
> *Ich lerne, Gott in allen Lebenslagen zu vertrauen.*
> *Ich bin voller Zuversicht,*
> *dass Gott alles zum Besten für mich wendet.*

14. Mai   *Der Segen Gottes*

*„Wohl dem Mann [...] der Freude hat an der Weisung des Herrn [...].
Alles was er tut, wird ihm gelingen"* (Psalm 1,1–3).

Ich glaube, dass Gott mein Leben segnen möchte. In Psalm 1 lesen wir von Menschen, die so tief in Gott verwurzelt sind, dass sie mit Bäumen verglichen werden, die am Wasser gepflanzt sind und deshalb jedes Jahr Frucht bringen. Sie bringen während ihres ganzen Lebens Frucht! Gott möchte, dass unser Leben fruchtbar ist! In den nächsten Tagen werden wir sieben Regeln betrachten, die zu einem gelingenden Leben beitragen.

Regel Nr. 1: Reden Sie immer positiv über Menschen und Ideen, die Ihnen begegnen.
Normalerweise gibt es an jedem Menschen und an jeder Idee etwas auszusetzen. Lehnen Sie also nie einen möglicherweise lohnenden Gedanken ab, nur weil es dagegen auch etwas einzuwenden gibt. Verwerfen Sie nie einen interessanten, hilfsbereiten Menschen, nur weil er auch negative Eigenschaften aufweist.

Sie können auch mit diesen negativen Seiten umgehen, indem Sie die positiven Züge fördern, einsetzen und nutzen. Was ist z. B. heute die negativste Kraft in Ihrem Leben?

_____

Schreiben Sie jetzt alle positiven Aspekte auf, die Ihnen dazu einfallen:

_____

_____

*Meine Haltung verändert sich.
Ich will meine Augen auf das Positive richten und
dem Negativen weniger Beachtung schenken!*

Der Segen Gottes   15. Mai

„Der Herr schenkt dir Gutes im Überfluss. [...] Der Herr hat deinen Vätern geschworen, es dir zu geben" (Deuteronomium 28,11).

Regel Nr. 2: Suchen Sie in jeder Situation nach positiven Möglichkeiten!
Wenn Sie erfolgreich sein wollen, müssen Sie anderen Ihre Ideen schmackhaft machen. Wenn Sie Probleme haben, sollten Sie das umso eifriger tun. Vor einer Weile unterhielt ich mich mit einem jungen Pfarrer, dessen kreative Ideen für seine Gemeinde unter einem Berg von Schwierigkeiten begraben lagen. Das Schlimmste davon war ein auslaufender Kopierer! Das Budget der Gemeinde ließ es jedoch nicht zu, ein neues Gerät zu kaufen.

Eines Nachmittags kämpfte er damit, die Mitteilungen für den darauf folgenden Sonntag auszudrucken. Aber sein einziger Erfolg bestand darin, dass er einen Stoß Papier vergeudete und seine Kleidung mit Toner beschmierte. Verärgert beschloss er, diese Kleidung beim nächsten Vorstandstreffen zu tragen.

Ein paar Stunden später führte er dem Kirchenvorstand die Flecken vor. Diese Männer waren Geschäftsleute und begriffen schnell, dass hier Geld zum Fenster hinausgeworfen wurde und dass es nur noch teurer würde, je länger sie warteten. Einer von ihnen zog seinen Geldbeutel heraus und sagte: „Hier sind 25 Dollar!" Einer anderer tat es ihm gleich, und bald hatte der Pfarrer genug Geld zusammen, um einen neuen Kopierer kaufen zu können.

Er konnte es vor Freude und Erleichterung kaum fassen. Dann dachte er bei sich: *Es hilft also doch, daran zu glauben, dass sich Dinge ändern können!*

Bald wandte er diese Methode auch bei anderen Schwierigkeiten an. Er fing an, in allem nach Möglichkeiten zu suchen. Er machte Hausbesuche, um Menschen in die Gemeinde einzuladen. Die Gemeinde fing an zu wachsen. Der Pfarrer wurde zuversichtlicher. Und nach einiger Zeit kauften sie ein weiteres Grundstück, um ein neues Kirchengebäude zu errichten. Und das alles begann mit einem auslaufenden Kopierer!

Ich will heute in jeder Situation nach dem Positiven suchen!

16. Mai   *Der Segen Gottes*

„In seiner Macht kann Gott alle Gaben über euch ausschütten, sodass euch allezeit in allem alles Nötige ausreichend zur Verfügung steht und ihr noch genug habt, um allen Gutes zu tun" (2. Korinther 9,8).

Regel Nr. 3: Machen Sie es zu einer täglichen Gewohnheit zu denken: „Es wird klappen!"
Ein Dienstmädchen namens Matilda tat dies. Ihre Arbeitgeberin, eine wohlhabende Frau, war sehr besorgt, als sie herausfand, dass Matilda keine Ersparnisse hatte. Sie sagte: „Aber Matilda, nehmen wir an, dass wir unser Vermögen verlieren und ich Sie entlassen müsste. Nehmen wir an, dass Sie keine Arbeit mehr finden und keinen Verdienst haben. Was würden Sie dann tun?"

Matilda antwortete: „Sie nehmen das doch alles nur an . . . In meiner Bibel steht nichts davon, dass ich etwas annehmen und mich sorgen soll, sondern dass ich vertrauen soll. In meiner Bibel steht in Psalm 23: Lauter Güte und Huld werden mir folgen mein Leben lang."

Wir stehen in der Gefahr, von der Annahme, dass etwas möglicherweise *nicht* klappen könnte, völlig vereinnahmt zu werden. Es ist an der Zeit, diese Annahme dahingehend zu verändern, dass etwas klappen könnte.

Gibt es Bereiche in Ihrem Leben, in denen Sie anfangen sollten, sich zu sagen, dass etwas klappen könnte? Nehmen Sie diese Woche eine Sache in Angriff, die scheinbar unmöglich ist, und suchen Sie nach vier Möglichkeiten, wie es vielleicht doch klappen könnte:

1. _____

2. _____

3. _____

4. _____

Gott möchte, dass mein Leben gelingt.
Was immer ich im Glauben beginne,
wird sich als etwas Gutes herausstellen!

144

Der Segen Gottes   17. Mai

„Ein Licht erstrahlt den Gerechten und Freude den Menschen mit redlichem Herzen" (Psalm 97,11).

Regel Nr. 4: Gründen Sie Ihren „Warum nicht-Verein"!
Ed ist ein brillanter junger Rechtsanwalt, der erst vor kurzem nach Kalifornien zog. Als das Erntedankfest näher kam, erkannten er und seine Frau Pat, dass sie allein waren, da beide dort keine Verwandten haben. Bald stellten sie aber fest, dass es in ihrem Wohngebiet Hunderte von alten und verlassenen Menschen gab, die ebenso einsam waren wie sie. Darum beschlossen sie, einen „Warum nicht-Verein" zu gründen.

Sie hatten die Idee, am Erntedanktag ein schönes Essen für einsame, vergessene Menschen zu organisieren. Ed ging in eines der örtlichen Hotels und fragte an, ob für diesen Termin noch ein großer Raum zur Verfügung stünde. Er erklärte dem Manager seinen Plan, erntete aber nur ein kurz angebundenes „Nein".

Mutig fragte Ed zurück: „Warum nicht?" Der Manager war überrascht, dachte einen Augenblick nach und stimmte dann doch zu.

Danach ging Ed zu einigen Firmen, zu denen er Geschäftsbeziehungen unterhielt, und bat sie um Geld für dieses Essen. Er wusste, dass sie Geld für wohltätige Zwecke spendeten, bekam aber wie erwartet zu hören: „Nein, wir verfolgen dabei eine bestimmte Politik. Ihr Plan passt da nicht hinein."

„Warum nicht?", hakte Ed nach. Und wieder war er damit erfolgreich und brachte so die nötige Summe auf. Er und seine Frau trafen alle Vorbereitungen und warteten dann auf den großen Tag.

20 vor zwölf kam der erste Gast – eine kleine alte Dame. Bis zwölf Uhr mittags hatten sich über 300 Menschen eingefunden, um miteinander das Erntedankfest zu feiern, weil Ed und Pat gewagt hatten, die Frage zu stellen: „Warum nicht?"

Wenn andere Erfolg haben und ihnen Dinge gelingen, *warum nicht Ihnen auch*?

Ich bin bereit für allen Erfolg und allen Segen, den Gott für mich hat!

18. Mai   Der Segen Gottes

„Mein Lieber! Ich wünsche dir, dass es dir in jeder Hinsicht gut geht und du gesund bist, so wie ich das von deinem inneren Leben weiß" (3. Johannes 2; Gute Nachricht).

Regel Nr. 5: Versehen Sie gute Ideen, die Ihnen in den Sinn kommen, mit einem Sternchen.

Schreiben Sie konstruktive Gedanken, die Ihnen in den Sinn kommen, unverzüglich auf. Ich denke, dass dieses Notieren besonders wichtig ist, wenn Sie wollen, dass Ihnen etwas gelingt. Wenn es eine besonders gute Idee ist, dann versehen Sie diese mit einem Sternchen. Das sollte für Sie heißen: Diese Sache hat oberste Priorität!

Der schottische Bakteriologe Sir Alexander Fleming entdeckte das Penizillin, ein Antibiotikum, das vielen Menschen das Leben rettet. Eines Morgens war ihm im Laboratorium aufgefallen, dass der Pilz auf einer der Bakterienkulturen abgestorben war. Er nahm einen Teil des Schimmels ab und schob ihn für weitere Studien in eine leere Glasröhre. Das Ergebnis – Penizillin!

Sir Alexander beobachtete etwas Interessantes und handelte unverzüglich. Er war eindeutig ein Mensch, der Ideen, die ihn faszinierten, mit einem Sternchen versah und vorrangig behandelte.

Was könnten Sie heute mit Ihren guten Ideen anfangen? Welche davon sollten Sie mit einem Sternchen auszeichnen? Beschreiben Sie, welche Maßnahmen Sie heute ergreifen werden:

_____

_____

_____

_____

Ich leide keinen Mangel.
Ich danke Gott für den Segen, den er mir schenkt,
denn ich handle nach seinen Ideen
und auf Grund seiner Fülle!

Der Segen Gottes — 19. Mai

„Der Segen des Herrn macht reich" (Sprichwörter 10,22).

Regel Nr. 6: Üben Sie sich darin, positive Erwartungen zu haben!
Warum scheint manchen Menschen alles zu gelingen? Weil sie es erwarten.

Vor einigen Jahren lud ein Pfarrer seine Gemeinde am Jahresende zu einem Versuch ein, mit dem er die Macht der Erwartung testen wollte. Jeder von ihnen sollte seine Erwartungen aufschreiben, die er an das neue Jahr hatte. Dann sollten sie diese in einen Briefumschlag stecken, ihn zukleben und am Silvesterabend des folgenden Jahres laut vorlesen. Die Ergebnisse waren faszinierend.

Ein Mann hatte geschrieben: „Alles, was ich vermutlich im nächsten Jahr zu erwarten habe, ist noch mehr von diesem Elend." Was glauben Sie, was er bekommen hat?

Eine Frau hatte zehn Ziele aufgeschrieben, die sie erreichen wollte. Neun davon hatte sie tatsächlich erreicht, als sie wieder zusammentrafen. Sie gab zu, dass sie erwartet hatte, diese Ziele zu erreichen. Darum hatte sie auch mit vollem Einsatz an ihrer Verwirklichung gearbeitet.

Ein anderer Mann hatte geschrieben: „Da keiner in meiner Familie älter als 60 geworden ist, werde wahrscheinlich auch ich dieses Jahr sterben." Er starb einen Monat vor seinem 60. Geburtstag!

Alle waren überrascht, als sie feststellten, dass jeder genau das bekommen hatte, was er erwartet hatte.

Erwarten Sie, dass Ihnen etwas gelingt! Öffnen Sie sich für neue Ideen, in dem Bewusstsein, dass alle Energie, alle Mittel und jede Unterstützung, die Sie brauchen, aus Gottes unerschöpflichem Reichtum kommen. Es stehen Ihnen alle Möglichkeiten offen, weil Sie auf einen unbegrenzten Reichtum zurückgreifen können.

---

*Gott segnet und überschüttet mich
mit seinem großen Reichtum.
Ich will erwarten, dass mir Dinge gelingen!*

20. Mai

Der Segen Gottes

„Bringt den ganzen Zehnten ins Vorratshaus [...] und wartet, ob ich euch dann nicht die Schleusen des Himmels öffne und Segen im Übermaß auf euch herabschütte" (Maleachi 3,10).

Regel Nr. 7: Lernen Sie, positiv zu reagieren!
Dr. Norman Vincent Peale wurde einmal gefragt, wo er mit dem positiven Denken an Grenzen stoße. Er antwortete: „Ich wende es in allen Situationen an, auf die ich selbst Einfluss habe."

Es wird in Ihrem Leben immer Situationen geben, die Sie nicht beeinflussen können, z. B. wenn ein geliebter Mensch bei einem Autounfall ums Leben kommt. Auf ein tragisches Geschehen wie dieses haben Sie keinen Einfluss. Aber es liegt bei Ihnen, wie Sie darauf reagieren!

Was würden Sie tun? Welchen Einfluss hätte ein solches Ereignis auf Sie? Ein Unglück lässt uns nie so zurück, wie es uns angetroffen hat. Es verändert uns. Und auch wir können negative Ereignisse dahingehend nutzen, dass sie Gutes bewirken. Werden Sie zu einem Menschen, der positiv reagiert! Denken Sie nach und holen Sie aus jeder Situation das Beste heraus!

J. Wallace Hamilton berichtet, dass er sich einmal im heftig umkämpften Sperrgebiet zwischen dem palästinensischen und israelischen Sektor befand. Dort fiel ihm ein kleiner Junge auf, der auf einer Flöte spielte. Er winkte diesen zu sich und sah, dass seine Flöte aus einem Gewehrlauf geschnitzt worden war. Aus einem Instrument, das zur Vernichtung dient, hatte jemand ein Instrument gemacht, auf dem man schöne Klänge erzeugen konnte! Das bedeutet es, positiv zu reagieren. Das bedeutet, Hindernisse in Möglichkeiten zu verwandeln!

Auch jetzt wirkt der Heilige Geist in uns, um uns für Neues offen zu machen. Wenn wir beten, fangen wir an, in die Ideen und Haltungen Gottes einzustimmen. Öffnen Sie sich für seinen überfließenden Segen!

Der Geist Gottes verändert meine innere Haltung.
Ich will lernen, positiv zu reagieren!

Die Macht des Gebets

21. Mai

„Herr, lehre uns beten" (Lukas 11,1)

Ich halte viel von Gebet. Es ist die Gemeinschaft meines Herzens mit dem Herzen des ewigen Gottes. Gebet hat Macht, verschiedene Dinge in meinem Leben zu bewirken. Heute möchte ich Ihre Aufmerksamkeit auf die Macht des Gebets lenken, die uns dazu befähigt, alle negativen Gefühle aus unserem Leben fortzuspülen.

Wenn wir das Leben in Fülle haben möchten, das Jesus uns anbietet, dann ist es notwendig, dass wir alle schädlichen Emotionen aus unserem Herzen verbannen – Furcht, Misstrauen, Argwohn, Hass, Groll, Eifersucht, Unsicherheit und Selbstmitleid. Jesus Christus hat die Macht, unser Leben von diesen bedrückenden Gefühlen zu befreien. Er will sie durch Positives ersetzen – durch Liebe, Hoffnung, Fröhlichkeit, Freude, Optimismus, Begeisterung und Selbstvertrauen.

Ich geriet einmal mit einem Menschen aneinander, der ein großer Unruhestifter war. Er zerstörte das Leben seiner Frau, seines Sohnes und noch vieler anderer Menschen. Ich versuchte, ihm zu helfen, aber er wandte sich auch gegen mich. Das war eine schlimme Erfahrung. Ich wachte mitten in der Nacht auf, und mein Herz war voller negativer Gefühle, sobald ich nur an ihn dachte. Ich bin fest davon überzeugt, dass es nicht richtig ist, so negativ über Menschen zu denken, wenn man Christ ist und Jesus nachfolgen will.

Ich lag also in meinem Bett und bat Gott darum, diese negativen Gefühle von mir zu nehmen. Ich stellte mir vor, dass ich ein Auto auf einer Hebebühne sei und der Mechaniker stünde unter mir in der Grube. Dass er einen Verschluss öffnen und das ganze schmutzige alte Öl auslaufen lassen würde. Und genau das tat Christus mit meiner Einstellung diesem Mann gegenüber. Es war ein Wunder!

Gebet wirkt Wunder! Wenn ich bete, wirkt Gott!

22. Mai — Die Macht des Gebets

„Ich liebe den Herrn, denn er hört mich, wenn ich zu ihm um Hilfe schreie. [...] darum bete ich zu ihm, solang ich lebe" (Psalm 116,1–2; Gute Nachricht).

Ruth Carter Stapleton berichtete einmal in unserer Gemeinde über ihre Erfahrungen mit dem Gebet: „Als meine Tochter zur Schule kam, bekam sie plötzlich schreckliche Schmerzen. Bis zu dieser Zeit hatte ich mein geliebtes kleines Mädchen nie aus den Augen gelassen. Es war meine eigene, unbewusste Unsicherheit, die mich zu dieser Überbehütung veranlasst hatte. Als sie also zur Schule kam, vermisste sie diese ständige Aufmerksamkeit und wurde krank. Ich brachte sie zu verschiedenen Ärzten, aber als alle sagten, dass es kein physisches Problem sei, konsultierte ich einen Psychiater.

Dort wurde mir bestätigt, dass meine Tochter schwere emotionale Probleme hätte und viermal in der Woche Therapie bräuchte. Sie wollten sie auf die Warteliste setzen und sich wieder bei uns melden.

Ich war am Boden zerstört. Mein Kind war psychisch krank und ich war schuld daran! Ich brachte mein kleines Mädchen wieder nach Hause und fing an, jeden Abend für sie zu beten. Ich wartete damit, bis alle im Haus schliefen, weil ich nicht sicher war, ob Gott meine Gebete erhören würde. Ich betete jeden Abend: ‚Herr, überbrücke du den gähnenden Abgrund zwischen der Liebe, die sie bekommen hat, und der, die sie eigentlich gebraucht hätte.'

Sieben Monate später erreichte uns ein Anruf aus der Klinik, dass die Therapie beginnen könne. Ich brachte sie sofort hin und man untersuchte sie zwei Tage lang. Zu unser aller Überraschung kam dabei heraus, dass meine Tochter vollkommen gesund war.

Als ich betete, griff Jesus in die Vergangenheit zurück und füllte den Mangel aus. Das war der Anfang meines Gebetslebens."

Jesus verändert mich, wenn ich bete!

Die Macht des Gebets

23. Mai

„Durchforsche mich, Gott, sieh mir ins Herz, prüfe meine Wünsche und Gedanken! Und wenn ich in Gefahr bin, mich von dir zu entfernen, dann bring mich zurück auf den Weg zu dir!"
(Psalm 139,23–24; Gute Nachricht).

Viele Briefe erreichen unsere Sendung *Hour of Power* und jeder von ihnen ist etwas Besonderes. Der folgende Brief hat mich aber besonders berührt:

„Vor zwei Monaten glaubte ich noch nicht an Gott. Ich habe viermal versucht, mich umzubringen. Ich habe Gott gehasst. Mein Leben bedeutete mir nichts mehr. Keiner konnte mir helfen, weder die Ärzte noch mein Mann. Doch dann bestand er eines Sonntags darauf, dass ich mir Ihre Sendung ansah. Sie sprachen gerade darüber, wie man aus Feinden Freunde machen kann. Das brachte mich zum Nachdenken.

Ich habe meine Eltern viele Jahre lang nicht gesehen. Ich habe sie gehasst, weil sie mich als Kind in ein Pflegeheim gegeben haben. Sie versuchten zwar, wieder Kontakt zu mir aufzunehmen, aber ich habe nicht darauf reagiert. Sie standen ganz oben auf der Liste meiner Feinde!

Sobald ich dies begriff, beschloss ich, endlich wieder Freundschaft mit ihnen zu schließen. Ich bat meinen Mann, sie mit mir zu besuchen, und als ich vor ihnen stand, dachte ich, sie würden einen Herzanfall bekommen. Wir konnten miteinander reden und ich habe ihnen vergeben. Ich denke, dieser Abend war der schönste Abend meines Lebens. Von da an waren alle Bitterkeit und alle Wut wie weggefegt. Jesus kann wirklich Dinge verändern!"

Lassen Sie zu, dass alle negativen Gefühle aus Ihrem Leben weggespült werden, wenn Sie beten. Fällt Ihnen noch jemand ein, dem Sie schreiben oder den Sie anrufen sollten? Warum setzen Sie sich nicht gleich hin und machen einen Feind zu einem Freund?

Ich will Gott erlauben, alle meine negativen Gefühle wegzuspülen. Die Heilungskraft Gottes erstreckt sich auf alle meine Beziehungen!

24. Mai　　　　　　　　　*Die Macht des Gebets*

„Du aber geh in deine Kammer, wenn du betest, und schließ die Tür zu; dann bete zu deinem Vater, der im Verborgenen ist. Dein Vater, der auch das Verborgene sieht, wird es dir vergelten" (Matthäus 6,5).

Sulwit Shoorar, ein bekannter Inder aus New Delhi, wurde Christ. Nach seiner Umkehr ließ er seine Haare wachsen, bis sie in langen Locken auf seine Schultern fielen, kleidete sich in eine weiße Tunika mit einer goldbestickten Weste, und an seinen braunen Füßen trug er Sandalen.

Man bat ihn, zu einer Vortragsreihe nach Amerika zu kommen und gab ihm eine New Yorker Adresse als erste Anlaufstelle. Shoorar hob sie sorgfältig auf.

In New York angekommen, gab er das Stück Papier einem Taxifahrer, der ihn dorthin fuhr. Shoorar bezahlte das Taxi, stieg aus und läutete an der Tür.

Der kleine Sohn des Pfarrers öffnete und starrte den weiß gekleideten großen Mann mit seinen langen, braunen Locken aus weit geöffneten Augen an. Der Mann aus Indien blickte den Jungen freundlich an und sagte: „Mein Name ist Sulwit Shoorar. Ist dein Vater zu Hause?"

Der Kleine stammelte: „Einen Augenblick, bitte!" und rannte ins Haus, um seinen Vater zu holen. Dieser fragte, wer an der Tür sei. „An seinen Namen kann ich mich nicht mehr erinnern, Daddy", sagte der Junge. „Aber es sieht ganz so aus, als ob es Jesus wäre."

Das Gebet verleiht mir die Macht, etwas zu gewinnen – nämlich die Fähigkeit, Jesus immer ähnlicher zu werden.

Jesus ist für mich die wichtigste Person!
Ich liebe es, im Gebet mit ihm zu sprechen!

Die Macht des Gebets 25. Mai

„Wirf deine Sorge auf den Herrn, er hält dich aufrecht" (Psalm 55,23).

Gebet ist eine Macht, die etwas von uns nimmt, eine Macht, die uns etwas dazugewinnt, und eine Macht, die uns aufrecht hält. Letztere ist es, die uns die Kraft gibt, durchzuhalten und nicht aufzugeben.

Nach dem Zweiten Weltkrieg fand man in einem Keller in Deutschland eine Inschrift, die ein dort versteckter Jude zusammen mit einem Davidsstern in die Wand gekratzt hatte:

„Ich glaube an die Sonne, auch wenn sie nicht scheint.
Ich glaube an die Liebe, auch wenn ich sie nicht fühle.
Ich glaube an Gott, auch wenn er schweigt."

Das ist ein Glaube, der voller Kraft ist. Diese Art von Glauben kennen nur Menschen, die treu beten. Auch wenn sie von Dunkelheit umgeben sind, sonnen sie sich immer noch im warmen Licht der Gegenwart Gottes.

Wenn Sie sich in irgendeinem dunklen Kellerloch versteckt halten müssten, was würden Sie in die Wand ritzen? Schreiben Sie Ihre persönliche Glaubenstrilogie auf:

Ich glaube an _____

Ich glaube an _____

Ich glaube an _____

Amen!

Ich will dem Herrn singen,
weil er mich durch seine Kraft aufrecht hält!

26. Mai — Die Macht des Gebets

*„Die Worte meines Mundes mögen dir gefallen; was ich im Herzen er-
wäge, stehe dir vor Augen, Herr, mein Fels und mein Erlöser"*
(Psalm 19,15).

Der Direktor eines der größten Stahlunternehmen unseres Landes lernte einmal eine wichtige Lektion. Eines Tages kam ein
Mann in sein Zimmer und sagte: „Sir, ich weiß, dass Sie viele Berater
haben, aber geben Sie mir nur fünf Minuten Ihrer Zeit. Wenn das, was
ich Ihnen zu sagen habe, Sie nicht interessiert, dann schulden Sie mir
nichts. Wenn ich Ihnen aber damit helfen konnte, dann kann mir die
Gesellschaft einen Scheck in der Höhe ausstellen, den dieser Rat in
Ihren Augen wert ist."

Der Direktor sagte barsch: „Also gut, fünf Minuten." Der Mann
fuhr fort: „Hier ist ein Blatt Papier. Machen Sie darauf eine Liste von
allem, was Sie heute erledigen müssen. Nummerieren Sie jetzt bitte
all diese Dinge nach dem Grad ihrer Relevanz." Der Direktor tat, wozu
er angehalten wurde.

„Beginnen Sie jetzt mit Punkt 1", sagte der Mann, „und arbeiten
Sie an keiner weiteren Sache, bis dieser Punkt abgehakt ist. Dann
gehen Sie zu Punkt 2 über und machen dasselbe. Wenn Sie und Ihre
Angestellten diesen Rat befolgen, dann wird sich die Unternehmens-
führung, die Organisation und der Profit Ihrer Gesellschaft deutlich
verbessern." Sechs Monate später erhielt der Mann einen Scheck über
25 000 Dollar.

Warum sollten wir nicht dasselbe tun, wenn wir beten? Erstellen
Sie eine Liste aller wichtigen Dinge, für die Sie beten möchten. Dann
nummerieren Sie diese nach dem Grad ihrer Relevanz und fangen an,
treu für Nummer 1 zu beten. Wahrscheinlich möchten Sie auch noch
für andere Dinge beten, die Ihnen am Herzen liegen, aber machen Sie
es sich zur Regel, jedes Mal, wenn Sie beten, auch für Nummer 1 zu
beten. Dann sollten Sie sich auf etwas gefasst machen – denn Gott ist
dabei, etwas Großes zu tun!

---

*Die Macht des Gebets verändert mein Leben
und das anderer Menschen!*

Die Macht des Gebets   27. Mai

„Ach, Herr, bring doch Hilfe! Ach, Herr, gib doch Gelingen!"
(Psalm 118,25).

Dr. Viktor Frankl definiert Liebe folgendermaßen: „Liebe ist der Wunsch, das Potenzial in anderen zu wecken."

So liebt uns Gott! Und auf diese Art werden wir auch von Jesus geliebt! Er möchte die Möglichkeiten zum Vorschein bringen, die in uns angelegt sind.

Michelangelo bearbeitete einen großen Marmorblock, den viele Bildhauer vor ihm schon verworfen hatten, weil er zu lang und zu schmal war. Wenn man ihn fragte, was er daraus machen wolle, sagte er: „Ich kann darin David sehen." Er meißelte und feilte, und als er fertig war, war es David. Michelangelo hatte David schon im Marmor gesehen und er schuf einen David aus Marmor.

Bitten Sie Gott, dass er damit beginnt, Ihnen all die wunderbaren Möglichkeiten aufzudecken, die noch in Ihnen verborgen liegen.

> *Dass ich an etwas glauben kann,*
> *ist der Anfang des Erfolgs.*

28. Mai — Leben in Fülle

„Der Herr hat dich wissen lassen, Mensch, was gut ist und was er von dir erwartet: Halte dich an das Recht, sei menschlich zu deinen Mitmenschen, und lebe in steter Verbindung mit deinem Gott"
(Micha 6,8; Gute Nachricht).

Dione Neutra, eine liebe alte Bekannte, war 40 Jahre lang mit dem international bekannten Architekten Richard Neutra verheiratet, der auch unseren ersten Gottesdienstraum gestaltete. Als Richard vor einigen Jahren starb, überraschte Dione jedermann damit, dass sie ein ungeheuer dynamisches Leben entfaltete. Sie schrieb uns oft und berichtete davon.

In einem ihrer Briefe stand zu lesen:

„Die Leute sind immer wieder erstaunt über meine Vitalität. Sie sagen mir, dass ich damit auch sie anstecke. Das verstehe ich nicht. Manche sagen mir, dass ich nicht zu altern scheine, aber wenn ich in den Spiegel sehe, weiß ich, dass das nicht stimmt.

Ich bin verblüfft, dass gerade ich für andere inspirierend sein soll. Richard war doch immer der, der die großartigen Einfälle hatte. Wie ist es möglich, dass ich jetzt andere inspiriere? Ich werde alt. Aber es stimmt auch, dass ich große Lebensfreude habe. Ich habe immer ein Ziel vor Augen. Es gibt immer eine Aufgabe, der ich mich widme. Und ich habe Spaß daran, etwas zu tun. Wenn es manchmal weniger Spaß macht, dann sage ich mir, dass das eben zum Leben dazugehört, und halte durch. Es ist mir rätselhaft, warum gerade ich auf andere inspirierend wirken sollte.

Vor kurzem traf ich eine Frau, die sich nach dem Tod ihres Mannes vollkommen verloren fühlte. Sie wusste nicht, was sie mit ihrem Leben anfangen sollte. Ich aber weiß genau, was ich mit den wenigen Jahren, die ich noch habe, anfangen möchte. Vielleicht liegt darin das Geheimnis!"

Ein erfülltes Leben beginnt damit, dass wir Ziele im Leben haben!

Ich schöpfe aus der Fülle Gottes.
Und ich weiß, wozu ich lebe.

Leben in Fülle

29. Mai

„Verlass dich nicht auf deinen Verstand, sondern setze dein Vertrauen ungeteilt auf den Herrn! Denk an ihn bei allem, was du tust; er wird dir den richtigen Weg zeigen" (Sprichwörter 3,5–6; Gute Nachricht).

Ich werde oft gefragt: „Wie kann ich erkennen, was Gottes Wille für mein Leben ist?" Normalerweise antworte ich darauf: „Diese Frage ist falsch gestellt. Sie müsste eigentlich lauten: Wie kann ich den Plan erfüllen, den Gott für mein Leben hat?"

Gottes Wille für unser Leben ist sonnenklar. Er wünscht sich nichts mehr als eine Beziehung zu uns. Das ist die Grundlage für alles Weitere. Gott möchte, dass wir diese Umkehr erleben. Zweitens will Gott, dass unser Leben gelingt. Denn er hat uns versprochen, dass uns alles gelingt, was wir tun, wenn wir uns den richtigen Weg von ihm zeigen lassen (vgl. Ps 1,3). Drittens will Gott, dass wir ihm dienen. So einfach ist das mit seinem Willen.

Die große Frage aber lautet: „Wie kann ich tun, was er für mein Leben plant?" Der Schlüssel zur richtigen Antwort liegt darin, dass wir erkennen, wozu wir leben. Was ist der Sinn und Zweck Ihres Lebens? Beschreiben Sie es kurz:

_____

_____

_____

Ich definiere meinen Lebenssinn als Christ folgendermaßen: Ein Verstand, durch den Christus denkt, ein Herz, durch das Christus liebt, eine Stimme, durch die Christus spricht, eine Hand, durch die Christus segnet, eine Seele, durch die Christus hindurchscheint.

Darin liegt Leben in Fülle!

*Herr, zeige mir deinen Plan für mein Leben,
heute und morgen!*

30. Mai

Leben in Fülle

„Ich bin gekommen, damit sie das Leben haben und es in Fülle haben" (Johannes 10,10).

*E*s ist überaus traurig, wenn man sieht, dass Menschen auf die leeren Versprechungen dieser Welt hereinfallen. Das erinnert mich an eine Geschichte, die Dr. Clovus Chapell, einer der großen Südstaatenprediger, erzählte:

„Ich kann mich noch gut daran erinnern, wie ich als Kind zur Sonntagsschule ging. Einmal fand dort an Weihnachten eine Feier statt. Es gab einen Weihnachtsbaum, unter dem für jeden ein Geschenk lag. Es war wunderbar.

In unserer Gruppe gab es einen geistig behinderten Jungen, der uns alle um einen Kopf überragte. Er saß da und wartete ungeduldig darauf, dass endlich sein Name genannt wurde. Ein Geschenk nach dem anderen wurde ausgeteilt, bis so gut wie alles weg war. Der Junge verlor allmählich die Hoffnung und war den Tränen nahe.

In diesem Moment zog der Weihnachtsmann hinter dem Baum ein großes Päckchen hervor und las seinen Namen. Ein Ausdruck erwartungsvoller Freude überzog seine Züge, als er das Päckchen ergriff, das Papier aufriss und die Schachtel öffnete. Und dann verwandelte sich die Freude schlichtweg in Verzweiflung. Irgendjemand hatte sich einen Scherz erlaubt, denn die Schachtel, die für diesen Jungen bestimmt war, war leer. Er schüttelte sie und rannte weg. Er ließ Kopf und Schultern hängen und Tränen strömten über seine Wangen. Ich werde diesen Anblick nie vergessen."

Sie werden vermutlich sagen: „Was für ein böser Streich!" Dem stimme ich zu. Aber die Welt spielt mir und Ihnen denselben Streich, wenn sie uns Dinge verspricht, ohne sie einzuhalten. Nur Jesus Christus kann ein erfülltes Leben schenken!

*Gott, ich danke dir, dass du alles hältst,
was du versprichst!*

Leben in Fülle

31. Mai

"Euch aber muss es zuerst um sein Reich und um seine Gerechtigkeit gehen; dann wird euch alles andere dazugegeben" (Matthäus 6,33).

Unsere Gesellschaft tritt mit schön verpackten Geschenken an uns heran, in denen sich nichts befindet. Hollywood zeigt uns Geld, Ruhm und jugendliche Schönheit und präsentiert diese leeren Hüllen als Quelle wahrer Zufriedenheit. Diese Dinge bringen jedoch keine Erfüllung. Dennoch bekommen wir jeden Tag diese leeren Versprechungen auf Plakaten, im Fernsehen und in Zeitschriften angeboten.

Identifizieren Sie diese Versprechungen oder zumindest diejenigen, die für Sie die größte Versuchung darstellen:

_____

_____

_____

_____

Lesen Sie jetzt noch einmal den heutigen Bibelvers (Mt 6,33). Schreiben Sie diesen Vers noch einmal in eigenen Worten auf, indem Sie ihn in Beziehung zu den Versprechungen unserer Gesellschaft setzen:

_____

_____

_____

> *Das Reich Gottes soll in meinem Leben an erster Stelle kommen!*

1. Juni

Leben in Fülle

„Herr, deine Güte reicht, so weit der Himmel ist [...]. Denn bei dir ist die Quelle des Lebens" (Psalm 36,6.10).

Wann immer ich vor der Versuchung stehe, mir wieder etwas Neues zu kaufen, muss ich an Dan Crawford, Livingstones Nachfolger, denken. Crawford lebte 28 Jahre lang in Afrika.

Nach etwa 22 Jahren erwog Crawford, wieder nach Hause zurückzukehren, und erklärte einem Bantu-Häuptling: „Ich war lange hier, und ich denke, ich werde jetzt wieder nach Hause gehen."

Der Häuptling erkundigte sich: „Wo ist das, zu Hause?"

„In England", antwortete Crawford.

Sie setzten sich hin, und Crawford erzählte seinem schwarzen christlichen Bruder, wie es in England aussieht. Er beschrieb ihm die Schiffe, die übers Meer segeln. Er erzählte ihm von den langen Eisenbahnen, deren Lokomotiven große Rauchwolken ausstoßen, und von den großen Brücken aus Stahl, die sich über die Flüsse seiner Heimat spannen.

Crawford fuhr fort: „Die Häuser dort haben einen Knopf, an dem man nur zu drehen braucht. Dann kommt drinnen im Haus Wasser aus einem Rohr geflossen. Man kann sich damit waschen oder ein Bad nehmen. Man kann sogar zur Wand gehen und auf einen Knopf drücken, dann wird es hell im Raum."

Als Crawford sich immer mehr in seinen Erinnerungen verlor, unterbrach ihn schließlich der alte Häuptling: „Und das ist alles?" Crawford schwieg. Dann sagte der Alte: „Bessere Lebensbedingungen zu haben, bedeutet nicht, es besser zu haben!"

In der Tat, heute könnte das sogar heißen, es schlechter zu haben. Doch unser Leben kommt wieder ins Lot, wenn Jesus Christus in den Mittelpunkt rückt. Leben in Fülle hat nichts mit materiellen Gütern zu tun!

Ich will Gott für den Fortschritt der Welt danken. Aber mein Leben ist auf Gott gegründet und ich lebe aus seiner Fülle!

Leben in Fülle 2. Juni

"Glücklich das Volk, dessen Gott der Herr ist!" (Psalm 144,15).

Was bringt Ihnen in Ihrem Leben die größte Erfüllung? Die Einladung ist vorbei, die Gäste sind wieder weg, die Tabletts sind leer gegessen und alles ist ruhig. Was macht Sie wirklich zufrieden? Denken Sie einen Augenblick nach und erstellen Sie dann eine Liste:

_____

_____

_____

_____

Lesen Sie jetzt noch einmal den obigen Vers aus Psalm 144. Beschreiben Sie, worin für Sie „Glück" besteht:

Wahrhaft glückliche Menschen sind . . .

_____

_____

_____

_____

Ich will Gott ein Lied singen, weil ich ihm so dankbar bin!

3. Juni — *Leben in Fülle*

„Gebt, dann wird auch euch gegeben werden. In reichem, vollem, gehäuftem, überfließendem Maß wird man euch beschenken; denn nach dem Maß, mit dem ihr messt, wird auch euch zugeteilt werden" (Lukas 6,38).

E. Stanley Jones hat nachdrücklich auf die Bedingungen hingewiesen, an die das Leben in Fülle, das Gott uns versprochen hat, geknüpft ist. Alle Verheißungen Gottes sind an Bedingungen geknüpft. Denn Gott darf nicht nur geben – es ist nötig, dass er uns so gibt, dass wir von seinen Geschenken nicht erstickt, sondern angespornt werden. Gott will uns nicht nur beschenken, er will uns zur Entfaltung bringen.

Leben in Fülle bedeutet nicht, dass wir fortwährend empfangen. Überfließendes Leben hängt damit zusammen, dass wir überfließend geben. Jeder sollte haben, was er braucht, aber jeder sollte auch so viel geben, wie er kann. Frank Laubach drückt dies mit folgenden Sätzen aus: „Wir Menschen gleichen einem Rasensprenger. Ein Rasensprenger kann, so wie er ist, nicht viel bewirken, aber sobald man ihn an einen Schlauch anschließt und Wasser durch ihn fließen lässt, sorgt er für Wachstum und grüne Rasenflächen, auf denen Kinder herumtollen. Unser Leben soll nach dem Plan Gottes so etwas wie ein Rasensprenger für Jesus Christus sein."

Jesus sagte: „Aus eurem Innern werden Ströme von lebendigem Wasser fließen" (Joh 7,38). Das ist Gottes Ziel mit uns, das auch uns Erfüllung bringt. Im Vergleich dazu scheint alles, was uns von Gesellschaft und Kultur als Geschenk in schöner Verpackung angeboten wird, nur leere Versprechen zu sein. Das einzige Ziel, das Erfüllung bringt, ist Jesus Christus.

Ich möchte alles, was Gott mir geschenkt hat, auch mit anderen teilen!

Vergebung *4. Juni*

„Aber bei dir finden wir Vergebung."
Psalm 130,4 (Gute Nachricht)

„Du aber, Herr, unser Gott, bist voll Erbarmen! Wir brauchen deine Vergebung."
Daniel 9,9 (Gute Nachricht)

„Vergib uns unsere Schuld, wie auch wir allen vergeben haben, die an uns schuldig geworden sind."
Matthäus 6,12 (Gute Nachricht)

„Aber wenn ihr betet, sollt ihr euren Mitmenschen vergeben, falls ihr etwas gegen sie habt, damit euer Vater im Himmel auch euch die Verfehlungen vergibt."
Markus 11,25 (Gute Nachricht)

„Jesus aber betete: Vater, vergib ihnen, denn sie wissen nicht, was sie tun."
Lukas 23,34

„Lobe den Herrn, meine Seele, und alles in mir seinen heiligen Namen! Lobe den Herrn, meine Seele, und vergiss nicht, was er dir Gutes getan hat: der dir all deine Schuld vergibt und all deine Gebrechen heilt."
Psalm 103,1–3

Ich will mein Leben heute unter die Herrschaft Gottes stellen, der mir zeigt, wo Dinge in meinem Leben nicht in Ordnung sind.

5. Juni — Vergebung

„[...] da ist die Gnade übergroß geworden" (Römer 5,20).

Ein angesehener englischer Geistlicher erzählte J. Wallace Hamilton: „Der Wendepunkt meines Lebens kam, als ich 17 war. Mit meinen Geschwistern gab es immer Streit. Ich war so etwas wie das schwarze Schaf der Familie. Wir stritten andauernd miteinander.

Eines Abends, als wieder alle auf mir herumhackten, konnte ich es nicht mehr ertragen. Ich sprang auf und schrie: ‚Ich will hier raus!' Ich rannte die Treppe hinauf und da stand meine Großmutter im dunklen Flur. Sie hatte alles mit angehört. Sie hielt mich an und legte mir die Hand auf die Schulter. Mit Tränen in den Augen sagte sie nur wenige Worte, aber diese veränderten mein Leben. Sie sagte: ‚John, ich glaube an dich.'"

Stellen Sie sich vor, dass Gott jetzt in diesem Augenblick die Hand auf Ihre Schulter legt und zu Ihnen sagt: „Ich habe alles gehört, und du sollst wissen, ich glaube an dich!"

Das ist ein großer Augenblick. Der Glaube erwacht zu neuem Leben, wenn wir erfahren, dass Gott uns annimmt und uns vergibt.

Gott, du glaubst an mich!
Ich danke dir für diesen Gedanken!

Vergebung *6. Juni*

"Wenn wir aber unsere Verfehlungen eingestehen, können wir damit rechnen, dass Gott treu und gerecht ist: Er wird uns dann unsere Verfehlungen vergeben" (1. Johannes 1,9; Gute Nachricht).

Schreiben Sie Gott einen Dankesbrief dafür, dass er Ihnen vergibt:

Lieber Gott,

_____

_____

_____

_____

_____

Gott hat mir vergeben und vergibt mir immer wieder, wenn ich ihn darum bitte!

7. Juni — Vergebung

„Herr, du bist freundlich und bereit, Schuld zu vergeben"
(Psalm 86,5; Gute Nachricht).

Es gibt eine Legende über die schöne Helena, deretwegen ja der Trojanische Krieg ausbrach. Die Legende berichtet, dass sie bei einem der zahlreichen Kämpfe, die ihretwegen ausgefochten wurden, verloren ging. Als sich das Heer wieder nach Griechenland aufmachen wollte, war sie auf keinem der Schiffe zu finden. Ihr Ehemann König Menelaos beschloss, nach ihr zu suchen, obwohl er sich damit in große Gefahr brachte. Schließlich fand er sie in einem kleinen Fischerdorf. Helena litt an Amnesie und hatte vergessen, wer sie war. Sie war auf den tiefsten Stand gesunken, den es gab, und lebte als Prostituierte.

Menelaos fand sie in Schmutz und Lumpen, Schmach und Schande vor. Er sah sie an und rief sie beim Namen: „Helena!" Sie drehte sich um. „Du bist Helena von Troja!" Bei diesen Worten straffte sich ihr Rücken und sie sah wieder wie eine Königin aus. Ihre Ehre war wiederhergestellt!

Es ist möglich, dass Sie sich klein, hässlich und entehrt fühlen, weil Sie nicht wissen, wer Sie in Wahrheit sind. Sie gehören einer Königsfamilie an. Wenn Sie Jesus Christus in Ihr Leben aufnehmen, gehören Sie zur Familie Gottes. Sie sind nicht länger irgendeine verlorene Seele. Sie haben Vergebung empfangen und Ihre Würde ist wiederhergestellt!

Ich gehöre zur Familie Gottes!

Vergebung

8. Juni

„Jetzt ist es an der Zeit, dass ihr ihm verzeiht"
(2. Korinther 2,7; Gute Nachricht).

Liste der Menschen, denen ich vergeben sollte:

Ich habe große Mühe, folgenden Menschen zu vergeben:

_____

_____

Und zwar aus folgenden Gründen:

_____

_____

Weil Gott mir vergeben hat, will auch ich diesen Menschen vergeben:

_____

_____

Ich will sie davon in Kenntnis setzen und ihnen sagen:

_____

_____

_____

_____

Mit Gottes Hilfe habe ich die Kraft ein Mensch zu sein, der anderen vergibt!

9. Juni — *Vergebung*

"Wer Freundschaft halten will, verzeiht Unrecht"
(Sprichwörter 17,9; Gute Nachricht).

Bringen Sie heute Ihre Freude über die Vergebung dadurch zum Ausdruck, dass Sie ein kleines Gedicht schreiben. Das wird für niemanden zu schwierig sein. Die erste Zeile soll nur aus einem Wort bestehen – *Vergebung*. Die zweite Zeile soll aus zwei Wörtern bestehen und diese Vergebung beschreiben. Die dritte Verszeile soll drei Wörter umfassen und eine Handlung ausdrücken, die mit Vergebung zu tun hat. In der vierten Verszeile beschreiben Sie dann mit vier Wörtern, welche Gefühle durch die Vergebung bei Ihnen hervorgerufen werden.

Vergebung,
Geschenk Gottes,
macht mich frei,
unvorstellbar froh und glücklich!

Versuchen auch Sie es!

Je mehr ich vergebe, desto mehr Liebe erfahre ich.
Herr, ich danke dir für deine Vergebung!

Vergebung 10. Juni

„Legt jede feindselige Gesinnung ab! Seid freundlich und hilfsbereit zueinander und vergebt euch gegenseitig, was ihr einander angetan habt, so wie Christus euch durch Gott vergeben hat"
(Epheser 4,31–32; Gute Nachricht).

Im Zweiten Weltkrieg überrannten deutsche Truppen Belgien und zerstörten viele Städte. Einen Tag nach dem Ende des Krieges kam eine katholische Nonne mit einigen Schülerinnen an einer kleinen Kapelle am Rande eines Dorfes vorbei. Sie knieten nieder, um miteinander das Vaterunser zu beten. Aber es war ihnen nicht möglich, einen bestimmten Satz über die Lippen zu bringen.

Alles lag in Schutt und Trümmern und der Groll und Schmerz der vergangenen Jahre waren noch lebendig. Die kleine Gruppe unternahm einen zweiten Versuch: „Vergib uns unsere Schuld, wie auch wir..." Der folgende Satz wollte ihnen nicht über die Lippen kommen, bis ihn eine feste männliche Stimme aus dem Hintergrund für sie zu Ende brachte: „Wie auch wir vergeben unseren Schuldigern." Sie drehten sich um und sahen – König Albert! Großmütig war er ihnen den Weg der Vergebung vorausgegangen.

Christus, unser König, zeigt uns, wie wir Groll und Schmerz besiegen können. Es war unser König, der am Kreuz ausrief: „Vater, vergib ihnen, denn sie wissen nicht, was sie tun."

Vielleicht müssen auch Sie jemandem vergeben. Gott kann Ihnen dabei helfen, dass Vergebung für Sie zum Lebensstil wird. Und er wird Ihre Bitterkeit in Liebe und Freundlichkeit verwandeln.

Herr, du selbst willst mir jetzt dabei helfen,
anderen zu vergeben, so wie du mir vergeben hast.

11. Juni   *Gott kann es!*

„Gott kann unendlich viel mehr an uns tun, als wir jemals von ihm erbitten oder uns ausdenken können. So mächtig ist die Kraft, mit der er in uns wirkt. Ihm gehört die Ehre in der Gemeinde und durch Jesus Christus in allen Generationen, für Zeit und Ewigkeit!"
(Epheser 3,20–21; Gute Nachricht).

Was tun Sie, wenn Sie einen Punkt erreichen, an dem die Lasten, die Ihnen das Leben auferlegt, einfach zu schwer werden und Sie nicht mehr weiter können? Wie können Sie wieder festen Boden unter die Füße bekommen, wenn sich die ganze Welt unter Ihnen aufzutun droht? Wohin können Sie gehen, wenn Sie keine Antworten mehr auf Ihre Fragen finden und Gefahr laufen, alle Hoffnung zu verlieren?

Rufen Sie sich in Erinnerung, dass Gott mächtig ist! Auch wenn Sie nicht mehr wissen, wie Sie mit den Lasten Ihres Lebens fertig werden sollen, Gott weiß es! Der christliche Glaube bietet uns Hoffnung an. Und diese Hoffnung beruht auf der Macht Gottes!

Fühlen Sie sich heute durch etwas belastet? Das kann eine Last sein, die mit Ihrem eigenen Leben zu tun hat, oder ein Problem, das andere betrifft – einen Verwandten, einen Nachbarn, einen Arbeitskollegen. Glauben Sie daran, dass Gott nichts unmöglich ist, und schreiben Sie mehrere Möglichkeiten auf, wie er diese Last von Ihnen nehmen könnte:

_____

_____

Lesen Sie Epheser 3, Verse 20 bis 21 noch einmal, und wagen Sie daran zu glauben, dass Gott in der Lage ist, weit mehr zu tun, als Sie je von ihm erbitten können.

Gott hat die Macht!

Gott kann es! 12. Juni

"Seht doch nur in die Höhe! Wer hat die Sterne da oben geschaffen? [...] Jeden Stern ruft er einzeln mit Namen, und keiner bleibt fern, wenn er, der Mächtige und Gewaltige, ruft"
(Jesaja 40,26; Gute Nachricht).

Ich habe meine Kindheit auf einer Farm in Iowa verbracht und besaß nur sehr wenige Spielsachen. Das war in den Jahren der Dürre und der Wirtschaftskrise. Die wenigen Spielsachen, die wir hatten, waren entweder selbst gebastelt oder heiß begehrte Gegenstände, die wir auf irgendeinem Schrotthaufen gefunden hatten. Zu meinen größten Schätzen gehörte ein Teil einer alten Lupe.

Ich saß gerne in meinem Overall am Ufer des Flusses, um zu angeln. Doch wenn die Fische nicht anbeißen wollten, nahm ich die Scherbe dieses Vergrößerungsglases und richtete es auf die Blätter kleiner Pflanzen, auf winzige Ameisen oder auf einen Marienkäfer und studierte sie. Ich konnte Stunden damit verbringen, weil ich von all dem Leben, das mich umgab, so fasziniert war. Wie konnte sich Gott nur so winzige Dinge ausdenken und gleichzeitig auch so große Tiere wie Elefanten und Dinosaurier?

Wie groß ist Ihr Gott? Holen Sie heute das Vergrößerungsglas Ihres Glaubens heraus und richten Sie es auf die Schöpfung. Richten Sie es auch auf die Macht Gottes in Ihrem Leben. Gottes Macht wird sich vor Ihren Augen entfalten, wenn Sie Ihre Aufmerksamkeit darauf richten. Sie können sicher sein, das wird Sie in die Lage versetzen, alles zu bestehen, was Ihnen heute begegnet.

Herr, du bist um so vieles größer als mein Problem.
Du kannst mir helfen, es zu überwinden.
Ich will meinen Blick heute auf deine Macht richten!

13. Juni — Gott kann es!

„Der Herr wird seinem Volk Kraft geben, er wird es mit Glück und Frieden beschenken" (Psalm 29,11; Gute Nachricht).

Nach dem letzten Erdbeben, das wir hier in Kalifornien hatten, sagte jemand zu mir: „Dr. Schuller, nach diesem Beben frage ich mich: Wo ist Gott?" Es war nicht schwer, eine Antwort darauf zu finden. Ich entgegnete: „Nun, sehen Sie sich die heutigen Abendnachrichten an und Sie werden Gottes Wirken auf wirklich unglaubliche Weise zu sehen bekommen. So viele Menschenleben, die er auf wunderbare Weise gerettet hat! Es gibt so viele Geschichten, die seine souveräne Hilfe bezeugen."

Möchten Sie das Wirken Gottes in dieser Welt auf eine Weise sehen, die man hautnah spüren und begreifen kann? Dann achten Sie darauf, was nach einem Erdbeben passiert! Ich hörte den Bericht eines Mannes, der die Katastrophe als Einziger überlebte, als der Wohnblock, in dem er zu Hause war, dem Erdboden gleichgemacht wurde. Er erzählte, dass jeder, der dazu in der Lage gewesen war, verzweifelt nach Überlebenden gesucht hatte, auch wenn er sich dabei selbst in Gefahr brachte.

Wo ist Gott? Wie wirkt er? Welche Art von Gott ist er? Achten Sie einmal darauf, und Sie werden überrascht sein, dass sich die Herzen der Menschen plötzlich weit öffnen, wenn die Erde bebt und schwankt. Sie stellen sich freiwillig zur Verfügung, mit ihrem Herzen, mit ihrer Hoffnung und mit ihren Händen. Wo ist Gott jetzt? Er ist überall. Er liebt durch Menschenherzen. Er spricht aus vielen Gesichtern. Er heilt und rettet Menschenleben. Ist er in Ihrem Leben? Glauben Sie an ihn? Er will Sie motivieren. Er bittet um Ihre Hilfe. Er braucht Sie. Werfen Sie sich in seine Arme. Wo ist Gott heute? Darf er in Ihnen sein?

Herr, hier bin ich.
Gebrauche mich, um einem Menschen
deine Liebe praktisch zu zeigen.

Gott kann es! 14. Juni

"Denn ich weiß, wem ich Glauben geschenkt habe, und ich bin überzeugt, dass er die Macht hat, das mir anvertraute Gut bis zu jenem Tag zu bewahren" (2. Timotheus 1,12).

Die Geschichte von George Smith, einem Herrnhuter Missionar, hat mich sehr bewegt. Sein ganzes Leben lang hatte er den Wunsch, als Missionar nach Afrika zu gehen. Alles, was er tat, war auf dieses eine Ziel ausgerichtet.

Endlich hatte er seine Vorbereitungen beendet und segelte nach Afrika. Sein Lebenstraum und seine Berufung wurden Wirklichkeit. Doch er war erst wenige Monate im Land, als er von der Regierung des Landes verwiesen wurde. Man vertrieb ihn, aber der eine Mensch, der durch ihn zum Glauben gekommen war – eine alte Frau –, blieb zurück. George Smith starb noch in jungen Jahren. Bis zu seinem Todestag betete er für Afrika und die Menschen, die er in sein Herz geschlossen hatte.

Man stelle sich vor – er verbrachte sein ganzes Leben damit, sich auf einen Dienst vorzubereiten, der nur wenige Monate dauerte, um dann jung zu sterben! Aber 100 Jahre später war der Same aufgegangen, den er in das Herz einer alten Frau gelegt hatte, und hatte sich zu 13 000 afrikanischen Christen vervielfältigt!

Jeder kann sehen, was an der Oberfläche ist – jeder kann die Kerne zählen, die in einem Apfel stecken. Doch Gott zählt schon die Äpfel, die in einem Kern stecken! Er allein weiß von Anfang an, wie etwas ausgehen wird. Gott hat alle Macht! Wenn Sie im Vertrauen darauf vorangehen und das vervielfältigen, was Gott tun möchte, sind Sie Teil dieser Macht!

Ich bin in Gott verankert und fühle mich sicher und stark!

15. Juni

Gott kann es!

"Dem einen Gott aber, der die Macht hat, euch vor jedem Fehltritt zu bewahren und euch untadelig und voll Freude vor seine Herrlichkeit treten zu lassen, ihm, der uns durch Jesus Christus, unseren Herrn, rettet, gebührt die Herrlichkeit, Hoheit, Macht und Gewalt vor aller Zeit und jetzt und für alle Zeiten. Amen" (Judas 24).

Das Gleichnis vom Sämann (vgl. Mt 13,18–23) vermittelt uns zwei wichtige Einsichten darüber, wie es möglich wird, dass unser Glaube Früchte trägt.

Erstens: Nehmen Sie das Wort Gottes in einer *erwartungsvollen Haltung* auf. Denken Sie dabei an die Worte Jesu: „Für Gott ist alles möglich" (Mt 19,26).

Zweitens: *Handeln Sie so, als ob etwas möglich wäre.* Der Sämann muss den Samen aussäen. Er muss aufs Feld gehen und arbeiten. Für uns bedeutet das, im Glauben zu handeln, dass für Gott alles möglich ist. Wie macht man das?

Gibt es einen Bereich in Ihrem Leben, in dem Sie heute die Macht Gottes erfahren möchten? Beschreiben Sie, wie Sie leben und was Sie tun würden, *wenn* Gott seine ganze Macht auf diesen Punkt gerichtet hätte:

_____

_____

_____

_____

_____

*Herr, hilf mir heute im Glauben zu leben,
dass für dich alle Dinge möglich sind!*

Gott kann es! 16. Juni

„Darum kann er auch vollständig und für immer alle retten, die sich durch ihn an Gott wenden" (Hebräer 7,25; Gute Nachricht).

Als ich das erste Mal die Sowjetunion besuchte, kam ich auch in das Museum für Atheismus in Luvov. Ich bat Gott um eine Gelegenheit, ein paar Worte mit unserer jungen kommunistischen Reiseführerin sprechen zu können.

Als der Rundgang beendet war, lächelte ich sie an und sagte: „Bevor ich Ihnen auf Wiedersehen sage, habe ich noch eine gute Nachricht für Sie."

„Welche denn?", fragte sie.

Ich blickte ihr fest in die Augen und entgegnete: „Gott liebt Sie, auch wenn Sie nicht an ihn glauben. Sie können Atheist sein. Das steht Ihnen frei. Aber das macht für Gott nicht den geringsten Unterschied. Er liebt Sie auch dann, wenn Sie nicht an ihn glauben." Sie rang sichtlich nach Luft.

Noch heute habe ich den Eindruck, dass das einer der kostbaren Augenblicke meines Lebens war, in denen der Heilige Geist mich zu einer spontanen Äußerung inspirierte. Ich bin sicher, dass sich dieser Satz, zu dem mich der Heilige Geist drängte, tief in ihr Bewusstsein eingegraben hat und nicht mehr auszulöschen ist! Ich glaube fest daran, dass dieser Gedanke zu einer Art „Tätowierung" ihrer Seele geworden ist. Und ich zweifle nicht daran, dass sie zum Glauben gefunden hat!

Wenn Sie vom Heiligen Geist dazu gedrängt werden, etwas zu tun oder zu sagen, dann schenken Sie dieser Eingebung Aufmerksamkeit. Gott kann diese Gedanken oder Handlungen nutzen, um scheinbar Unmögliches möglich zu machen! Gott hat die Macht!

Ich will heute auf die besonderen Botschaften achten, die Gott mir sendet.

17. Juni

Gott kann es!

*Gottes Geist fließt durch mich hindurch,
denn mein Gewissen ist rein.
Ich habe die richtige Entscheidung getroffen und
fürchte keine Schwierigkeiten.
Ich will ihnen ruhig und gelassen begegnen,
denn Gott ist mit mir.
Er wird mir helfen.
Wenn schlimme Zeiten auf mich zukommen,
wird er eingreifen.
Ich spüre, wie sein Geist die Zuversicht
in meinem Herzen wachsen lässt.*

*Mit ihm kann nichts misslingen.
„Wenn Gott für mich ist, wer kann dann gegen mich sein?"
Ich habe das feste Vertrauen,
dass alles wunderbar enden wird.*

*Gott, dafür danke ich dir.
Amen.*

Gott lebt und er will mir seine Gedanken schenken.

Gott sorgt für uns! 18. Juni

"Selig die Trauernden, denn sie werden getröstet werden"
(Matthäus 5,4).

Als Pastor ist es meine Aufgabe, Kontakt zu suchen mit Verletzten, Leidenden, Einsamen, Kranken und Sterbenden. Mehr als 20 Jahre lang bin ich über Friedhöfe gegangen und habe meinen Arm um Frauen und Männer, Väter und Mütter, Verwandte und Freunde gelegt. Ich habe an Krankenhausbetten gesessen und mit den Weinenden geweint. Glauben Sie mir, ich bin nicht blind für die Realität des Leidens.

William Saroyan sagte einmal in einem Fernsehinterview: „Das Leid ist wie eine dunkle Wolke, die ständig über unserem Leben schwebt." Keiner von uns kann dem natürlichen menschlichen Schmerz entkommen, der uns überfällt, wenn wir selbst betroffen sind oder wenn ein uns nahe stehender Mensch leidet.

Aber ich habe eine gute Nachricht für Sie! Jesus sagt: „Selig sind die Trauernden, denn sie werden getröstet werden." Oder mit den Worten eines großen Kirchenchorals: „Es gibt keinen Schmerz der Welt, den der Himmel nicht heilen könnte."

Es ist möglich, dass sich die Lücke in unserem Leben wieder schließt, indem sie durch eine neue Liebe ausgefüllt wird. Es ist möglich, dass das, was in uns zerbrochen ist, behutsam wieder repariert und zusammengefügt oder durch etwas Neues ersetzt wird. Es ist möglich, trotz gebrochenen Herzens wieder neu zu beginnen. Es ist möglich, weil Gott sich liebevoll darum kümmert!

Der Herr ist ganz gewiss auch in meinem
Leid und Schmerz bei mir, und ich vertraue darauf,
dass er für mich sorgt!

19. Juni

Gott sorgt für uns!

„Wer von euch Schweres zu ertragen hat, soll beten. [...] Das ständige Gebet eines Menschen, der so lebt, wie Gott es verlangt, kann viel bewirken" (Jakobus 5,13–16; Gute Nachricht).

Viele von uns sind einfach nicht bereit, auf Gottes Stimme zu hören, bis sie im Tal des Leids angekommen sind. Wenn uns das Leid aber wieder zu Gott zurückbringt, ist es dann nicht zu einem Segen für uns geworden?

Der Prophet Jesaja schrieb: „Im Todesjahr des Königs Usija sah ich den Herrn" (Jes 6,1). Es gibt viele Väter und Mütter, die sich durch den Tod ihrer Kinder Gott wieder zugewandt haben. „Aber was nutzt das dem Kind?", wird der Zyniker fragen. Jesus Christus antwortete auf diese Frage, als er sagte: „Wenn das Weizenkorn nicht in die Erde fällt und stirbt, bleibt es allein; wenn es aber stirbt, bringt es reiche Frucht" (Joh 12,24). Und: „Wer an mich glaubt, wird leben, auch wenn er stirbt" (Joh 11,25).

Es gibt keine Geburt ohne Geburtswehen. Und wir können nicht in die Ewigkeit kommen, ohne diese Geburtserfahrung zu machen, die in der Welt „Tod" genannt wird.

Müssen Sie Prüfungen und Schwierigkeiten bestehen? Freuen Sie sich darüber, denn Gott wird ein Licht auf Ihre Wege werfen. Er ist dabei, in Ihrem Leben die Voraussetzungen für einen wirkungsvolleren Dienst zu schaffen.

> *Den Dienst der Liebe können am besten zerbrochene Herzen versehen!*

Gott sorgt für uns! 20. Juni

„Bei euch aber sind sogar die Haare auf dem Kopf alle gezählt. Fürchtet euch also nicht! Ihr seid mehr wert als viele Spatzen"
(Matthäus 10,30–31).

William Cooper brauchte ein Wunder. Er hatte mehrfach versucht, sich umzubringen. Erst wollte er sich erhängen, aber der Strick zerriss. Darum ging er zum Fluss, denn er wusste, dass es unter einer Brücke eine tiefe Stelle gab. Aber auf der Brücke waren gerade so viele Menschen, dass er nicht springen konnte. Also ging er wieder nach Hause und nahm ein Schwert von der Wand, das dort zur Zierde hing. Er stürzte sich in das Schwert, aber die Schwertspitze traf auf eine Rippe, und es zerbrach in zwei Teile. Da rief William Cooper aus: „Herr, vergib mir!" Und in diesem Augenblick, so erzählt er, kam Jesus Christus in sein Leben. „Ich konnte seine Gegenwart spüren. Es war gewaltig. Er war wirklich da."

Er war wiedergeboren. Und er schrieb ein Gedicht, das zu einem bekannten Kirchenlied wurde.

Viele Jahre später zerstörte ein Tornado unser Haus, und wir verloren alles mit Ausnahme der Kleider, die wir auf dem Leib trugen. Wir gingen in die kleine Dorfkirche in Iowa, um miteinander zu beten, und raten Sie, welches Lied wir dort gesungen haben? Wir sangen das Lied, dessen Worte William Cooper nach seiner Umkehr geschrieben hat:

Gott geht oft rätselhafte Wege,
um Wunder zu bewirken;
er schreitet über wilde Wogen
und kommt im Sturm geflogen.
William Cooper

Gott sorgt für mich! Er ist Spezialist für Wunder und hat auch heute eines nur für mich bereit!

21. Juni — *Gott sorgt für uns!*

„Gepriesen sei der Gott und Vater Jesu Christi, unseres Herrn, [...] der Gott allen Trostes. Er tröstet uns in all unserer Not, damit auch wir die Kraft haben, alle zu trösten, die in Not sind" (2. Korinther 1,3–4).

Als John Wesley sich einmal mit einem befreundeten Bauern unterhielt, wunderte er sich darüber, dass eine Kuh ihren Kopf über die Mauer streckte. Er erkundigte sich: „Was veranlasst denn die Kuh, über diese Mauer zu schauen?"

Der Bauer entgegnete: „Nun, dafür gibt es eine einfache Erklärung. Sie schaut über die Mauer, weil sie nicht durch sie durchschauen kann."

Das Leben ist oft voller Probleme, Rückschläge, Zurückweisungen, Enttäuschungen und Entmutigungen. Selbst unsere Gebete scheinen unbeantwortet zu bleiben. Wir kommen an einen Punkt, an dem wir uns von Gott verlassen fühlen. Gebete helfen nichts und Gott scheint weit weg zu sein. Wir stoßen an eine Mauer!

Was können wir tun, wenn wir „gegen Mauern" laufen und den Eindruck haben, einfach nicht mehr weiterzukönnen? Bleiben Sie geduldig stehen und schauen Sie einfach über die Mauer hinweg! „Wir dürfen uns auch dann freuen, wenn wir mit Problemen und Schwierigkeiten konfrontiert werden, denn auch sie sind gut für uns; sie helfen uns, geduldig zu werden. Geduld aber stärkt unseren Charakter und hilft uns, Gott immer mehr zu vertrauen, bis unsere Hoffnung und unser Glaube schließlich fest und unerschütterlich geworden sind. Dann sind wir in der Lage, unseren Kopf jederzeit hoch erhoben zu tragen, egal, was passiert. Dann haben wir Gewissheit darüber, dass Gott uns liebt und dass alles gut werden wird. Und wir spüren, dass wir von seiner warmen Liebe vollständig eingehüllt sind, denn Gott hat unsere Herzen durch den Heiligen Geist randvoll mit dieser Liebe gefüllt" (freie Übersetzung von Röm 5,3–5).

*Ich kann mich im Leid darüber freuen,
dass Gott auch dies zu meinem Vorteil nutzen kann.*

Gott sorgt für uns! 22. Juni

„Ziehen sie durch das trostlose Tal, wird es für sie zum Quellgrund, und Frühregen hüllt es in Segen" (Psalm 84,7).

Vielleicht leiden Sie an einem tiefen Schmerz oder Sie trauern gerade. Oder jemand, der Ihnen nahe steht, geht durch ein Tal der Tränen. Dieser Schmerz und diese Trauer können und werden zu einer Quelle werden, die anderen Segen und Erfrischung bringt – das hat Gott versprochen! Glauben Sie daran! Leben Sie danach!

Ich bin sicher, dass es in Ihrer näheren Umgebung Menschen gibt, die heute Ihre Ermutigung brauchen. Geben Sie den Bibelvers für den heutigen Tag in eigenen Worten wieder. Nehmen Sie sich Zeit, um mit jemandem darüber zu sprechen:

_____

_____

_____

_____

_____

_____

_____

*Ich will auch unter Tränen daran glauben,
dass Gott ein wahres Meer von Segen
und Wohltaten für mich hat.*

23. Juni

Gott sorgt für uns!

"Kommt alle zu mir, die ihr euch plagt und schwere Lasten zu tragen habt. Ich werde euch Ruhe verschaffen" (Matthäus 11,28).

Ich sah sie inmitten der Menge. Es waren langjährige Freunde aus dem Mittleren Westen. Als ich auf sie zuging, kam mir wieder in Erinnerung, was ihren beiden Söhnen vor einigen Jahren an einem traurigen Sommermorgen zugestoßen war. Die beiden Jungen hatten sich auf dem See vergnügt, als das Floß, das sie gebastelt hatten, auseinander brach und der Jüngste ertrank. Keine zwei Jahre später kam auch der andere ums Leben, als ein Traktor auf dem Feld umstürzte und ihn unter sich begrub.

Ich begrüßte sie und fragte sie, woher sie die Kraft genommen hatten, weiterzumachen. Die tapfere Frau antwortete: "Jemand hat mir einen Brief geschickt, in dem eine einfache Zusicherung stand. In diesem Brief hieß es: Gott liebt dich immer noch! Das habe ich so lange wiederholt, bis ich es glauben konnte." Ihre Augen leuchteten, als sie sprach. Ihr Mann stand neben ihr und lächelte unter Tränen.

Wir hielten uns an den Händen und beteten zusammen. Ich sah ihnen nach, als sie weitergingen – wundervolle Menschen, die immer noch voller Vertrauen waren.

Auch Paulus verstand, dass Gott in jeder Situation bei uns ist. Er schrieb: "Kann uns denn irgendetwas von Christus und seiner Liebe trennen? Liebt er uns vielleicht nicht mehr, wenn wir in Schwierigkeiten oder Nöte geraten? [...] Nein, denn über all das triumphieren wir weit mit Hilfe dessen, der uns so sehr geliebt hat, dass er bereit war, für uns zu sterben" (Freie Übersetzung von Röm 8,35–37).

Gott liebt mich immer noch!

Gott sorgt für uns!   *24. Juni*

„Musst du durchs Wasser gehen, so bin ich bei dir; auch in reißenden Strömen wirst du nicht ertrinken. Musst du durchs Feuer gehen, so bleibst du unversehrt; keine Flamme wird dir etwas anhaben können. Denn ich bin der Herr, dein Gott" (Jesaja 43,2–3; Gute Nachricht).

Während des Ersten Weltkriegs sah ein Soldat vom Schützengraben aus seinen Freund draußen im Niemandsland liegen. Als „Niemandsland" wird der Streifen Land bezeichnet, der sich zwischen den eigenen Schützengräben und denen des Feindes befindet. Und genau dort lag sein verwundeter Freund.

Der Mann fragte seinen Offizier, ob er hinauslaufen und ihn zurückbringen könne. Der Offizier lehnte es ab mit der Begründung: „Das überlebt keiner. Wenn du hinausläufst, werde ich auch dich verlieren."

Der Mann missachtete die Anweisung und rettete seinen Freund, der ihm während des Krieges wie ein Bruder gewesen war. Er schaffte es, ihn über seine Schulter zu legen und zum Graben zurückzuwanken, nur um dort von einer Kugel getroffen mit seinem Freund zusammenzubrechen.

Der Offizier war zornig. „Ich habe dir doch befohlen, nicht zu gehen. Nun habe ich zwei gute Männer weniger. Das hat sich nicht gelohnt!"

Der Soldat aber flüsterte sterbend: „Doch, es hat sich gelohnt, Sir. Denn als ich zu ihm kam, sagte er: ‚Jim, ich wusste, dass du kommen wirst.'"

Die klare Botschaft, die uns das Kreuz Jesu Christi vermittelt, lautet: Gott wird zu dir kommen, wenn du nach ihm schreist. Und wenn es ihn das Leben kostet, dir seine Treue zu beweisen.

*Jesus, wenn ich dein Kreuz ansehe,
dann erinnert mich das wieder daran,
dass du mich liebst.*

25. Juni

Gott sorgt für uns!

„Ich bin es, ich verkünde Gerechtigkeit, ich bin der mächtige Helfer" (Jesaja 63,1).

Als zügelloser, wilder und rebellischer Jugendlicher wandte sich Augustinus von Gott und dem Glauben ab. Erst als er erkannte, wie leer sein Leben im Grund war, wandte er sich Gott wieder halbherzig zu. Er betete ein kurzes Gebet: „O Gott, nimm alle meine Sünden von mir – aber nicht sofort."

Und er lebte genauso unmoralisch weiter wie bisher. Bis er von der Leere seines zügellosen Lebens von neuem überwältigt wurde. Tief bedrückt betete er ein zweites Mal: „O Gott, nimm alle meine Sünden von mir – alle, bis auf die eine." Er erhob sich von diesem Gebet – und lebte weiter wie bisher.

Aber wirklicher Friede kommt nur durch völlige Hingabe. Darum kam er später zu seinem Schöpfer zurück und unterstellte Christus sein Leben ganz. Er betete in tiefer Aufrichtigkeit und mit demütiger Entschlossenheit: „O Gott, nimm alle meine Sünden von mir – ohne Wenn und Aber. Amen."

Falls Sie es noch nicht getan haben: Versuchen doch auch Sie, dieses Gebet zu sprechen. Wenn es Ihnen damit wirklich ernst ist, wird Gott Ihnen vergeben und alle Lasten von Ihnen nehmen. Ihre Spannungen werden sich auflösen wie der Tau in der warmen Morgensonne.

> *Ich habe vollkommenen Frieden,*
> *denn ich habe mein Leben Gott ganz anvertraut.*

Gott rettet! 26. Juni

„Ich glaube; hilf meinem Unglauben!" (Markus 9,24).

Wie würden Sie „Sünde" definieren? Diese Frage wurde mir kürzlich von einem Reporter gestellt. Meine Antwort lautete schlicht und einfach: „Sünde wird üblicherweise als Rebellion gegen Gott verstanden, als eine Art innerer Krieg, den wir gegen Gott führen."

Man könnte Sünde auch anhand eines Golfballs erklären. Jeder Ball besteht aus einer äußeren Hülle, einem darunter liegenden dichten Gewebe und einem Kern, der von einer kleinen, soliden Hartgummikugel gebildet wird. Unsere Auflehnung ist nur die äußere Hülle der Sünde. Eigentlich versteckt sich darunter noch etwas anderes. Was ist der harte Kern der Sünde? Es ist unser angeborenes, vererbtes, fehlerhaftes Selbstbild!

Unser fehlerhaftes Selbstbild ist nach meiner Überzeugung die eigentliche Ursache für alle Sünde. Die schwierigste Aufgabe für Gott – falls es so etwas überhaupt gibt – besteht darin, uns durch seine Erlösung und Errettung zu überzeugen, dass wir ganz wunderbare Menschen sind. Glauben Sie Gott, wenn er sagt, wie großartig Sie sind!

Fällt es Ihnen schwer, daran zu glauben? Wo stellen Sie in Ihrem Leben einen Mangel an Selbstvertrauen fest und können nicht daran glauben, dass Sie von Gott als attraktiver Mensch geschaffen wurden? Schreiben Sie es auf:

_____

_____

_____

Streichen Sie jetzt diese Sätze durch und schreiben Sie darüber die Worte: „Gott liebt mich!"

Weil Gott mich liebt, glaubt er auch an mich!

27. Juni — Gott rettet!

„Das Reich Gottes ist nahe. Kehrt um und glaubt an das Evangelium!"
(Markus 1,15).

Ich verbrachte einmal einen Abend mit Dr. Karl Menninger, einem der angesehensten Psychiater Amerikas. Im Hause unseres gemeinsamen Freundes W. Clement Stone spielten wir eine Partie Schach miteinander.

Ich war gerade dabei, meinen zweiten Zug zu machen, als mich mein scharfsinniger Gegner nachdenklich anblickte und fragte: „Predigen Sie auch über Buße, Dr. Schuller?"

Ich war völlig verblüfft und fragte mich, welche Bedeutung das wohl für unser Schachspiel haben könne. Dr. Menninger fuhr fort: „Nichts bringt einem Menschen schneller Heilung, als wenn er Buße tut. Wir Menschen sind Sünder, und das wissen wir auch. Jeder ist für seine Sünden selbst verantwortlich! Wenn wir sie nicht vor Gott bekennen und bereuen, können wir nicht gesund werden."

Das erinnerte mich auch an einen Satz, den schon Paulus zu den Männern von Athen sagte: „Gott [...] lässt jetzt den Menschen verkünden, dass überall alle umkehren sollen" (Apg 17,30).

*Tief in mir weiß ich,
dass Gott durch Jesus Christus in mir lebt.*

Gott rettet! 28. Juni

„Wer schuldlos seinen Weg geht, dem wird geholfen"
(Sprichwörter 28,18).

Sind Sie schon einmal in einer Kirche gewesen, in der die Leute von der Kanzel herab ausgeschimpft wurden? Der Pfarrer weist seine Zuhörer zurecht, schüttelt drohend die Fäuste über ihnen und nagelt sie verbal ans Kreuz. Ich bin schon einige Male in solchen Gottesdiensten gewesen. Das Erstaunliche daran ist, dass die Leute dem Prediger am Ausgang sagen, wie wunderbar er gepredigt hätte.

Solche Menschen finden Gefallen daran, verbal gezüchtigt zu werden. Sie haben aber nicht verstanden, was Gottes Gnade bedeutet. Im Grunde glauben sie nicht daran, dass Christus den Preis durch seinen Tod am Kreuz schon bezahlt hat und wir das Geschenk nur anzunehmen brauchen!

Dennoch gibt es vermutlich bei jedem von uns Lebensbereiche, in denen wir versuchen, uns Gottes Vergebung zu verdienen. Es gibt immer noch Dinge in unserem Leben, die wir vor Gott verstecken wollen. Meine Botschaft an Sie lautet heute: Gott kennt Sie und er liebt Sie trotzdem!

Schreiben Sie jetzt ein Dankgebet an Gott, weil er Sie von aller Schuld befreit:

Lieber Gott,

_____

_____

_____

_____

*O Herr, lass es mich wagen,
dir wie ein Kind alles zu bekennen und dann
mit offenen Armen zu dir zu laufen! Amen.*

29. Juni — Gott rettet!

„Wer meine Stimme hört und die Tür öffnet, bei dem werde ich eintreten, und wir werden Mahl halten, ich mit ihm und er mit mir" (Offenbarung 3,20).

Ich sprach einmal mit einer jungen Frau, die mir einen wunderschönen Diamantring zeigte, den ihr gerade ein junger Mann geschenkt hatte. Sie war ganz aufgeregt über die Verbindung, die sie mit ihm für ihre Zukunft eingegangen war.

Ich sagte zu ihr: „Du weißt, was es bedeutet, wenn du diesen Verlobungsring annimmst. Das heißt, dass du dich an ihn binden willst und er sich an dich. Damit hat zwischen euch beiden eine Beziehung begonnen, auf die ihr eure ganze Zukunft aufbauen werdet. Du vertraust ihm und er vertraut dir. Ihr teilt Dinge miteinander, von denen kein anderer weiß, nicht einmal ich." Und dann sagte ich: „Weißt du, dass Christ zu werden etwas ganz Ähnliches ist, wie einen Verlobungsring anzunehmen?"

Sie nickte und antwortete: „Ja, ich weiß und ich möchte auch mit Jesus Christus diese Beziehung eingehen."

Gott bietet Ihnen einen „Diamanten" für Ihr Herz an, und ihn anzunehmen ist ebenso einfach wie das Öffnen einer Tür, an der Sie jemanden klopfen hören. Laden Sie Jesus Christus in Ihr Leben ein, und freuen Sie sich auf eine großartige Zukunft, die Sie gemeinsam mit dem ewigen und allmächtigen Gott verbringen werden.

Gott, ich möchte mich auf diese besondere Beziehung mit dir einlassen. Darum will ich dir mein Leben und meine Zukunft anvertrauen.

Gott rettet! 30. Juni

„Und das ist der Sieg, der die Welt besiegt hat: unser Glaube"
(1. Johannes 5,4).

Es gibt eine wunderbare Geschichte über Abraham Lincoln und einen Sklavenfreikauf.

Abe Lincoln kam eines Tages in South Carolina an einem Sklavenmarkt vorüber. Es sollte gerade ein junges farbiges Mädchen versteigert werden. Wild und zornig blickte es um sich. Lincoln konnte ihren Anblick und die Erniedrigung und Schmach, der es ausgesetzt war, nicht ertragen. Als das erste Gebot gemacht wurde, hob er die Hand und steigerte zu seiner eigenen Überraschung mit. Lincoln machte das Höchstgebot und bekam das Mädchen.

Zornig blickte es ihn an und sagte: „Und was wirst du jetzt mit mir machen?"

Er antwortete: „Ich werde dir die Freiheit schenken. Du kannst gehen, wohin du möchtest. Leben, wo du leben möchtest. Tun, was du tun möchtest. Du bist ein freier Mensch. Ich brauche dich nicht. Ich habe nur eine einzige Sache ersteigert und gekauft – deine Freiheit."

Zum ersten Mal lächelte sie und sagte: „Wenn ich frei bin, dann will ich mit dir gehen."

So geht es mir auch mit Jesus Christus. Errettet zu sein, bedeutet frei zu sein.

Auch Sie können das heute noch erfahren. Haben Sie das Gefühl, verloren, einsam und heimatlos zu sein? Leiden Sie unter Schuldgefühlen und Groll? All das kann Menschen sehr belasten. Doch dann sind Sie noch nicht wirklich frei. Sie sind noch nicht erlöst.

Sie können diese Erlösung erfahren. Jesus ist nicht nur gekommen, um uns vor der Hölle zu retten, die auf den Tod *folgt*, sondern auch vor der Hölle, die dem Tod *vorausgeht*. Auch davon können Sie befreit werden.

*Ich bin heute frei, weil ich mich dafür entscheide,
mein Vertrauen auf Christus zu setzen.*

1. Juli Gott rettet!

„Mach mich wieder froh mit deinem Heil" (Psalm 51,14).

Ich erinnere mich daran, dass ich als Kind einmal meine Wange an einem weichen, pelzigen Pfirsich rieb. Er fühlte sich so gut an. Aber als ich ihn umdrehte, war seine Haut auf der anderen Seite offen und aufgeraut. Die Holzschale, in der er lag, hatte ihn zerkratzt. Ich sah ihn an und begriff, dass nichts in der Welt seine herrliche Oberfläche wiederherstellen konnte.

Oder nehmen Sie ein blühendes Veilchen, das sich wie Samt anfühlt. Man kann es pflücken, wegwerfen und mit den Füßen darauf herumtrampeln. Und wenn Sie das zertretene Veilchen wieder aufheben, können Sie ihm seine ursprüngliche Schönheit nicht wiedergeben.

Wir können die zerkratzte, beschädigte Haut eines flaumigen Pfirsichs nicht wieder heil machen oder ein am Boden zertretenes Veilchen in alter Schönheit erstehen lassen. Doch Gott kann es; er kann unsere Seele wieder wie neu machen! Und das tut er fortwährend!

Die ganze Geschichte des Christentums handelt davon. Aus diesem Grund hat Gott dazu seinen Sohn Jesus Christus in die Welt geschickt. So wie er uns im Lukas-Evangelium gesagt hat: „Denn der Menschensohn ist gekommen, um zu suchen und zu retten, was verloren ist" (Lk 19,10).

*Ich kann die Sicherheit haben,
dass Gottes Kraft mich wieder gesund macht und stärkt.
Er heilt und glättet die aufgerauten Bereiche
meines Lebens.*

Gott will Wunder tun! 2. Juli

*Wenn es so aussieht, als hätte ich versagt,
dann frage ich: „Herr, was willst du mir damit sagen?"*

*Versagt zu haben heißt nicht, dass ich ein Versager bin.
Es bedeutet nur, bis jetzt keinen Erfolg gehabt zu haben!*

*Versagt zu haben heißt nicht, dass ich nichts erreicht habe.
Es bedeutet nur, etwas gelernt zu haben!*

*Versagt zu haben heißt nicht, dass ich dumm bin.
Es bedeutet nur, dass mein Glaube groß genug war,
um es zu probieren!*

*Versagt zu haben heißt nicht, dass ich mich blamiert habe.
Es bedeutet nur, ein Abenteuer gewagt zu haben!*

*Versagt zu haben heißt nicht, dass ich etwas nicht verstanden habe.
Es bedeutet nur, dass es auch andere Wege geben muss!*

*Versagt zu haben heißt nicht, dass ich minderwertig bin.
Es bedeutet nur, nicht vollkommen zu sein!*

*Versagt zu haben heißt nicht, dass ich meine Zeit vergeudet habe.
Es bedeutet nur, noch einmal von vorne beginnen zu dürfen!*

*Versagt zu haben heißt nicht, dass ich aufgeben soll.
Es bedeutet nur, dass ich mich mehr anstrengen soll!*

*Versagt zu haben heißt nicht, dass ich es nie schaffen werde.
Es bedeutet nur, dass ich mehr Geduld brauche!*

*Versagt zu haben heißt nicht, dass du mich fallen gelassen hast.
Es bedeutet nur, dass du, Gott, eine bessere Idee haben musst!*

*„Verlass dich nicht auf deinen Verstand, sondern setze dein Vertrauen
ungeteilt auf den Herrn! Denk an ihn bei allem, was du tust; er wird
dir den richtigen Weg zeigen"* (Sprichwörter 3,5–6; Gute Nachricht).

3. Juli   *Gott will Wunder tun!*

„Eure jungen Männer werden Visionen haben und eure Alten werden Träume haben" (Apostelgeschichte 2,17).

Die Angst zu versagen hindert viele Menschen daran zu glauben, dass Gott ihre Träume Wirklichkeit werden lassen kann und es auch will. Sie haben Angst, etwas zu versuchen. Ich denke oft an Christy Wilson, der als Missionar in Kabul, Afghanistan, lebte. Die Haupteinnahmequelle in Kabul ist die Schafzucht. Das größte Problem bei der Aufzucht von Schafen ist aber eine Krankheit, die durch einen Wurm verursacht wird. Dieser befällt die Eingeweide von Schafen, wenn sie Schnecken fressen.

Enten jedoch lieben es, diese Schnecken zu fressen, aber, wie Christy bemerkte, in Afghanistan gab es keine Enten. Darum bat er einen Freund in den USA, ihm ein paar befruchtete Enteneier zu schicken. Dieser schickte ihm 24 Eier und schrieb dazu: „Die Enten werden schlüpfen, vorausgesetzt, dass niemand die Eier fallen lässt, dass sie rechtzeitig ankommen und dass es warm genug bleibt. Mit anderen Worten – es muss ein Wunder geschehen."

Als die Eier in Kabul ankamen, waren etliche zerbrochen, beschädigt und stanken. Christy meinte jedoch: „Wir sollten darum beten, dass wir mindestens ein Männchen und ein Weibchen bekommen."

Und raten Sie, was geschah! Nur zwei Eier wurden ausgebrütet und es schlüpften eine Ente und ein Enterich! Sie vermehrten sich, die Schnecken verschwanden nach und nach und die Schafzucht blühte auf. Gott nahm Christys Traum ernst und vollbrachte ein Wunder, weil der Missionar beschloss, es wenigstens zu versuchen.

Ich habe einen Traum.
Ich will ihn auf die Probe stellen, um zu sehen,
ob mein Traum auch Gottes Traum ist!

Gott will Wunder tun! 4. Juli

"Ich erhebe meine Augen zu dir, der du hoch im Himmel thronst" (Psalm 123,1).

Das zweite, das Ihnen hilft, Gottes Traum zu ergreifen, heißt: diesen Traum zu erkennen! Wenn Ihr Traum den ersten Test bestanden hat, können Sie wissen, dass Gott Ihnen diese Sache ans Herz gelegt hat. Nun sollten Sie sich diesen Traum bildlich vorstellen. Schreiben Sie ihn auf, skizzieren Sie ihn oder zeichnen Sie ein Bild davon. Wenn Sie sich eine Sache vorstellen können, kann sie auch Wirklichkeit werden!

Nutzen Sie den Platz auf dieser Seite, um Ihren Traum aufzuschreiben oder aufzuzeichnen:

Mein Traum rückt in den Bereich des Möglichen, weil ich mir ein Bild davon machen kann!

5. Juli   *Gott will Wunder tun!*

„Denn in ihm leben wir, bewegen wir uns und sind wir"
(Apostelgeschichte 17,28).

Sie haben nun die Gewissheit, dass Ihr Traum auch Gottes Traum für Ihr Leben ist. Sie haben ihn sich bildlich vorgestellt, indem Sie ihn aufgeschrieben oder gezeichnet haben. Dann ist jetzt die Zeit gekommen, um ihn zu erreichen! Das heißt, gehen Sie die Verpflichtung ein, sich dieser Idee ganz zu verschreiben. Sie müssen bereit sein, auch den Preis zu bezahlen, denn jede große Idee hat ihren Preis.

Wann immer Gott mir eine große Sache ans Herz legt, finden sich auch immer einige Leute, die diesen Traum kritisieren. Jedes Mal, wenn ich mich aufmache, um für Gott etwas Großes zu vollbringen, habe ich die Gewissheit, dass diese Idee von Gott stammt. Ich wäre bereit, frohen Herzens dafür zu sterben, nur um diese Sache zu erreichen. Wenn Sie wissen, dass das wirklich Gottes Traum für Sie ist, dann wird nichts Sie aufhalten!

Haben Sie sich den Traum zu Eigen gemacht? Haben Sie sich dem Traum verschrieben wie ein guter Haushalter, der die Reichtümer Gottes verwaltet? Schreiben Sie Ihre Hingabe an den positiven, lebensverändernden Traum auf, den Sie gestern dargestellt haben:

*Herr, ich bin bereit, und ich kann es kaum erwarten,
dass wir mit unserem Traum vorankommen!*

Gott will Wunder tun!   6. Juli

„Die aber, die dem Herrn vertrauen, schöpfen neue Kraft, sie bekommen Flügel wie Adler. Sie laufen und werden nicht müde, sie gehen und werden nicht matt" (Jesaja 40,31).

Stellen Sie Ihren Traum auf die Probe! Stellen Sie ihn sich bildlich vor! Eignen Sie ihn sich an! Und nun sollten Sie ihm Flügel verleihen! Das bedeutet schlicht und einfach, dass die Zeit gekommen ist, um sich mit ihm aufzuschwingen und mit der Sache zu beginnen! Laufen Sie los wie ein kleiner Junge, der seinen Drachen steigen lässt, und überprüfen Sie, ob Ihr Traum vom Wind in die Lüfte getragen wird.

Ihr Traum wird hoch hinaufsteigen und fliegen, noch ehe Sie wissen, wie Ihnen geschieht. Sie werden Hilfe von Leute bekommen, von denen Sie es nie vermutet hätten. Aber Sie müssen beginnen.

Wie macht man das? Stellen Sie einfach eine Liste der ersten drei Schritte auf, die Sie unternehmen müssen, damit Ihr Traum Wirklichkeit werden kann. Und dann fangen Sie damit an.

Um meinen Traum in die Tat umzusetzen, will ich als Erstes tun:

1. _____

_____

2. _____

_____

3. _____

_____

> Mein Traum nimmt Gestalt an.
> Ich kann die Gewissheit haben, dass Gott mir Stärke,
> Kraft und Weisheit schenken wird,
> sobald ich mich mit ihm aufschwinge.

7. Juli   *Gott will Wunder tun!*

„Wenn euer Vertrauen auch nur so groß ist wie ein Senfkorn, dann könnt ihr zu dem Berg da sagen: ‚Geh von hier nach dort‘, und er wird es tun. Dann wird euch nichts mehr unmöglich sein"
(Matthäus 17,20; Gute Nachricht).

Die fünfte Regel, die uns im Vertrauen bestärkt, dass Gott uns dabei helfen wird, den Traum Wirklichkeit werden zu lassen, heißt: Zurren Sie ihn fest! *Geben Sie nicht auf!*

Einer der Ältesten unserer Gemeinde hatte vor einigen Jahren einen schweren Herzanfall. Er erlitt einen 25 Minuten dauernden Herzstillstand. Als man ihn ins Krankenhaus brachte, lag er im Koma. Der Neurochirurg sagte: „Es besteht keine Hoffnung mehr. Selbst wenn er überleben sollte, wird er nur mehr vor sich hinvegetieren."

Kurz danach stand ich vor seinem Bett und erinnerte mich an die Worte, die Dr. Smiley Blanton, ein berühmter New Yorker Psychiater, einmal gesagt hatte: „Selbst in einem ernsthaft geschädigten Gehirn gibt es noch riesige Bereiche, die nicht geschädigt sind." Ich glaubte ihm, darum sagte ich zu meinem Freund: „Stanley, ich bin's, Dr. Schuller. Sie werden wieder gesund werden."

Und eine Träne rollte aus einem seiner Augen herunter! Das war das erste Hoffnungszeichen! Stanley griff nach diesem Traum, als er bereits im Koma lag – nach dem Traum, dass er wieder gesund werden würde.

Einige Monate später brachte ihn seine Frau in die Gemeinde und er konnte ohne Krücken gehen! Ich lief auf ihn zu und umarmte ihn. Er begrüßte mich mit den Worten: „Pastor, Sie sind großartig!"

Aber ich antwortete: „Stanley, Gott ist großartig!"

Geben Sie nicht auf! Nur Sie können den Traum wieder auslöschen, den Gott Ihnen geschenkt hat. Er wird diesen Traum nie wie eine Seifenblase zerplatzen lassen.

Herr, ich könnte vor Freude schreien,
denn ich bin sicher, dass wir beide Erfolg haben werden!

Gott will Wunder tun!   8. Juli

„Dein Arm ist voll Kraft, deine Hand ist stark, deine Rechte hoch erhoben" (Psalm 89,14).

Ich liebe die Geschichte über einen chinesischen Bauern, der einen einzigen Sohn und ein einziges Pferd hatte. Eines Tages lief dieses Pferd davon. Die Nachbarn kamen zu ihm und sagten: „Ach, dein Pferd ist weggelaufen, was für ein Unglück!" Der alte Chinese antwortete: „Woher wollt ihr wissen, dass es ein Unglück ist?" Und tatsächlich: Das Pferd kam am Abend wieder zurück und hinter ihm liefen zehn wilde Hengste her. Sein einziger Sohn schloss das Gatter, und der Bauer hatte nun 11 Pferde.

Wieder kamen die Nachbarn herbeigerannt. Diesmal riefen sie: „O, was für ein Glück!" Der alte Bauer antwortete: „Woher wollt ihr wissen, dass das ein Glück ist?" Und tatsächlich: Als der eine Sohn, den er hatte, einen der Hengste zureiten wollte, wurde er abgeworfen und brach sich das Bein. Die Nachbarn jammerten: „Was für ein Unglück!" Und wieder fragte der chinesische Bauer: „Woher wollt ihr wissen, dass es ein Unglück ist?"

Kurze Zeit später kam ein chinesischer Kriegsherr in die Stadt und zog alle wehrfähigen jungen Männer ein, um mit ihnen in den Krieg zu ziehen. Keiner von ihnen kam je wieder zurück. Nur der Sohn des Bauern blieb verschont und lebte bis ins hohe Alter.

Vertrauen Sie Gott Ihren Traum an. Ihr Traum ist auch Gottes Traum und er will Sie und mich zu guten Haushaltern seiner großen Reichtümer machen.

---

*Herr, meine Augen sind auf dich gerichtet,
und ich will mich durch nichts von meinem
lebensverändernden Traum abbringen lassen.*

9. Juli — Mit Gott reden

"Du hast es gehört. Betrachte nun alles! Willst du es nicht andern verkünden? Von jetzt an lasse ich dich etwas Neues hören, etwas Verborgenes, von dem du nichts weißt" (Jesaja 48,6).

*E*s gibt vier Arten von Gebet. Eine davon ist das *Bittgebet*. Wenn Sie eine Bitte haben, damit zu Gott gehen und sagen: „Gott, das möchte ich gern haben" – das ist ein Bittgebet. Für viele ist das die einzige Gebetsform, die sie kennen.

Wie viel Ihrer Gebetszeit verbringen Sie damit, Gott Ihre Bitten vorzutragen?

_____

Eine andere Art des Gebets ist die *Fürbitte*, das heißt, dass Sie für jemanden vor Gott eintreten. Sie beten für mich und meine Anliegen und ich bete für Sie und Ihre Anliegen. Wir beide beten darum, dass Gott jemand anderem hilft. Das bezeichnet man als Fürbitte.

Wie viel Zeit verwenden Sie schätzungsweise darauf, für andere zu bitten?

_____

Eine dritte Art des Gebets nennt sich *Lobpreis*. Wenn Menschen, die Gott kennen und lieben und so voll Dankbarkeit sind, dass sie ihr Herz vor ihm mit großen, ehrerbietigen Worten ausschütten, dann ist das Lobpreis.

Wie viel Zeit verbringen Sie vermutlich damit, Gott zu loben und zu preisen?

_____

Es gibt noch eine vierte Gebetsform, von der Frank Laubach sagt: „Die höchste Form des Betens ist das hörende Gebet." Damit werden wir uns in den nächsten Tagen mehr beschäftigen.

Danke, Herr, für alle aufregenden Ideen und Gedanken, die du mir jetzt schenkst.

Mit Gott reden   10. Juli

„Rufe zu mir, so will ich dir antworten und dir große, unfassbare Dinge mitteilen, die du nicht kennst" (Jeremia 33,3).

Stellen Sie sich vor, Sie säßen in einem kleinen Boot in der Nähe eines Strandes. Sie werfen den Anker Richtung Strand und ziehen dann am Tau, bis Sie auf festen Grund laufen. Dann steigen Sie aus und gehen an Land. Was haben Sie eben gemacht? Haben Sie den Strand zum Boot hingezogen? Nein, Sie haben das Boot zum Strand hinbewegt.

Und darin besteht im Grunde auch Gebet: Wir bewegen nicht Gott, damit wir etwas bekommen, sondern wir gehen auf Gott zu, damit wir verändert werden. Damit wir nahe genug sind, um zu hören, was er uns sagen möchte.

Viele Menschen denken, Beten bestehe vor allem darin, dass sie voll Panik zu Gott, dem allmächtigen Doktor, laufen und ihn bitten, ihre Probleme umgehend zu lösen. Das hörende Gebet ist viel mehr. Es schließt das Hören auf Gott ebenso ein wie das Reden mit ihm. Gott sagte zu Jeremia: „Rufe zu mir, so will ich dir antworten." Das ist hörendes Gebet.

Wer redet, wenn Sie beten? Beschreiben Sie, wie Ihre Gebetszeit aussieht:

___

___

___

Herr, heute will ich auf dich hören.

11. Juli — *Mit Gott reden*

„Lasst ab und erkennt, dass ich Gott bin" (Psalm 46,11).

Ich hatte noch nie eine Avocado gesehen. Obwohl ich die Hochschule absolviert und nach dem Abschluss drei Jahre gearbeitet habe, hatte ich noch nicht einmal von einer Avocado *gehört*!

Dann zogen wir nach Kalifornien, und alle möglichen Leute schenkten uns eine Frucht, die ich für die größte, prächtigste und ungewöhnlichste Birne hielt, die mir je begegnet war. Ich versuchte sie auf alle möglichen Arten zu essen, gab es dann aber auf und warf sie schließlich weg. Zum Glück entdeckte endlich jemand meine Unwissenheit und zeigte mir, wie köstlich eine Avocado schmecken kann.

Es gibt viele Menschen, die das Gebet „weggeworfen" haben, so wie ich es mit all diesen Avocados getan habe. Sie reden mit Gott, aber es hilft nichts. Darum geben sie es schließlich auf. Lassen Sie mich beschreiben, wie Sie das hörende Gebet entdecken und sich daran freuen können:

Fangen Sie damit an, sich zu entspannen. Schließen Sie die Augen, um mögliche Ablenkungen auszuschließen. Meditieren Sie, indem Sie Ihre Aufmerksamkeit auf eine Sache oder eine Szene richten, die Ihnen Ruhe vermittelt. Wenn Sie dann ganz entspannt und ruhig sind, warten Sie still darauf, bis Sie Gottes Gegenwart in sich spüren.

Bitten Sie jetzt den Heiligen Geist, die Führung über Ihre Gedanken zu übernehmen, damit Gottes Gedanken und Ideen in Ihren Verstand kommen können. Fangen Sie dann an, Gott in demütiger, erwartungsvoller Weise Fragen zu stellen. Machen Sie nach jeder Frage eine Pause und warten Sie, bis Gott diese Frage beantwortet hat.

> *Herr, es ist schwer,*
> *all den Lärm um mich auszuschalten.*
> *Aber ich will deine Ruhe spüren*
> *und auf deine Stimme hören.*

Mit Gott reden 12. Juli

„Sei still vor dem Herrn und harre auf ihn!" (Psalm 37,7).

Sie hatten drei entzückende Kinder. Als das vierte geboren wurde, freuten sich alle sehr. Aber dann stellte sich heraus, dass es am Down-Syndrom litt. Die Mutter sagte zu mir: „Wir betrachteten unsere Situation als ein enormes, ein schreckliches Problem. Unsere erste Reaktion war Zorn, gefolgt von Bitterkeit und Selbstmitleid. Es war schrecklich.

Doch dann hörten wir, wie Sie über das hörende Gebet sprachen, und ließen uns darauf ein. Wir fragten Gott: ‚Herr, könnte das, was uns zugestoßen ist, mit etwas Gutem verbunden sein?' Und wir warteten. Es folgte ein Eindruck, der sehr stark war: ‚Ja.' Dann fragten wir weiter: ‚Gott, was könnte sich aus dieser Situation Gutes entwickeln?' Und dann kam mir dieser Satz in den Sinn: ‚Ich möchte euch eine neue Dimension der Liebe lehren!' Das hat mich fast umgeworfen. Und es hat alles in ein neues Licht gerückt! Alles, was seither in unserem Leben passiert ist, kann man als Wunder bezeichnen."

Das hörende Gebet besteht darin, dass Sie sich an einen ruhigen Ort begeben, um mit Gott zu reden und ihm Fragen zu stellen. Sie brauchen dabei nicht unbedingt Ihre Probleme vor Gott ausschütten. Es ist nicht nötig, viel zu reden. Sie stellen keine Forderungen. Sie appellieren nicht an sein Mitleid. Sie kommen nur mit Ihren Fragen und warten geduldig auf seine Antwort. Das ist das Gebet, das Berge versetzt!

*Mein Geist wird erfrischt und erneuert,
wenn ich vor dem Herrn still werde.*

13. Juli   Mit Gott reden

„Ich preise den Herrn, der mich beraten hat. Auch mahnt mich mein Herz in der Nacht [...]. Er steht mir zur Rechten, ich wanke nicht" (Psalm 16,7–8).

Im hörenden Gebet ist eine Kraft verborgen, die Berge versetzt. Um diese Kraft in Aktion zu sehen, muss man auf die Berge blicken. Ein Gebetstagebuch wird Ihnen dabei helfen, die Kraft zu sehen, die Sie durch das hörende Gebet in Bewegung setzen. Fangen Sie auf dieser Seite an, und setzen Sie die Liste in einem eigens dafür reservierten Heft oder Buch fort.

Meine Frage: Gottes Antwort: Meine Maßnahmen:

_____   _____   _____

_____   _____   _____

_____   _____   _____

_____   _____   _____

_____   _____   _____

_____   _____   _____

_____   _____   _____

_____   _____   _____

Ich will heute tun, was Gott mir aufträgt,
und damit Berge versetzen.

Mit Gott reden 14. Juli

„Er ist denen nahe, die zu ihm beten – allen, die aufrichtig zu ihm beten" (Psalm 145,18; Gute Nachricht).

Ich habe einmal einige Stunden lang mit Dr. Viktor Frankl über die Vielfalt der in uns liegenden Kräfte diskutiert, die wir nicht verstehen. Wir haben uns auch über die geheimnisvolle, aber mächtige Kraft der Meditation unterhalten.

Wir verstehen diese große Kraft nicht, aber durch Meditation können wir die göttlichen Gesetze, die in uns Menschen hineingelegt sind, für seine (Gottes) Zwecke nutzen. Wenn die in der Meditation liegende Kraft missbraucht wird, kann sie aber auch destruktiv sein. Doch christliche Meditation ist über alle Jahrhunderte hinweg praktiziert worden, bis hin zu den Psalmisten und Patriarchen. Sie brauchen dafür weder Gebühren zu bezahlen noch einen Guru zu suchen. Denken Sie an Jesus Christus, wenn Sie sich entspannen und bei jedem Atemzug die Worte wiederholen: „Ich bin." Das wird Ihnen helfen, störende Geräusche auszublenden, wenn Sie meditativ beten.

Meditation in Verbindung mit dem hörenden Gebet funktioniert wirklich. Es schafft die Voraussetzungen in uns, dass Signale, die Gott uns schickt, auch wirklich bei uns ankommen. Man kann ein Gefühl des Einsseins mit Gott erreichen. Er ist uns so nahe, dass er tatsächlich zu uns spricht!

Herr, ich bitte dich darum,
dass mein Geist zur Ruhe kommt – keine Ablenkungen,
nur du und ich im Gespräch miteinander.

15. Juli — Mit Gott reden

„Das Wort ist ganz nah bei dir, es ist in deinem Mund und in deinem Herzen" (Deuteronomium 30,14).

Manche von Ihnen müssen heute wichtige Entscheidungen treffen. Das kann Auswirkungen auf Ihre Familie, auf Ihren Beruf oder auf Ihr ganzes Leben haben. Versuchen Sie doch einmal das hörende Gebet! Vielleicht protestieren Sie: „Aber wie kann ich wissen, dass es wirklich Gott ist, der zu mir spricht?" Lassen Sie mich dazu vier Maßnahmen vorschlagen, die Ihnen bei der Beantwortung der Fragen helfen können.

1. Wiederholen Sie dieselbe Frage in zwei oder drei verschiedenen Gebetszeiten. Wenn die Antwort, die Sie bekommen, wirklich von Gott ist, wird sie jedes Mal gleich lauten.
2. Halten Sie Unmögliches für möglich! Glauben Sie daran, dass es Gott möglich ist, zu Ihnen zu sprechen, wenn Sie ihn darum bitten!
3. Vergleichen Sie die Antwort damit, was Gott in der Bibel sagt. Botschaften, die Gott uns beim hörenden Gebet zukommen lässt, werden nie im Widerspruch zur Botschaft der Bibel stehen.
4. Setzen Sie die Antwort um! Der Sinn des hörenden Gebets liegt darin, dass Sie Gottes Botschaft verstehen lernen, um loszugehen und danach zu handeln. Tun Sie, was Gott von Ihnen getan haben möchte, damit er seinen Segen ausschütten kann.

Versuchen Sie es jetzt noch einmal. Schließen Sie die Augen und beginnen Sie zu meditieren. Entspannen Sie sich. Sie dürfen ganz ungezwungen und offen mit Gott sein. Stellen Sie ihm Fragen bezüglich Ihrer wichtigen Entscheidung. Schreiben Sie zum Schluss auf, welche Antwort Sie von Gott bekommen haben.

Danke, Herr, für deine Botschaften, die aus einem tiefen und unergründlichen Meer der Stille auftauchen. Ich will auf deine Stimme hören. Ich will handeln.

Liebe dich selbst! 16. Juli

"Was ist der Mensch, dass du an ihn denkst, des Menschen Kind, dass du dich seiner annimmst? Du hast ihn [...] mit Herrlichkeit und Ehre gekrönt" (Psalm 8,5–6).

Als ich einmal jemanden, der immer nur das sah, was nicht möglich war, dazu herausfordern wollte, Unmögliches doch für möglich zu halten, verhalf mir seine Antwort zu einer neuen Einsicht. Er sagte: „Das ist die Mühe nicht wert." Ich sah ihm in die Augen und erfasste, dass er eigentlich etwas anderes meinte. Im Grunde wollte er sagen: „*Ich* bin diese Mühe nicht wert." Ich stellte sofort meine Bemühungen ein, einen Menschen aus ihm machen zu wollen, der Unmögliches für möglich hält.

Stattdessen fing ich an, ihm vor Augen zu stellen, wie überaus wertvoll er als Mensch war. Als er dann nach und nach aufhörte, sich selbst zu hassen, und anfing, sich zu mögen, lebte er wieder auf. Er wurde zu einem Menschen, der vieles für möglich hielt!

Ich kann Ihnen versichern, dass Sie kein totaler Versager, kein hoffnungsloser Fall und keine Niete sind, was auch immer in Ihrem Leben passierte. Ich habe diese verzerrten und destruktiven Lügen unzählige Male in meiner seelsorgerlichen Tätigkeit gehört. Und noch jedes Mal ist es mir gelungen, den jeweiligen Menschen, der sich gerade in unfairer, unvernünftiger und liebloser Weise selbst verurteilte, auf seine wertvollen Eigenschaften hinzuweisen.

Gott liebt Sie! Darum ist es recht und billig zu sagen: „Gott liebt mich, darum will auch ich mich lieben!" Wiederholen Sie diesen Satz jedes Mal, wenn Sie von destruktiven und selbstkritischen Gedanken überfallen werden.

Gott liebt mich und er kennt alle meine Geheimnisse.
Weil Gott mich liebt, kann auch ich mich lieben!

17. Juli   *Liebe dich selbst!*

„Strebe unermüdlich nach Gerechtigkeit, Frömmigkeit, Glauben, Liebe, Standhaftigkeit und Sanftmut" (1. Timotheus 6,11).

Paulus ermahnt die Gemeinde in Rom dazu, sich selbst richtig einzuschätzen (vgl. Röm 12,3). Sich selbst abzuwerten, hat nichts mit Christsein zu tun, sondern ist nur falsche Demut! Aber es ist viel leichter, als seine guten Eigenschaften ehrlich einzuschätzen. Heute ist eine gute Gelegenheit für Sie, um damit anzufangen und Ihre guten Eigenschaften aufzuschreiben! Auf dieser Liste sollten mindestens sechs positive Eigenschaften stehen, die Sie auszeichnen. Wenn Ihnen das schwer fällt, dann bitten Sie einen nahe stehenden Menschen, dass er Ihnen dabei hilft. Schreiben Sie dann seine Einschätzung auf.

Meine positive Selbsteinschätzung:

1. _____

2. _____

3. _____

4. _____

5. _____

6. _____

Ich bin ein wertvoller Mensch,
weil Gott mich geschaffen hat und mich liebt.

Liebe dich selbst! 18. Juli

„Ihr seid das Salz der Erde. [...] Ihr seid das Licht der Welt"
(Matthäus 5,13–14).

*E*s ist ein majestätischer Anblick, auf ein wogendes Weizenfeld zu blicken, das sich unter der Last seiner Ähren biegt.

Aber andererseits gibt es auch die kahlen und öden Ausläufer der Rocky Mountains. Ihre schroffen Gipfel begrüßen die Reisenden aus dem Osten wie granitene Wächter, die den Zugang zum Westen bewachen. Auf der sich windenden Straße, die sich in Serpentinen den Berg hochschraubt, kommt man schließlich an einen Punkt, von dem man sowohl nach Westen als auch nach Osten blicken kann. Im Westen liegt schönes, aber scheinbar unfruchtbares Gebirge und im Osten breitet sich tief unten eine endlose Ebene aus, fruchtbares Farmland mit kleinen Seen und glitzernden Flüssen. Was für ein Gegensatz!

Als ich einmal durch dieses Gebirge reiste, beging ich den Fehler, beiläufig zu jemandem zu sagen: „So viel wertloses Land!" Der junge Mann blickte mich an und sagte mit fester Stimme: „Das ist kein nutzloses Land. In diesen Bergen gibt es Bodenschätze, vielleicht auch Öl. Es ist anzunehmen, dass hier sogar Uran ist. Wir haben es nur noch nicht gefunden!"

Jesus blickt Sie an und sieht das gewaltige Potenzial, das sich in Ihnen entfalten kann, wenn Sie nur an sich selbst glauben.

*Ich kann sicher sein, dass viel Potenzial in mir steckt
und dass es sich entfalten kann,
wenn ich so an mich glaube,
wie Jesus Christus an mich glaubt.*

19. Juli

Liebe dich selbst!

„Ich danke dir, dass du mich so wunderbar gestaltet hast. Ich weiß: Staunenswert sind deine Werke" (Psalm 139,14).

Ich hörte einmal von einer Lehrerin, die an einer staatlichen Schule unterrichtete. Sie sagte zu ihren Schülern: „Heute wollen wir uns mit unserer Identität beschäftigen." Dann ging sie auf einen kleinen Jungen zu und sagte: „Johnny, was kannst du uns über deine Identität sagen? Wer bist du?" Er stand auf und sagte: „Nun, ich weiß, dass mein Name Johnny ist. Außerdem weiß ich, dass ich gut bin – denn Gott macht keinen Mist!"

Johnny war einer von Gottes ganz besonderen Geschöpfen. Er war selbstbewusst, weil er wusste, dass Gott ihn geschaffen hatte. Wenn wir wissen, dass wir Kinder Gottes sind, dann wissen wir auch, wer wir sind!

Johnny fand eine gute Antwort auf diese wichtige Frage: „Wer bin ich?" Auch David hat mit Psalm 139 eine Antwort darauf gegeben. Wenn diese Lehrerin heute auf Sie zugehen würde, um auch Ihnen diese Frage zu stellen, was würden Sie darauf antworten?

Schreiben Sie Ihre Antwort auf:

_____

_____

_____

_____

Ich bin Gottes Freund. Gott liebt mich.
Wenn Gott mich zum Freund erwählt hat,
dann muss ich ein wunderbarer Mensch sein.

Liebe dich selbst! 20. Juli

„Mit ewiger Liebe habe ich dich geliebt, darum habe ich dir so lange die Treue bewahrt" (Jeremia 31,3).

*E*s ist schon über ein Vierteljahrhundert her, seit mein erstes Buch erschienen ist: *Self-Love, The Dynamic Force of Success* („Selbstliebe – der dynamische Schlüssel zum Erfolg"). Später habe ich dann auf eigene Kosten George Gallup damit beauftragt, das Selbstbild der Amerikaner zu untersuchen. Die Ergebnisse waren phänomenal:

1. Leute mit hohem Selbstwertgefühl neigen dazu, sich nicht zu ärgern.
2. Sie haben ein unglaubliches Durchhaltevermögen und fallen trotz unvorstellbar negativer Erlebnisse immer wieder auf die Füße.
3. Sie sind äußerst produktiv.
4. Ihre Suchtgefahr ist geringer.

Wir sind, wer wir zu sein glauben. Die beiden wichtigsten Wörter, die unser Leben prägen, heißen: „Ich bin": „Ich bin wertvoll . . . ich bin klug . . . ich bin ein Mensch, der gebraucht wird . . . Ich bin ein Segen für andere."

Wenn Sie glauben, dass Sie nicht viel wert sind, dann stehen die Chancen hoch, dass Sie auch so leben werden. Aber wenn Sie glauben, dass Sie geliebt sind, werden Sie auch zu einem liebenswerten Menschen werden.

Sie sind ein menschliches Wesen und kein biologischer Unfall, ungewollt und wertlos. Sie sind jemand! Gott möchte Sie gebrauchen. Er möchte mit dem einen Leben, das Sie haben, etwas Wunderschönes machen.

„Sei anderen Menschen ein Mensch."
Mutter Teresa

21. Juli — *Liebe dich selbst!*

„Auch mächtige Wasser können die Liebe nicht löschen; auch Ströme schwemmen sie nicht weg" (Hoheslied 8,7).

*E*ine echte Wiedergeburt Ihres Selbstbewusstseins wartet auf Sie. Wenn das geschieht, dann werden Sie zu einem Menschen, der:

nicht verspannt ist, sondern *gelassen*.
nicht unsicher ist, sondern *selbstbewusst*.
nicht ängstlich ist, sondern *mutig*.
nicht gelangweilt ist, sondern *begeistert*.
nicht erfolglos ist, sondern *erfolgreich*.
nicht müde ist, sondern *energiegeladen*.
nicht streitsüchtig ist, sondern *liebenswert*.
nicht abwertend ist, sondern *aufbauend*.
sich nicht selbst verurteilt, sondern sich selbst *vergibt*.
sich nicht selbst verachtet, sondern sich selbst *achtet*.

„Ich bin!" Das sind die beiden wichtigsten Worte, die unser Leben prägen: „Ich bin geliebt. Ich bin gewollt. Ich bin wichtig. Ich bin ein Kind Gottes." Erkennen Sie, worin wahre Selbstliebe besteht! Lassen Sie sich motivieren und entdecken Sie, was Gott heute alles für Sie vorbereitet hat!

Gott lebt, ob wir an ihn glauben oder nicht. Gott liebt uns, ob wir uns lieben oder nicht.

*Ich kann mich freuen, denn Gott liebt mich,
und auch ich will mich lieben!*

Liebe dich selbst! 22. Juli

„Die Liebe ist aus Gott, und jeder, der liebt, stammt von Gott und erkennt Gott" (1. Johannes 4,7).

Ich wurde einmal zu einer Abschlussfeier eines christlichen College eingeladen. Die kleine Gruppe von drei Studenten, die besonders geehrt werden sollten, stach schon rein äußerlich von allen anderen ab. Einer war ein Afro-Amerikaner, der zweite ein Indianer und als drittes kam ein weißes Mädchen mit einem Blindenstock.

Alle drei hatten mit *magna cum laude* abgeschlossen! Und ich bin sicher, sie hätten ebenso gut zu Versagern werden können, die die Schuld an ihrem Versagen auf ihre Kindheit oder gesellschaftliche Vorurteile schieben könnten. Aber es war Tatsache, dass sie es bis an die Spitze geschafft hatten, obwohl jeder von ihnen ein vom Schicksal Benachteiligter war.

Manche Menschen siegen über ihre Benachteiligungen – andere werden von ihnen besiegt. Was bewirkt das eine oder das andere? Der dunkelhäutige Amerikaner, der Indianer, das blinde Mädchen – sie hatten eines gemeinsam: Alle drei glaubten an sich selbst, weil sie an die Macht Jesu Christi glaubten. Sie glaubten daran, dass Jesus Christus ihr Leben und ihre Lebensumstände ändern könne.

Wenn wir an Jesus Christus glauben – daran glauben, dass er uns liebt und dass er für uns gestorben ist –, dann fangen wir auch an zu glauben, dass wir mit ihm alles erreichen können!

Ich kann sicher sein, dass ich mit Gottes Hilfe meine Schwierigkeiten in große persönliche Siege verwandeln kann.

23. Juli *Liebe dich selbst!*

„Ich selbst werde oben auf dem Hügel stehen und den Stock in der Hand halten, durch den Gott bisher so große Wunder getan hat"
(Exodus 17,9; Gute Nachricht).

Vielleicht haben einige von Ihnen schon einmal von Tara gehört, der Tochter eines guten Freundes. Tara fiel nach einer Schädelverletzung ins Koma. Es sah so aus, als würde sie für immer behindert sein. Doch einige Jahre später konnte sie sehen, hören und sprechen, aber noch nicht laufen.

Dann rief eines Tages ihr Vater mit aufregenden Neuigkeiten an. Tara konnte sich zum ersten Mal auf Händen und Knien halten und fing an zu kriechen. Er sagte ganz aufgeregt: „Sie war fast 30 Sekunden lang auf ihren eigenen Händen und Knien!" Tara erlebte eine neue Perspektive – eine Vorschau auf kommende, großartige Dinge. Sie hob den Kopf und sah die Dinge, wie sie diese noch nie zuvor gesehen hatte. Sie hatte eine „Gipfelerfahrung"!

Taras Gipfelerlebnis gleicht dem Besteigen eines Berges. Ihr Erfolgserlebnis bestand darin, sich auf allen Vieren halten zu können. Als sie das tat, bekam sie eine neue Sicht – sie durfte einen kurzen Blick auf zukünftige Möglichkeiten werfen. Obwohl Tara heute noch immer an den Rollstuhl gefesselt ist, hört sie nicht auf, Neues zu lernen. So hat sie z. B. gelernt, allein zu reisen und mit dem Flugzeug größere Entfernungen zurückzulegen. Sie ist ein erstaunlicher Mensch, der daran glaubt, dass auch das Unmögliche möglich ist.

Ein Gipfelerlebnis ist eine aufbauende Erfahrung, die mich bestätigt. Es ist eine Erfahrung, die meine Grenzen erweitert, indem ich erkenne, dass ich etwas *kann*. Dieses „ich kann" führt immer zu einem neuen Bewusstsein, zu einem kurzen Blick darauf, was ich sein kann und tun könnte.

*Heute will ich mit Gottes Hilfe
auf meinen „Berg" hinaufklettern,
um all die großen Dinge sehen zu können,
die er noch für mich plant.*

Der Blick vom Gipfel

24. Juli

„Ich hebe meine Augen auf zu den Bergen: Woher kommt mir Hilfe?
Meine Hilfe kommt vom Herrn, der Himmel und Erde gemacht hat"
(Psalm 121,1–2).

Ist Ihnen schon aufgefallen, dass es im Leben mancher Menschen fast nur Erfolge zu geben scheint? Ein Erfolg reiht sich an den anderen. Ihr ganzes Leben entfaltet sich auf unglaubliche Weise. Es scheint überhaupt nicht aufzuhören. Wie lässt sich das erklären? Diese Menschen haben es bewusst oder unbewusst geschafft, ein vitales Prinzip anzuzapfen, das ich als „Ausblick vom Gipfel" bezeichne.

Ein Gipfelerlebnis vermittelt uns eine neue Vision von größeren Dingen, die wir anstreben und erreichen könnten. Es bestätigt uns in dem, was wir sind, und lässt uns zurück in dem Bewusstsein, mehr zu sein, als wir uns je zugetraut hätten.

Für ein Kind ist Krabbeln ein Gipfelerlebnis. Später, wenn das Kind stehen kann und die ersten schwankenden Schritte macht, wird auch das zu einem Gipfelerlebnis.

Wenn Sie auf dem Gipfel eines Berges stehen, können Sie von diesem Aussichtspunkt aus ein neues Ziel ins Auge fassen. Zuerst entsteht der Wunsch in Ihnen, dieser veranlasst Sie dazu, sich diese Sache zuzutrauen. Das führt schließlich zu dem Entschluss, damit anzufangen. Und das sind die Steine, mit denen die Straße zum Erfolg gepflastert ist!

Die Bibel sagt, dass Gott Glauben segnet. Glauben Sie an Ihren Traum!

Ich will heute wagen, den Traum zu träumen,
den Gott für mich hat!

25. Juli   *Der Blick vom Gipfel*

„Ich bin der Herr, euer Heiliger [...], der einen Weg durchs Meer bahnt, einen Pfad durch das gewaltige Wasser [...]. Ja, ich lege einen Weg an durch die Steppe und Straßen durch die Wüste" (Jesaja 43,15–16.18).

*W*as sind die Gipfelerlebnisse in Ihrem Leben? Denken Sie an die vergangenen Jahre und notieren Sie alle Erfahrungen, die Sie inspirierten und Ihnen eine Vision davon vermittelten, was Gott mit Ihnen in Zukunft vorhaben könnte. Schreiben Sie mindestens drei Erfahrungen auf, die Ihnen zu einer Erfolg versprechenden größeren Sicht verhalfen:

1. _____

_____

2. _____

_____

3. _____

_____

*Gott ist heute an meiner Seite, und ich fange an,
neue Täler zu sehen, die es zu erforschen gilt.
Mit ihm an meiner Seite ist mir nichts unmöglich.*

Der Blick vom Gipfel   26. Juli

„Wohin kann ich [...] fliehen, damit du mich nicht siehst? Steige ich hinauf in den Himmel – du bist da. Verstecke ich mich in der Toten-welt – dort bist du auch. Fliege ich dorthin, wo die Sonne aufgeht, oder zum Ende des Meeres, wo sie versinkt: Auch dort wird deine Hand nach mir greifen, auch dort lässt du mich nicht los"
(Psalm 139,7–10; Gute Nachricht).

Wer ichbezogen ist, sollte lernen, selbstloser zu werden, bevor Gott sagen kann: „Mach dich auf!"

Wer ängstlich ist, sollte lernen, mutiger zu werden, bevor Gott sagen kann: „Mach dich auf!"

Wer sorglos ist, sollte lernen, achtsamer zu werden, bevor Gott sagen kann: „Mach dich auf!"

Wer zaghaft ist, sollte lernen, zuversichtlicher zu werden, bevor Gott sagen kann: „Mach dich auf!"

Wer sich selbst herabsetzt, sollte lernen, sich zu lieben, bevor Gott sagen kann: „Mach dich auf!"

Wer andere dominiert, sollte lernen, sensibler zu werden, bevor Gott sagen kann: „Mach dich auf!"

Wer andere kritisiert, sollte lernen, toleranter zu werden, bevor Gott sagen kann: „Mach dich auf!"

Wer negativ eingestellt ist, sollte lernen, positiver zu werden, bevor Gott sagen kann: „Mach dich auf!"

Wer nach Macht strebt, sollte lernen gütiger zu werden, bevor Gott sagen kann: „Mach dich auf!"

Wer sein Vergnügen sucht, sollte lernen, ein Herz für andere zu haben, bevor Gott sagen kann: „Mach dich auf!"

Und wer Gott missachtet, sollte lernen, Gott zu achten, bevor er sagen kann: „Mach dich auf!"

Herr, ich will gehen, wohin du mich sendest.
Ich will tun, was du durch mich getan haben möchtest.

27. Juli — Der Blick vom Gipfel

*„Ich aber besinge deine Macht, frühmorgens rühme ich deine Güte
[...]. Für dich spiele ich mein Lied, denn du machst mich stark"*
(Psalm 59,17–18; Gute Nachricht).

Ich sprach einmal mit einem Psychologen über jemanden, dem
wir beide helfen wollten. Dieser Mann hatte scheinbar nur Probleme. Er war das, was man allgemein einen geborenen Verlierer
nennt.

Der Psychologe hatte Recht, als er sagte: „Die Schwierigkeit dieses
Menschen besteht darin, dass er keine Erfolgserlebnisse aufzuweisen
hat. Er hat nie die Erfahrung gemacht, wie es sich anfühlt, erfolgreich
zu sein. Darum ist er überzeugt davon, dass er ein geborener Verlierer
ist."

Dieser junge Mann versagte in der Schule und in der Beziehung zu
Gleichaltrigen, konnte sich nicht in die Gesellschaft einfügen, versagte an seiner ersten Arbeitsstelle, wurde auch bei seinem zweiten
Job gekündigt und landete in einer Besserungsanstalt. Und so ging es
im Grunde sein ganzes Leben lang weiter. Sein letztes Erfolgserlebnis
hatte er, als er laufen lernte!

Wie kann auch er zu Erfolgserlebnissen kommen? Es gibt keinen
anderen Weg als den, eine lebendige Beziehung zu Gott einzugehen.
Das ist der Anfang für alle weiteren Veränderungen.

Ist es schon lange her, seit Sie Ihr letztes Gipfelerlebnis hatten? Wo
müssen Sie ansetzen? Versuchen Sie doch als Erstes dafür zu sorgen,
dass Ihre Beziehung zu Gott fest und stark wird. Auf einem Gipfel
kann man nur mit Gott stehen! Er lässt uns einen Blick auf unser Morgen werfen!

Vom Gipfel aus kann ich größere Möglichkeiten sehen!

Der Blick vom Gipfel 28. Juli

„Ich bin ganz sicher: Gott wird das gute Werk, das er bei euch angefangen hat, auch vollenden" (Philipper 1,6; Gute Nachricht).

Vor einigen Jahren fühlte ich den Drang, regelmäßig zu joggen. Ich wusste, dass ich aus gesundheitlichen Gründen joggen sollte, und ich wollte es auch. Aber ich *fühlte* mich oft nicht danach, meine üblichen zehn Kilometer zu laufen.

Da ich zehn Kilometer von der Gemeinde entfernt wohne, schlüpfte ich also in meinen Trainingsanzug und beschloss, einfach nur den halben Weg bis zur Gemeinde zu laufen. Was blieb mir aber übrig, als ich diesen Punkt erreicht hatte? Ich konnte nicht einfach per Anhalter nach Hause zurück. Ich musste weiterlaufen; es gab keine andere Alternative.

Ich greife oft auf diesen Trick zurück. Wenn ich weiß, dass ich etwas tun sollte, aber den Eindruck habe, dass ich die Sache nicht durchstehen werde, dann verpflichte ich mich dazu, nur bis an den kritischen Punkt zu gehen, wo man nicht mehr umkehren kann. Damit habe ich mich selbst überlistet – ich muss die Sache zu Ende führen.

Manche von Ihnen haben vielleicht Angst, den Berg zu besteigen. Vielleicht fürchten Sie, nie oben anzukommen. Sie denken: *Werde ich das schaffen? Werde ich damit Erfolg haben?* Entschließen Sie sich anzufangen und beschließen Sie erst dann weiterzumachen. Machen Sie sich keine Gedanken um den Gipfel, zunächst geht es nur darum, überhaupt loszugehen. Das ist der entscheidende Schritt.

Was hält Sie davon ab, Ihren Gipfel zu erklimmen? Sind Sie gerade mit etwas beschäftigt, das zu einem Gipfelerlebnis werden könnte?

Ich will mit Gott bis zum Gipfel klettern.
Ich kann die klare Luft spüren,
und ich werde weitergehen,
bis ich oben angekommen bin!

29. Juli   *Der Blick vom Gipfel*

„Ich sage dir, was du tun sollst, und zeige dir den richtigen Weg. Ich lasse dich nicht aus den Augen" (Psalm 32,8; Gute Nachricht).

Wenn die Idee nicht stimmt,
sagt Gott: „Nein."

Wenn der Zeitpunkt nicht stimmt,
sagt Gott: „Warte!"

Wenn mit uns etwas nicht stimmt,
sagt Gott: „Wachse!"

Wenn alles stimmt,
sagt Gott: „Los!"

Ich will mir ein Herz fassen
und mit Gott Abenteuer wagen!

Der Blick vom Gipfel — 30. Juli

„Denn Gott ist es, der in euch das Wollen und das Vollbringen bewirkt, noch über euren guten Willen hinaus" (Philipper 2,13).

Wie kann man Erfolg haben? Nun, entweder mit Hilfe eines Angelhakens oder mit Hilfe eines Hirtenstabs. Lassen Sie mich das erst erklären, bevor Sie völlig verwirrt sind.

Ich angle hin und wieder, aber es ist noch nie passiert, dass die Fische von selbst in mein Boot gesprungen wären. Ich selbst halte viel von positivem Denken, aber die Fische wollen sich nicht daran halten. Ich muss mich anstrengen und mir etwas einfallen lassen. Ich muss meinen Angelhaken auswerfen.

Der Angelhaken bezieht sich also darauf, dass ich alles tue, was in meiner Macht steht, und darauf vertraue, dass Gott sich um den Rest kümmern wird. Der Angelhaken ist so etwas wie ein Balanceakt zwischen eigenem Bemühen und Gottvertrauen.

Der Hirtenstab eines Schäfers hat einen nützlichen gebogenen Griff. Wenn ein Schaf z. B. anfängt, abseits der Herde zu grasen, dann holt er es mit diesem gebogenen Stab wieder behutsam zurück.

Wenn ein Schaf in eine Schlucht stürzt oder sich an eine schwer zugängliche Stelle verirrt, dann hakt er diesen Stab unter und bringt es damit wieder in Sicherheit.

Der Hirtenstab bedeutet also: Während wir uns bemühen, Erfolg zu haben, steht Jesus Christus, unser Hirte, neben uns, um uns zu leiten und uns aus allen Gefahren zu retten. Wir können also Erfolg haben, indem wir selbst etwas wagen und uns gleichzeitig auf seine Hilfe verlassen!

> *Wenn ich mich anstrenge und dabei*
> *auf Gottes Hilfe verlasse,*
> *werde ich mehr und mehr zu dem,*
> *was ich in Gottes Augen sein soll.*

31. Juli   *Erkenne dich selbst!*

„Du, Herr, bist ja bei mir; du schützt mich und führst mich, das macht mir Mut" (Psalm 23,4; Gute Nachricht).

Gott hilft uns zu entdecken, welche Menschen wir durch eigenes Bemühen und durch seine Hilfe werden können. Legen Sie eine Pause ein und überdenken Sie Ihr Leben. Wo hat Gott Ihnen geholfen, die Angel auszuwerfen? Wo musste er seinen Hirtenstab einsetzen?

Gott hat den Angelhaken in meinem Leben benutzt, als

_____

_____

_____

_____

Gott hat den Hirtenstab in meinem Leben benutzt, als

_____

_____

_____

_____

> *Unter Gottes Leitung werde ich jeden Tag mehr zu dem Menschen, der ich nach seinem Plan sein soll.*

Erkenne dich selbst! 1. August

„Wie willkommen sind auf den Bergen die Schritte des Freudenboten, der Frieden ankündigt, der eine frohe Botschaft bringt und Rettung verheißt" (Jesaja 52,7).

Vor einiger Zeit beschloss ich, noch einmal nach Russland zu reisen. Dieses Mal begleitete mich meine Frau. In Leningrad trafen wir eine äußerst kluge junge Kommunistin. Ich war von ihr so beeindruckt, dass ich sie mir ohne weiteres als zukünftige Präsidentengattin ihres Landes vorstellen kann.

Wir kamen ins Gespräch und sie erkundigte sich: „Welchen Beruf üben Sie aus?" Ich antwortete, dass ich Pastor sei. Dann betete ich im Stillen und fragte Gott, was ich als Nächstes sagen könnte. Wozu er mich dann inspirierte, könnte auch für Sie von Bedeutung sein. „Wissen Sie", fuhr ich fort, „ich habe einige Jahre lang sowohl Theologie als auch Psychologie studiert und bin zu folgendem Schluss gekommen: Jeder Mensch – egal, ob Kapitalist, Kommunist, Russe oder Amerikaner – wird sich als Mensch verändern und innerlich schöner werden, wenn er an Jesus Christus glaubt. Das ist eine Tatsache!"

Sie war sprachlos, aber ihr Gesicht zeigte für einen Moment, dass sie von der Autorität dieses unumstößlichen Gesetzes, das auch wissenschaftlich nachzuweisen ist, überwältigt war.

Sie werden zu einem schöneren Menschen werden, wenn Sie den schönen Glauben an Jesus Christus entdecken. Ein schöneres Ich schlummert in uns und wartet nur auf seinen Durchbruch!

*Gott, ich danke dir dafür,
dass du heute in meinem Herzen,
in meiner Seele und in meinem Leben etwas Schönem
zum Durchbruch verhilfst!*

2. August

Erkenne dich selbst!

*„Wir sind ganz und gar Gottes Werk. Durch Jesus Christus hat er uns
so geschaffen, dass wir nun Gutes tun können"*
(Epheser 2,10; Gute Nachricht).

*I*ch weiß, dass ich ein völlig anderer Mensch wäre, wenn ich Jesus
Christus nicht nachfolgen würde. Wie sieht das bei Ihnen aus? Zu
welchem Menschen wären Sie geworden, wenn Sie Jesus nicht nachfolgten? Lassen Sie uns eine Bestandsaufnahme machen:

Ohne Christus wäre ich   *Mit Christus werde ich*

_____   _____

_____   _____

_____   _____

_____   _____

_____   _____

_____   _____

*Gottes Kraft fließt durch mich, um mich zu beleben,
zu stärken und mich froh und schön zu machen!*

Erkenne dich selbst! 3. August

„Es komme über uns die Güte des Herrn, unseres Gottes. Lass das Werk unserer Hände gedeihen" (Psalm 90,17).

„Ich muss Ihnen meine Geschichte erzählen", sagte eine 63-jährige Frau zu mir. „Ich war 13, als ich Atheistin wurde. Es war mir etwas Schreckliches zugestoßen und ich betete und betete zu Gott. Aber das Problem verschwand nicht. Darum kam ich zu dem Schluss, dass es keinen Gott gibt.

Ich bin seit 42 Jahren verheiratet. Mein Mann war all diese Jahre gläubig und ging in eine Gemeinde. Aber ich wollte davon nichts wissen. Ich kann gar nicht verstehen, wie er es all diese Jahre mit mir ausgehalten hat.

Aber eines Sonntagmorgens machte ich den Fernseher an, als er in der Kirche war. Zufällig traf ich auf Ihre Sendung ‚Hour of Power'. Irgendetwas hielt mich davon ab, gleich wieder umzuschalten. Sie sprachen gerade über Jesus und die Liebe, die er uns entgegenbringt. Ich spürte etwas in mir, das sehr real war. Ich konnte immer noch nicht an Gott glauben, aber während ich weiter zuhörte, betete ich und bat Jesus, in mein Leben zu kommen. Ich wurde augenblicklich zu einem anderen Menschen! Ich konnte es kaum erwarten, bis mein Mann nach Hause kam und ich ihm alles erzählen konnte!"

Sie weinten beide, als sie mir berichteten, was für ein wunderbarer Mensch sie in Wahrheit sei. Nach einem fast 50-jährigen Leben als Atheist war sie erst vor kurzem zum Glauben gekommen und hatte dabei entdeckt, wer sie selbst war! Wenn wir eine Beziehung zu Jesus Christus haben, werden wir auch entdecken, dass wir im Grunde schöne Menschen sind!

*Jesus Christus macht beides schön –
meinen Tag und auch mich selbst!*

4. August   *Erkenne dich selbst!*

„Bittet, dann wird euch gegeben; sucht, dann werdet ihr finden; klopft an, dann wird euch geöffnet" (Matthäus 7,7).

Wie kann ich Gott näher kommen?", fragte mich ein Verwaltungsbeamter, der im Flugzeug neben mir saß.

„Haben Sie ihn je dazu eingeladen, in Ihr Leben zu kommen?", entgegnete ich.

Er verneinte: „Nein, das hört sich zu einfach an. Tut mir Leid, aber das kaufe ich Ihnen nicht ab."

„Doch", sagte ich, „es ist so einfach. Genauso einfach wie die Sonne, die jeden Tag scheint, oder wie ein Kind, das uns umarmt und küsst, oder wie eine aufblühende Blume. Wenn Gott etwas macht, dann muss es nicht kompliziert sein. Warum beten wir nicht jetzt gleich dafür?"

„Hier im Flugzeug?", fragte er.

„Warum nicht?"

Wir hielten uns an den Händen, als wir beteten. Dem großen, starken Mann liefen die Tränen über die Wangen, als er sagte: „Es stimmt, es ist wirklich wahr!"

Haben Sie je diese Erfahrung gemacht? Was hält Sie davon ab, Gott bei einem Ihrer Probleme zu vertrauen oder Jesus einzuladen, in Ihr Leben zu kommen? Versuchen Sie, diese Hindernisse in Worte zu fassen:

_____

_____

_____

_____

Lesen Sie noch einmal durch, was Sie gerade notiert haben. Glauben Sie, dass diese Hindernisse für Gott unüberwindlich sind? Vertrauen Sie darauf, dass er einfache Lösungen hat.

Ich bin einfach begeistert,
wie Gott heute in mir und durch mich wirkt!

Erkenne dich selbst! 5. August

„Christus hat uns befreit; er will, dass wir jetzt auch frei bleiben"
(Galater 5,1; Gute Nachricht).

Hallo, wie geht es Ihnen?", fragte ich die junge Frau, die mich am Zeitungsstand des Hotels bediente. Sie gab eine ausweichende Antwort. „Sie sehen ja nicht gerade begeistert aus", stellte ich fest.

Als sie mir die Zeitung reichte, meinte sie: „Ich bin nicht sehr glücklich. Nachdem mein Mann im Krieg gefallen ist, bin ich mit meinen drei kleinen Kindern aus Vietnam ausgewandert. Ich vermisse meine Heimat und den Rest meiner Familie, aber ich kann nicht zurück." Und Tränen liefen ihr die Wangen herab.

„Welchen Glauben oder welche Religion haben Sie?", erkundigte ich mich. „Ich bin Buddhistin", antwortete sie, während sie mit den Tränen kämpfte, „aber ich praktiziere meine Religion nicht."

„Darf ich Ihnen sagen, was Jesus Christus für mich bedeutet?", fragte ich weiter. Sie wollte wissen, was ich damit meinte, und ich fuhr fort: „Nun, er ist der einzige Religionsgründer, der je gesagt hat: ‚Ich liebe dich so sehr, dass ich bereit bin, für dich zu sterben.' Er ist für Sie und für mich am Kreuz gestorben, aber er ist wieder auferstanden und lebt heute noch. Er lebt wirklich! Das ist der Grund, warum ich ihm nachfolge. Ich liebe ihn für das, was er für mich getan hat. Möchten Sie ein Nachfolger Christi werden?"

Sie zögerte erst, sagte aber dann: „Ich denke schon. Das hat mich noch nie jemand gefragt. Doch, ich möchte." Und sie lud Jesus ein, in ihr Leben zu kommen, mitten im Foyer des Hotels.

Ich muss mich nicht mehr von meinen destruktiven
Gedanken beherrschen lassen.
Danke, Herr, für diese Freiheit!

6. August

Es ist möglich!

"Durch dein Wort erhältst du mich am Leben"
(Psalm 119,50; Gute Nachricht).

Wir können unser Leben erst dann richtig genießen, wenn wir es losgelassen und Gott die Zügel in die Hand gelegt haben. Es gibt drei Bereiche, die uns nach unten ziehen können: die Belastungen unseres Lebens, die Sünden unseres Lebens und die Erfolge unseres Lebens. Da ich in allen drei Bereichen Erfahrungen gesammelt habe, weiß ich, wovon ich spreche. Ich möchte Ihnen drei Ratschläge geben, die Ihnen dabei helfen werden, mit diesen Problemen umzugehen:

Überlassen Sie Gott Ihre Belastungen!

Überlassen Sie Gott Ihre Sünden!

Überlassen Sie Gott Ihre Erfolge!

*Herr, ich verlasse mich auf deine Liebe.
Deshalb muss ich mich nicht mehr von meinen Sorgen
und Lasten herunterdrücken lassen!*

Es ist möglich! 7. August

"Wenn ihr Glauben habt und nicht zweifelt, dann werdet ihr nicht nur das vollbringen, was ich mit dem Feigenbaum getan habe; selbst wenn ihr zu diesem Berg sagt: Heb dich empor, und stürze dich ins Meer!, wird es geschehen" (Matthäus 21,21).

John Roebling war der Ingenieur, der die Idee hatte, den Fluss mit einer Brücke zu überspannen und so Manhattan Island mit Brooklyn zu verbinden. Es war eine großartige Idee, aber alle Experten und Bauingenieure sagten, dass es nicht möglich sei. Einige von ihnen waren der Meinung, man könne zwar eine Brücke errichten, aber bei einer Spannweite von 500 Metern würde sie den Gezeiten und Stürmen nicht standhalten. Aber John Roebling und sein Sohn Washington fanden einen Weg, um diese Probleme zu lösen und die Schwierigkeiten zu überwinden.

Als man mit dem Bau der Brücke begann, kam John Roebling bei der Arbeit ums Leben, und auch Washington wurde bei diesem Unfall unter Wasser eingeklemmt. Der Sohn überlebte zwar, trug aber einen dauerhaften Gehirnschaden davon, sodass er nie wieder gehen oder sprechen konnte.

Alle waren dafür, das Vorhaben aufzugeben. Nicht aber Washington. Indem er den Arm seiner Frau mit einem Finger antippte, entwickelte er einen Verständigungscode. Durch sie vermittelte er den anderen Ingenieuren, die an dem Projekt beteiligt waren, seine Vorstellungen. Auf diese Weise beaufsichtigte Washington Roebling 13 Jahre lang den Bau der Brücke. Als 1883 schließlich der Verkehr über die fertig gestellte Brücke floss und man Washington Roebling diese Nachricht überbrachte, weinte er vor Freude. Ein vermeintlich unmöglicher Traum war Realität geworden!

> *Gott, ich danke dir dafür,*
> *dass du auch mir helfen wirst,*
> *all die großen Möglichkeiten zu entdecken,*
> *die du in mich hineingelegt hast.*

8. August

Es ist möglich!

„Glaubst du das jetzt [...]? Du wirst noch viel größere Dinge erleben"
(Johannes 1,50; Gute Nachricht).

Jeder von uns kämpft von Zeit zu Zeit mit Schwierigkeiten, für die es kaum Lösungen zu geben scheint. Der Schlüssel zum Erfolg liegt darin, jeden Tag mit Hilfe zweier Fragen zu planen:

1. Worin liegt die größte Schwierigkeit, die ich heute durchstehen muss?
2. Was werde ich heute diesbezüglich unternehmen?

Stellen Sie sich täglich diese beiden Fragen, und Sie werden überrascht sein, wo Sie in einem Jahr sein werden! Beschreiben Sie kurz Ihr „unlösbares Problem":

_____

_____

_____

Glauben Sie daran, dass für Gott nichts unmöglich und kein Problem unlösbar ist. Das mag Ihnen sinnlos und schwierig erscheinen. Probieren Sie es trotzdem. Betrachten Sie noch einmal das Problem, das Sie soeben beschrieben haben, und vervollständigen Sie den folgenden Satz:

Es könnte möglich sein, wenn

_____

_____

_____

> *Herr, mit deiner Hilfe gibt es keine „Wenns"*
> *und „Abers" mehr. Ich kann darauf vertrauen,*
> *dass dir nichts unmöglich ist!*

Es ist möglich! 9. August

„Sei treu bis in den Tod, dann werde ich dir den Kranz des Lebens geben" (Offenbarung 2,10).

*G*ott hat die Macht eine Tragödie in einen Triumph zu verwandeln. Und genau das geschah in einer dunklen Nacht während des amerikanischen Bürgerkriegs.

Eine Gruppe von Soldaten lagerte am Ufer eines Flusses, als sie vom Feind überrumpelt wurden. Sie flohen über eine Brücke, und als sie auf der anderen Seite angekommen waren, entdeckte der Kommandant, dass er sein Schwert im Zelt zurückgelassen hatte. Bevor er zurücklaufen konnte, sagte ein Jüngling namens Johnny Ring: „Oberst, lassen Sie mich das machen."

Johnny Ring lief über die Brücke zurück und holte das Schwert. Als er wieder zur Brücke kam, züngelten bereits Flammen an den Balken hoch, aber er rannte weiter, ohne sich aufhalten zu lassen, bis er dem Kommandanten das Schwert vor die Füße legte. Er hatte jedoch schlimme Verbrennungen erlitten und sank sterbend zu Boden. Oberst Conwell, ein Atheist, sah ihn an und schluchzte: „Johnny, es tut mir Leid, es tut mir so Leid!"

Johnny antwortete: „Sie müssen nicht traurig sein, Sir. Denn ich habe keine Angst vor dem Sterben. Ich kenne Jesus und mit mir wird alles gut werden." Mit seinen letzten Worten fragte er den Offizier: „Haben Sie Angst vor dem Tod, Colonel?"

Der Kommandant erwiderte: „Ja."

In dieser Nacht, in einem entscheidenden Augenblick seines Lebens, kniete er neben Johnnys Leiche nieder und bat Jesus, als Retter in sein Leben zu kommen. Auf Knien gelobte er, der Pastor zu werden, der Johnny hatte werden wollen. Er versprach Gott, täglich 16 Stunden zu arbeiten – acht für Johnny und acht für sich selbst. Conwell wurde einer der großen Geistlichen seiner Zeit.

*Ich bin ein Werkzeug
für Gottes großartige Möglichkeiten.*

10. August   Es ist möglich!

„Er, der in euch wirkt, ist mächtiger als der, der diese Welt regiert"
(1. Johannes 4,4; Gute Nachricht).

Nachdem Colonel Conwell Pastor geworden war, fing er an, im ganzen Land Vorträge zu halten. Sein Thema nannte er „Diamantenfelder", denn er sagte: „In jeder Schwierigkeit, mit der Sie gerade zu kämpfen haben, verbergen sich wahre Felder von Diamanten."

Er hielt diesen Vortrag mehr als 6 000 Mal und verdiente damit mehr als sechs Millionen Dollar. Mit diesem Geld erbaute er die Universität in Philadelphia. Und all das hatte mit dem Tod eines Soldaten begonnen.

Welche großen Dinge versucht Gott durch Sie zu tun? Wenn Sie den folgenden Satz zu Ende führen, werden Sie eine interessante Erfahrung machen:

Wenn ich sicher wüsste, dass es gelingt, würde ich

_____

_____

_____

_____

> *Gott ist größer als alle meine Misserfolge*
> *und alle meine Erfolge.*

Es ist möglich!   *11. August*

„Glaube aber ist: Feststehen in dem, was man erhofft, überzeugt sein von Dingen, die man nicht sieht" (Hebräer 11,1).

Ich glaube, dass es kaum etwas Faszinierenderes gibt, als den Frühling auf einer Farm zu erleben. Ich erinnere mich an all die vielen Jahre, in denen mein Vater den gesamten Vorrat an Getreide brauchte, um es an das Vieh zu verfüttern. Aber in unserem Getreidesilo gab es eine kleine Ecke, die mein Vater niemals anrührte. Ich sagte oft zu ihm: „Aber Papa, da drinnen ist ja noch Getreide."

Und er antwortete: „Nein, das ist unser Saatgut für das nächste Jahr. Das kann ich nicht als Futter für die Tiere verwenden." Er hob es auf. Dann kam der Frühling und jedes Körnchen wurde dringend als Futter benötigt. Doch was tat mein Vater? Er vergrub die übrig gebliebene Saat im Boden.

Es ist anzunehmen, dass mein Vater die Möglichkeiten abwog. Vielleicht sagte er sich: „Hier habe ich also einen Korb voll Getreide. Wenn ich ihn an die Tiere verfüttere, dann ist das bestimmt rentabel. Es ist kein Risiko damit verbunden. Wenn ich die Körner aber dem Boden anvertraue, gehe ich ein Risiko ein. Das Unkraut könnte es ersticken, die Vögel könnten es aufpicken, es könnte anfangen zu faulen oder Hagel und Sturm könnten die jungen Halme knicken. Dann wäre alles umsonst. Es ist nicht ohne Risiko, diesen Samen auszusäen. Aber er könnte sich auch hundertfach vervielfältigen!"

Warten Sie nicht, weil etwas mit einem Risiko verbunden ist! Vielleicht ist es bald zu spät.

> *Meine Entscheidungen beruhen darauf,*
> *dass Gott etwas tun kann,*
> *und nicht darauf, dass ich es kann.*

12. August   Es ist möglich!

„Deine gewaltige Macht sollen sie verkünden und ich will erzählen von deinen Taten!" (Psalm 145,6; Gute Nachricht).

Ich werde gelegentlich wegen meiner „Sprüche" kritisiert, doch sie haben wesentlich dazu beigetragen, mich zu dem zu machen, was ich heute bin. Ich erinnere mich, wie ich als Zwölfjähriger in der Bank auf meinen Vater wartete, der dort ein Geschäft abwickelte. Ich saß da und prägte mir den Spruch ein, der auf einem Kalender stand. Im Laufe der Jahre habe ich ihn noch ein wenig verändert:

Große Menschen sind ganz gewöhnliche Menschen,
die es wagen,
sich Gott auf ganz ungewöhnliche Weise zur Verfügung zu stellen.

Gottes „große" Menschen sind groß, weil sie sich einem Ziel verschreiben. Sie verpflichten sich irgendeinem Traum, zu dem Gott sie inspiriert. Ich lade Sie dazu ein, einer dieser großen Menschen Gottes zu werden. Geben Sie sich heute an eine Sache ganz hin. Schreiben Sie diese heute auf, damit Sie nachlesen können, wenn der Wind rau wird und die Begeisterung nachlässt. Gehen Sie das Risiko ein!

Mein Traum:

_____

_____

_____

Meine Schwierigkeiten sind Möglichkeiten.
Meine Hindernisse sind Gelegenheiten,
weil ich mich Gott und seiner Größe verschrieben habe.

Die Zukunft   *13. August*

„Wenn einer mir dient, wird der Vater ihn ehren" (Johannes 12,26).

Die chirurgische Abteilung war in einem primitiven Laden untergebracht. Die Hitze war drückend und die Gerüche fast intensiver, als Dr. Evans, der Besucher aus Amerika, ertragen konnte. Aber der Missionsarzt versah gelassen und unermüdlich seinen Dienst.

Nach sieben Stunden richtete er sich auf, blickte Dr. Evans an und verkündete, dass er fertig sei. Sie gingen zurück in sein bescheidenes Büro und Dr. Evans fragte den Missionsarzt: „Was hätten Sie in Amerika für eine Operation wie diese bekommen?"

Sein Gegenüber entgegnete: „Vermutlich 500 Dollar."

Evans sagte: „Darf ich fragen, wie viel Sie hier dafür bekommen haben?"

Der Arzt nahm eine ausgebeulte Kupfermünze von seinem Schreibtisch und sagte: „Nun, um damit zu beginnen – das hier. Als die Patientin zur Missionsstation kam, hielt sie diese Münze in der Hand, und mit Tränen in den Augen fragte sie: ‚Doktor, glauben Sie, wird das für eine Operation reichen?' Ich sah sie an und sagte: ‚Ja, ich denke schon.'" Seine Augen füllten sich mit Tränen, als er fortfuhr: „Der größte Gewinn liegt für mich darin, dass es mich so glücklich macht, wenn Jesus Christus für einige Stunden meine Hände benutzt, um eine kranke Frau zu heilen."

Wie soll Ihre Zukunft aussehen? Wenn Sie sich nach einem erfüllten Leben sehnen, dann sollten Sie sich verschenken. Persönliches Engagement ist das Einzige, das uns wirklich Erfüllung bringt.

Mein Glaube verdrängt alle Bedenken und ersetzt die Angst vor der Zukunft durch Taten der Liebe.

14. August — Die Zukunft

„Nehme ich Flügel des Morgenrots und lasse mich nieder am äußersten Meer, auch dort wird deine Hand mich ergreifen und deine Rechte mich fassen" (Psalm 139,9).

Während ich den riesigen Wellenbergen zusah, die auf die Küste zudonnerten, bemerkte ich, dass ein paar waghalsige Schwimmer herausfinden wollten, ob sie auf diesen Wellen reiten konnten. Einige dieser Möchtegern-Schwimmer liefen ins Wasser und stolperten im Schaum seichter Stellen herum, aber sie waren zu langsam. Sie wurden von den Wellen überrollt, umgeworfen, nach unten gedrückt und von den Wasserfluten mit der Brandung wieder hochgespült.

Weiter draußen im Tiefen sah ich einen geschickten Wellenreiter, der die Welle genau beobachtete, wenn sie auf ihn zukam. Anstatt zu fliehen, ließ er sich von ihr den Wellenberg elegant hinauftragen. Er wurde nicht umgeworfen, sondern hochgehoben! Er wurde nicht nach unten gedrückt, sondern nach oben geholt und weit mitgenommen!

In jeder Schwierigkeit liegen auch große Möglichkeiten verborgen, an denen wir wachsen oder durch die wir etwas lernen können, die in uns etwas klären oder durch die wir anderen dienen können. Unser Beet voll Unkraut kann dadurch zu einem fruchtbaren grünen Weideland werden. Die Zeit, in der wir ganz tief unten sind, kann für uns zu einer Zeit geistlicher Erneuerung werden. Warten Sie geduldig auf Gott. Er wird sich über dieses Warten nicht lustig machen. Gott wird nicht über Sie lachen, wenn Sie beten. Urplötzlich werden Sie seine mächtige Hand unter sich und um sich herum spüren, wenn er Sie aufhebt und in eine neue Zukunft trägt!

Ich danke Gott dafür, dass ich durch ihn vertrauensvoll in die Zukunft blicken kann und dass ich die Sicherheit haben kann, dass er selbst aus dem Negativen noch etwas Gutes machen kann!

Die Zukunft   *15. August*

„Was kein Auge gesehen und kein Ohr gehört hat, worauf kein Mensch jemals gekommen ist, das hält Gott bereit für die, die ihn lieben" (1. Korinther 2,9; Gute Nachricht).

Gideon, einer der großen Anführer im Alten Testament, wollte hinsichtlich seiner Zukunft ganz sicher sein. Darum breitete er auf der Tenne ein Vlies aus und bat Gott, dass nur die Wolle durch den Tau befeuchtet werde, der Boden aber trocken bliebe. Doch seine Angst war so groß, dass Gideon die Antwort nicht reichte, als Gott diese Bitte erhörte. Sie veranlasste ihn, den Vorgang am nächsten Abend zu wiederholen und Gott darum zu bitten, diesmal doch das Gegenteil zu tun.

Wenn selbst ein Gideon Angst vor der Zukunft hatte, brauchen auch wir uns nicht zu schämen, wenn wir unsicher sind. Schreiben Sie auf, was Ihnen im Blick auf Ihre Zukunft Angst macht:

_____

_____

_____

Lesen Sie sich das Geschriebene noch einmal durch und werfen Sie dann einen Blick auf den heutigen Bibelvers. Wird Gott sich um unsere Zukunft kümmern? Vertrauen Sie darauf – er kann und er wird es!

> *Die Zukunft ist mein Freund,*
> *weil Gott ebenso in meiner Zukunft sein wird,*
> *wie er jetzt bei mir ist.*

16. August Die Zukunft

„Ich aber bin gewiss, zu schauen die Güte des Herrn im Land der Lebenden" (Psalm 27,13).

Ich mag die Haltung unserer Nachbarin. Sie und ihr Mann hatten lange gearbeitet und gespart, um sich ein hübsches Haus kaufen zu können, auch wenn sie bereits über 50 waren. Eine Woche nach ihrem Einzug starb ihr Mann plötzlich und ohne jede Vorwarnung an einem Herzanfall. Und sie blieb allein in dem neuen Haus zurück.

Eines Morgens blieb ich am Zaun stehen, um mich mit ihr zu unterhalten. Sie war vor dem Haus und sichtete die Schachteln und Behälter mit den noch nicht gesetzten Pflanzen. Die Morgensonne schien hell, und auch sie war hellwach, als sie die anfallende Arbeit einschätzte. „Wissen Sie, was mir Kraft gibt?", sagte sie. „Es ist die Gewissheit, dass es für meinen Mann der richtige Zeitpunkt war, um zu sterben. Es war Gottes Wille. Und sein Wille für mich ist, dass ich jetzt diese Pflanzen setze und diese Kisten auspacke."

Und sie lebte auch danach! Ich beobachtete sie, als sie den Nachbarkindern half, alte Zeitungen für die Schule einzusammeln. Sie lachten und hatten großen Spaß miteinander. Bald danach war sie bei uns zum Kaffee eingeladen und sagte: „Doch, manchmal weine ich – aber es war Gottes Wille. Und ich weiß, dass er mich liebt. Er macht keinen Fehler."

Ihr Leben ist nicht zum Stillstand gekommen. Ihre Zukunft ist voll Leben.

Das eine weiß ich sicher – Gott ist für mich!
Deshalb brauche ich mich nicht zu fürchten!

Die Zukunft   17. August

*Ich habe die ruhige, feste Gewissheit,
dass Gott heute etwas Gutes für mich plant.
Ich kann es nicht erklären,
aber ich habe das Gefühl,
dass große Dinge auf mich warten.*

*Ich warte darauf, überrascht zu werden
von Gottes zärtlicher Güte.*

*Danke, Herr,
für mein Heute und
für alle Morgen, die noch kommen!*

> *Ich will lernen,
> mich wirklich an meinem Leben zu freuen!*

18. August   Die Zukunft

"Ich bleibe derselbe, so alt ihr auch werdet. [...] ich werde euch schleppen und retten" (Jesaja 46,4).

Die Hilfe des allmächtigen Gottes ist uns immer nah. Kein Wunder, dass wir vertrauensvoll in die Zukunft blicken dürfen! Selbst wenn ein Unglück über uns hereinbricht und wir nichts Gutes, sondern nur die unabwendbare, nackte und brutale Grausamkeit auf uns zukommen sehen, können wir davon ausgehen, dass er eingreift und uns hilft!

Wie ein unerwarteter Windstoß, der unter die müden Flügel eines sturmgeschüttelten Vogels fährt, um das elende Geschöpf hochzuheben, damit es neu gestärkt weiterfliegen kann, so unversehens wird Gott kommen, um uns seine Barmherzigkeit zu erweisen!

Gott gebraucht oft Menschen als Botschafter seiner Barmherzigkeit. Sie können sich sicherlich an Situationen erinnern, in denen Gott gerade im richtigen Moment jemand zu Ihnen schickte, um Ihnen ein paar ermutigende Worte zu sagen. Vielleicht möchte er Sie heute auf diese Weise gebrauchen.

Machen Sie eine Pause und entspannen Sie sich. Praktizieren Sie das hörende Gebet, und fragen Sie Gott, ob es jemanden gibt, den Sie heute besuchen oder anrufen sollten oder dem Sie ein paar ermutigende Worte schreiben könnten. Notieren Sie die Namen dieser Menschen:

_____

_____

Was möchte Gott, dass Sie tun sollen?

_____

_____

> *Herr, hier bin ich. Gebrauche mich,*
> *um deine Barmherzigkeit heute zu einem Menschen*
> *zu bringen, der leidet.*

Die Zukunft   19. August

„Die Steppe soll sich freuen, das dürre Land glücklich sein, die Wüste jubeln und blühen! Mit Blumen soll sie sich bedecken, jauchzen und vor Freude schreien!" (Jesaja 35,1–2; Gute Nachricht).

Als ich einmal von New York zurückflog, zog der riesige Jumbo seine Kreise, um in Los Angeles auf die Landebahn einzuschwenken. Am Ende unseres Fluges quer über den Kontinent zog die Landschaft auf diesen letzten Meilen wie im Kaleidoskop an uns vorüber: Catalina Island, der Küste vorgelagert im tiefblauen Ozean; die weiße Brandung an den Stränden Südkaliforniens; die schneebedeckten Berge rund um das Becken von Los Angeles; und hinter den majestätischen Gipfeln die ausgedehnten Weiten der Wüste.

Immer, wenn ich diese Strecke fliege, fällt mir mitten in der endlos scheinenden Wüste ein winziger grüner Fleck auf – eine kleine, blühende Farm, umzingelt von einem durstigen Monster aus wandernden Sanddünen. Wird die schutzlose kleine Ranch eines Tages, wenn ich wieder darüber hinwegfliege, von der dürren Wüste verschluckt sein? Das ist nicht zu befürchten. Denn diese fruchtbare Oase bezieht ihr Leben aus tief liegenden Quellen, die einen unterirdischen Strom anzapfen. Weit weg im Westen schmilzt Schnee auf den Bergen, und das Wasser fließt die östlichen Abhänge hinab, um tief in den Sand einzusickern und einen unterirdischen Fluss zu speisen. Die Zukunft dieser Ranch ist gesichert, denn sie ist ein geheimes Bündnis mit den Bergen eingegangen!

So ist es auch mit uns. Sie können sich wie eine Insel im stürmischen Meer fühlen oder wie ein grüner Flecken mitten in der Wüste. Doch Ihr Leben steht unter dem Schutz und der Fürsorge Gottes, der über die Seinen wacht.

Meine Wurzeln strecken sich in die Tiefe aus und zapfen Gottes reichen Vorrat an. Ich brauche keine Angst zu haben!

20. August   Gottes Kraft in mir

„Euch aber muss es zuerst um sein Reich und seine Gerechtigkeit gehen; dann wird euch alles andere dazugegeben" (Matthäus 6,33).

Wenn wir Gottes Kraft in uns haben, dann ist es möglich, dass wir von einem Erfolg zum anderen eilen. Das stimmt wirklich. In der Mathematik des Glaubens, wie ich es zu nennen pflege, kann das auf eine einfache Formel gebracht werden.

Glaube ist eine mathematische Größe! Denn er subtrahiert Schwachheit, addiert Kraft, dividiert Schwierigkeiten und multipliziert Möglichkeiten! Was für eine aufregende Art zu leben!

Man kann sehen, wie dieses Prinzip im Leben Jesu Christi umgesetzt wurde. Er war der erfolgreichste Mensch, der je gelebt hat. Er hatte nie einen negativen, abwertenden Gedanken. Ich bemühe mich zwar, positiv zu denken, dennoch gibt es Zeiten, in denen auch ich negativ werde.

Nun könnte jemand argumentieren, dass Jesus ein Versager war, weil er am Kreuz starb. Doch nichts wäre weiter von der Wahrheit entfernt. Der Schlüssel zum Verständnis liegt darin, wie man „Erfolg" definiert. Für mich liegt Erfolg darin, den Willen Gottes für mein Leben zu erfüllen. Erfolg zu haben heißt, das zu erreichen, was Gott durch mich erreichen möchte.

Jesus hatte den größtmöglichen Erfolg in dieser Welt, weil er auf vollkommene Weise ausführte, was Gottes Plan mit ihm war. Haben Sie keine Angst vor Erfolg! Gott möchte, dass Sie erfolgreich sind, auch wenn dieser Erfolg nicht so aussieht, wie Sie sich das vorstellen!

Weil Gottes Kraft in mir wirkt,
werden alle meine Anstrengungen zum Erfolg führen!

Gottes Kraft in mir   21. August

„Wie unergründlich tief ist Gottes Reichtum, wie tief seine Weisheit und seine Voraussicht! Wie unerforschlich sind seine Gerichtsurteile, wie unbegreiflich seine Führungen!" (Römer 11,33; Gute Nachricht).

Zu Beginn dieser Andachten haben wir uns mit den langfristigen Zielen beschäftigt: *Was soll ich mit meinem Leben anfangen?* Nun ist es an der Zeit, mehr ins Detail zu gehen. Welche kurzfristigen Ziele könnten Sie sich setzen? Denken Sie daran, dass diese Ziele einerseits groß genug sein sollten, damit auch Gottes Handeln darin Platz hat, andererseits aber konkret genug, damit Sie in der Lage sind, sie innerhalb einer Woche zu erreichen. Nehmen Sie sich Zeit, um darüber nachzudenken. Schreiben Sie ein oder zwei Ziele auf, die Sie in sieben Tagen erreichen möchten:

In einer Woche will ich

_____

_____

_____

_____

Ist das Ziel, das Sie sich gesetzt haben, so groß, dass Sie dabei auf Gottes Hilfe angewiesen sind? Ich hoffe es! Sprechen Sie heute mit Gott darüber, bitten Sie ihn um Hilfe, um Ideen, um Mut und um einen Plan, wie Sie diese Ziele erreichen können.

Ich will heute Neues wagen! Ich will Gott vertrauen, dass er mir Kraft, Mut, Ideen und alle Hilfe schenkt, die ich brauche, um mein Ziel zu erreichen!

22. August — Gottes Kraft in mir

„Denn als Glaubende gehen wir unseren Weg, nicht als Schauende"
(2. Korinther 5,7).

Ralph Johnson Bunche gewann 1950 als erster Afro-Amerikaner den Friedensnobelpreis. Worin liegt das Geheimnis, das ihn zu nationalem und internationalem Ansehen und Erfolg führte?

Er wurde in Detroit, Michigan, geboren. Seine Mutter starb, als er ein kleiner Junge war. Sein Vater, ein Fleischer, versorgte die Familie, bis er nicht lange danach auch starb. Ralph Bunche war zwölf, als er zum Waisen wurde.

Nach dem Tod seiner Eltern zog Ralph zu seiner Großmutter nach Los Angeles. Lucy Johnson war eine so aufbauende Frau, dass man ihre schriftlichen Äußerungen unter dem Titel „Glaube an dich selbst" gegen Ende ihres Lebens in einer begrenzten Veröffentlichung herausgab. Aus diesem Buch möchte ich Ihnen einige Aussagen weitergeben.

Im ersten Kapitel schreibt sie: „Glaube an dich selbst. Sage nie, du möchtest etwas versuchen, sondern sage, dass du es tun wirst." Das sind zwei wichtige Ratschläge. In diesen beiden Sätzen liegt der Same für ein gesundes Selbstvertrauen. Und das ist ein Wesenszug, den wir nach Gottes Willen haben sollen.

Mrs. Johnson schreibt weiter: „Glaube nicht nur an dich selbst, sondern auch an andere Menschen." Erfolgreiche Menschen vertrauen neben Gott auch anderen Menschen. Sie weist darauf hin, wie oft die Bibel von Vertrauen spricht. „Lies die Bibel", schreibt sie, „und werde Herr über dein Schicksal."

Kein Wunder, dass Ralph Bunche zu solchen Ehren kam. Er hatte eine Großmutter namens Lucy Johnson, die ihm den Glauben an Jesus Christus vorlebte!

Ich weiß, dass ich aus dem Kraftreservoir Gottes
in mir schöpfen kann!

Gottes Kraft in mir 23. August

„Ich schenke euch ein neues Herz und lege einen neuen Geist in euch" (Ezechiel 36,26).

Wo heute die *Crystal Cathedral* steht, befand sich früher ein großer Walnusshain. Nussbäume werfen im Herbst ihre Blätter ab. Blätter, die nicht von selbst abfallen, werden vom „Santa-Ana-Wind", wie wir das hier in Kalifornien nennen, weggeblasen. Mit diesem Namen bezeichnet man starke Winde, die regelmäßig über das südliche Kalifornien hinwegfegen.

Eines Tages ging ich durch unseren kahlen Walnusshain und sah, dass immer noch einzelne vertrocknete Blätter an den Zweigen hingen. Die heftigen Winde hatten es nicht geschafft, sie wegzublasen. Der Winterregen hatte sie nicht weggewaschen.

Einige unserer Probleme sind ähnlicher Art. Sie haften an uns, und keinem Wind gelingt es, sie wegzublasen, kein Regen kann sie wegwaschen. Nur Geduld – bald wird neuer Saft aus der Tiefe hochsteigen bis hoch hinauf in die Äste, und junge Knospen werden das tote alte Blatt abstoßen. Das Schicksal jedes alten Blattes, das den Winter über hängen blieb, ist besiegelt, denn im Frühling wird es durch neues Leben verdrängt werden!

Fühlen Sie sich deprimiert oder wertlos oder völlig am Ende? Auch zu Ihnen kann neues Leben kommen! Aber Sie können es nicht selbst bewirken. Gottes Kraft in Ihnen wird dieses neue Leben bewirken. Sie wird Altes abstoßen, um Platz für Neues zu schaffen.

Wenn Stürme und Schwierigkeiten heute über mich hereinbrechen, will ich mich nicht geschlagen geben. Gott wird mir neue Energie schenken.

24. August

Gottes Kraft in mir

„Du siehst also: Sein Glaube und seine Taten wirkten zusammen; sein Glaube wurde durch sein Tun vollkommen"
(Jakobus 2,22; Gute Nachricht).

Joe Frazier, der kürzlich verstorbene Boxweltmeister im Schwergewicht, ist ein gutes Beispiel dafür, wie man als Christ träumen und planen kann. Er war ein hingegebener Christ, der jeden Abend in der Bibel las und regelmäßig zur Kirche ging. Seinen Erfolg schrieb er seinem Glauben an Gott zu.

Als Junge hatte Joe davon geträumt, Boxer zu werden. Archie Moore, einer der größten Boxer aller Zeiten, hatte ihn durch seine Fernsehsendung „ABC" dazu inspiriert („Any Boy Can"; d. h.: Jeder Junge kann!).

Da Joe kein Geld hatte, musste er improvisieren. Er nahm einen alten Sack, füllte ihn mit Sand und hatte so einen Boxsack. Das war der Beginn eines hingegebenen, disziplinierten Trainings, das schließlich dazu führte, dass Frazier 1964 die USA als Boxer bei den Olympischen Spielen in Tokio vertrat.

Er arbeitete hart, betete und glaubte daran, dass er es schaffen würde, seine Ziele zu erreichen. Frazier gewann die Goldmedaille schließlich trotz eines gebrochenen Daumens.

Darüber hinaus war er davon überzeugt, dass Erfolg mit dem Lauftraining zusammenhänge. Dem stimme ich zu. Man muss bereit sein, Monat für Monat, Jahr für Jahr zu laufen und Hindernis für Hindernis zu nehmen.

Frazier gab zu, dass er manchmal in Versuchung geriet, seine täglichen 20 Kilometer abzubrechen. Keiner würde es merken. Doch dann wurde ihm bewusst, dass er nur sich selbst betrügen würde, und das wollte er auf keinen Fall. Darum lief er weiter!

Laufen Sie weiter, allen Schwierigkeiten zum Trotz!

Nichts soll mich am Erreichen meines Ziels hindern, weil ich die Gewissheit habe, dass ich einen Plan ausführe, den Gott mir geschenkt hat!

Gottes Kraft in mir

25. August

„Er ist es, der mir Kraft zum Kämpfen gibt und einen geraden, gut gebahnten Weg. Er macht meine Füße gazellenflink und standfest auf allen steilen Gipfeln" (Psalm 18,33–34; Gute Nachricht).

Pat Nordbergs Leben hing während der Operation stundenlang an einem seidenen Faden. Wunderbarerweise überlebte sie. Aber als Folge der Verletzungen blieb eine Aphasie zurück. Sie hatte die Fähigkeit, zu sprechen und sich an Worte zu erinnern, vorübergehend verloren.

Sie hatte in der Folgezeit enorme Schwierigkeiten zu überwinden. Noch während sie unter ihrer Aphasie litt, erklärte sie sich bereit, geistig behinderten Kindern zu helfen. Das weckte in ihr einen Traum: Sie wollte Psychotherapeutin werden und sich auf die Arbeit mit behinderten Kindern spezialisieren.

Sie wagte zu glauben, dass sie es mit Gottes Hilfe schaffen konnte. Als Erstes arbeitete sie einen detaillierten Plan aus. Da sie wusste, dass sie das Zusammenspiel ihrer Muskeln wiedererlangen musste, übte sie zwei Jahre lang mit einem Hulareifen. Damit baute sie ihre Muskelkraft so weit auf, dass sie in der Lage war, den Führerschein zu machen. Als das geschafft war, nahm sie das College in Angriff.

Pat schaffte es bis zum Abschluss. Ihr Traum war zu einem brennenden Wunsch geworden. Und sie hatte Erfolg. Heute ist sie Therapeutin, die Kinder, die unter Aphasie leiden, und deren Eltern betreut. Wenn Sie Ihren Plan Schritt für Schritt umsetzen, kann Großartiges passieren!

Gottes Kraft in mir macht mich stark.
Mit seiner Hilfe werde ich mein Ziel erreichen!

26. August   *Gottes Kraft in mir*

„Ich habe mich an deinen Weg gehalten und bin nicht einen Schritt davon gewichen" (Psalm 17,5; Gute Nachricht).

Vor einigen Tagen habe ich Sie aufgefordert, sich einige kurzfristige Ziele zu setzen. Haben Sie dies getan? Dann sollten Sie jetzt Ihren Fortschritt einschätzen. Wie läuft es? Haben Sie Ihre Ziele erreicht? Wurden sie teilweise erreicht? Beschreiben Sie das Gefühl, das dieser Fortschritt bei Ihnen hervorruft:

_____

_____

_____

Wenn Sie Ihr Ziel nicht erreicht haben, dann ist es jetzt an der Zeit, das Ziel neu zu formulieren. Lassen Sie sich nicht entmutigen, und geben Sie nicht auf, jetzt, wo Sie gerade auf den Erfolg zugehen! Wenn Sie Ihr Ziel nicht erreicht haben, dann sollten Sie einfach ein neues Ziel ins Auge fassen. Stützen Sie sich auf Ihren Glauben und Gottes Kraft, um sich nach einem größeren Ziel auszustrecken. Weiten Sie Ihren Glauben aus. Und vergessen Sie nicht: Gut begonnen ist halb gewonnen!

Mein nächstes Ziel heißt:

_____

_____

_____

> *Ich weiß, dass ich mit Gottes Hilfe*
> *mein Ziel erreichen kann.*

Begeisterung für heute und morgen

27. August

„Ich aber, Herr, ich vertraue dir, ich sage: ‚Du bist mein Gott.'"
(Psalm 31,15).

Dr. Norman Vincent Peale fragte einmal einen Chirurgen: „Was war die aufregendste Operation, die Sie je durchgeführt haben?"

Der Arzt dachte einen Augenblick nach und antwortete: „Ja, es gab eine Operation, die anders war als alle anderen. Sie hat mein Leben verändert.

Da war dieses kleine Mädchen, dessen Überlebenschancen bei zehn Prozent lagen. Als ich den Operationssaal betrat, lag dieses winzige kleine Etwas mit aschfahlem Gesicht unter dem Laken – so zerbrechlich, so schwach und hilflos.

Ich ging zu ihr hin, als sie gerade für die Anästhesie vorbereitet wurde. Sie blickte mich an und sagte: ‚Doktor, darf ich etwas sagen?' Ich entgegnete: ‚Aber sicher.' – ‚Sie müssen wissen, Doktor', erklärte sie mir begeistert, ‚dass ich jeden Abend bete, bevor ich schlafen gehe. Darf ich jetzt auch beten?' Ich stimmte zu.

Nun hatte ich zu dieser Zeit gerade selbst Schwierigkeiten mit meinem Sohn, die mich sehr unglücklich machten. Ich stand also neben ihr und sagte, sie solle nur beten und auch ihren Doktor dabei nicht vergessen.

Sie betete: ‚Jesus, guter Hirte, höre mich. Pass auf dein kleines Lamm heute Nacht gut auf . . . und, Jesus, segne den Doktor, denn auch er hat Probleme.' Das hat mir fast das Herz gebrochen. Ich wendete mich vom Operationstisch ab, damit die Schwestern meine Tränen nicht sehen konnten. Ich betete wie nie zuvor: ‚O Gott, wenn du mich je gebrauchen möchtest, um Menschenleben zu retten, dann gebrauche mich jetzt, um dieses kleine Mädchen zu retten.' Sie überlebte und ich habe zu Jesus gefunden!"

O Herr, ich will dir vertrauen, denn du bist mein Gott!

28. August

Begeisterung für heute und morgen

„Eines aber tue ich: Ich vergesse, was hinter mir liegt, und strecke mich nach dem aus, was vor mir ist" (Philipper 3,13).

Jesus Christus lebt! Und er will Ihnen und mir Begeisterung für jeden unserer Tage schenken!

Wenn wir auf uns selbst sehen . . . *wachsen* die Probleme.

Wenn wir auf Christus sehen . . . *verwachsen* sich die Probleme und verschwinden!

Die wunderbare Nachricht lautet, dass Jesus Christus uns durch die Kraft des in uns lebenden Heiligen Geistes befreit hat. Er will sich um alles kümmern, was an unserer Arbeitsstelle geschieht, um unsere Träume, um unsere Ehen und Familien.

Was kann Jesus Christus für Sie tun? Ich bin sicher, dass er für Sie dasselbe tun kann, was er für mich tut. Er kann Sie erreichen, wo immer Sie sind. Er kann Sie befreien, egal, wie gefangen Sie zu sein glauben. Er kann Ihnen neue Möglichkeiten eröffnen und Ihnen ein neues Wertgefühl vermitteln, indem er Ihnen Sinn und Ziel Ihres Lebens zeigt!

Wenn Sie auf sein Rufen antworten, werden Sie echte Lebensfreude erfahren. Sie werden ein besseres, glücklicheres und erfüllteres Leben haben. Wo immer Sie gerade sind – Sie sind für ihn erreichbar!

Jesus Christus will mich mit seiner Zuversicht und mit seiner Begeisterung erreichen.

Begeisterung für heute und morgen

29. August

„Lasst euch in eurem Denken erneuern durch den Geist, der euch geschenkt ist" (Epheser 4,23; Gute Nachricht).

Was ist zu tun, wenn alles Schöne aus unserem Leben zu weichen scheint, wenn sich die Sonne verfinstert und die Vögel nicht mehr singen, wenn das Leben schal und trübe wird, wenn alle Lebensfreude verloren geht und wir nicht mehr träumen können? Die Antwort darauf ist in einer wunderbaren Bibelstelle im Epheserbrief zu finden: „Lasst euch in eurem Denken erneuern durch den Geist" (Eph 4,23).

Hier eine kleine Geschichte, die dies besonders gut illustriert. Die junge Stewardess erkannte mich und sprach mich an: „Dr. Schuller, haben Sie ein paar Minuten Zeit für mich?" Sie breitete ihre ganze Lebensgeschichte vor mir aus. Sie erzählte mir, dass sie vor drei Jahren geheiratet habe und ihr Mann untreu und gewalttätig sei. „Ich sagte mir: ‚Wenn ich ihn schon nicht schlagen kann, dann will ich es ihm wenigstens heimzahlen.' Ich fing also an, mich mit anderen Männern einzulassen."

Und dann brach die Schuld aus ihr heraus. Sie sagte: „Ich fühle mich so schuldig. Können Sie mir helfen?"

Ich entgegnete: „Ich denke, dass ich Ihnen den Einen zeigen kann, der in der Lage ist, Ihnen zu helfen." Und ich machte sie mit meinem besten Freund bekannt – mit Jesus Christus.

Sie ergriff meine Hand, wir neigten unsere Köpfe und ich betete für sie. Als ich geendet hatte, kamen ihr die Tränen. Sie konnte sich wieder vorstellen, dass es auch in ihrem Leben Reinheit, Schönheit, Würde und Ehre geben konnte.

Jesus Christus, nimm du meine Schuld von mir, damit ich mich mit neuer Kraft wieder für etwas begeistern kann!

30. August — Begeisterung für heute und morgen

„Den Herrn will ich preisen von ganzem Herzen" (Psalm 111,1).

*E*r hatte keine Religion und hatte auch nie eine gehabt, wie er mir später versicherte. Aber an diesem Morgen suchte er im Fernsehen nach der Wettervorhersage und hörte einen Moment lang diesen Pastor aus Los Angeles, der in einer Talk-Show interviewt wurde. Er hörte kurz zu, suchte weiter nach der Wettervorhersage und schaltete dann wieder um.

Doch während des ganzen Vormittags ging ihm dieser Pastor nicht aus dem Sinn. Er konnte sich nur noch daran erinnern, dass dieser an diesem Abend im Hilton sprechen würde.

Schließlich beschloss er, im „Hilton" in San Francisco anzurufen. Ja, es gab eine Tagung. Ja, ein Dr. Schuller würde reden. *Nein*, er könne keine Karte dafür bekommen; es sei eine geschlossene Veranstaltung.

Der Mann setzte sich trotzdem ins Auto, fuhr nach San Francisco und ging zu dem Treffen. Als er ankam, stand gerade niemand an der Eingangstür zum Sitzungssaal. Er ging hinein und setzte sich in die letzte Reihe. Er hörte, wie ich sagte: „Gott streckt die Hand nach Ihnen aus. Er streckt seine Hand täglich hundert Mal nach Ihnen aus, aber Sie erkennen nicht, dass es Gott ist. Er will, dass Sie die Begeisterung entdecken, die er Ihnen für Ihr Leben schenken will."

Der junge Mann beschloss, dass auch er Gott brauchte. Und in diesem Augenblick erreichte Gott ihn und erfüllte ihn mit neuer Freude, Zuversicht und Begeisterung.

> *Ich danke dir dafür, dass du mich heute mit neuer Freude erfüllst!*

Begeisterung für heute und morgen 31. August

"Nehmt mich zum Vorbild, wie ich Christus zum Vorbild nehme" (1. Korinther 11,1).

Begeisterung ist ansteckend – besonders dann, wenn sie aus einem positiven Glauben an einen großartigen Gott kommt. Meine Begeisterung hat sich durch eine Fernsehsendung einem Mann mitgeteilt, der mich suchte, bis er herausfand, wo ich reden würde. Gott hat diese Situation benutzt, um den jungen Mann zu sich zu ziehen.

Paulus war so begeistert von Jesus Christus, dass er den Gläubigen in Korinth sogar zu schreiben wagte: „Nehmt euch ein Beispiel an mir, wie ich dem Beispiel Christi folge!" Das nenne ich Begeisterung!

Kennen Sie jemanden, der auch diese Begeisterung verbreitet? Sind es Christen, die Sie durch ihren Glauben und ihre Begeisterung inspirieren? Schreiben Sie die Namen dieser Menschen auf und beschreiben Sie, was daran so anziehend für Sie ist.

Name: *Seine/Ihre Begeisterung inspiriert mich, weil*

_____   _____

_____   _____

_____   _____

_____   _____

_____   _____

> *Ich danke dir dafür, dass es Menschen gibt,*
> *deren Begeisterung mich inspiriert.*
> *Mache auch mich zu einem Menschen,*
> *der andere mit seiner Begeisterung ansteckt.*

1. September

Begeisterung für heute und morgen

"Zieht den neuen Menschen an, der nach dem Bild Gottes geschaffen ist in wahrer Gerechtigkeit und Heiligkeit" (Epheser 4,24).

Man nimmt an, dass Michelangelo im Laufe seines Lebens 44 Statuen begonnen, aber nur 14 davon wirklich vollendet hat. Die meisten von Ihnen kennen wahrscheinlich einige davon: David, die Pieta, Mose.

Doch auch die anderen 30, die er nie vollendete, sind sehr interessant. Ich habe viele davon gesehen . . . ein großer Marmorblock, aus dem er z. B. einen Ellbogen oder ein Handgelenk ansatzweise herausgemeißelt hat. Der übrige menschliche Körper ist immer noch in diesen Marmorblock eingeschlossen.

Ein anderer Block zeigt ein Bein mit Oberschenkel, Knie, Wade, Fuß und Ferse, klar und deutlich aus dem harten Stein herausgemeißelt, aber der übrige Körper ist noch nicht sichtbar. Und bei einem anderen kann man Kopf und Schultern eines Mannes sehen, aber alles andere ist im Stein eingeschlossen.

Als ich diese unvollendeten Meisterwerke in einem Museum in Italien sah, dachte ich: *Die größte Tragödie, die einen Menschen treffen kann, liegt darin, dass er lebt und stirbt, ohne dass ihm je gesagt wird, welche Möglichkeiten noch in ihm verborgen lagen.* Und dann dachte ich an alle Möglichkeiten, die immer noch in mir steckten, und meine Begeisterung für Gottes befreiende Macht nahm immer mehr zu.

Sie und ich, wir sind Meisterwerke, die sich unter der Hand Gottes, unseres Meisterbildhauers, entfalten dürfen!

O Gott, setze du die Möglichkeiten,
die noch in mir verborgen sind, in mir frei,
und arbeite weiter an mir!

Begeisterung für heute und morgen   2. September

O Gott, ich danke dir dafür, dass mein Leben so reich gesegnet ist. Es tut mir Leid, wenn ich mir manchmal nicht bewusst bin, wie sehr du mich segnest, und dann traurig und wütend bin. Ich bekenne, dass ich für meine Stimmungen selbst verantwortlich bin. Ich habe kein Recht, selbstsüchtig in destruktiven Gefühlen oder Selbstmitleid zu baden. Herr, ich möchte diese Dinge ändern.

Ich danke dir dafür, dass ich das nicht aus eigener Kraft leisten muss, sondern dass du mir dabei helfen willst.

Danke, Herr! Die depressive, trübselige und trostlose Stimmung verflüchtigt sich unter deiner Liebe wie der Morgennebel im Glanz der Sonne.

Und Freude macht sich breit!

Und Hoffnung fängt an, in mir Wurzeln zu schlagen!

Und ich tauche ein in ein wunderbares Gefühl der Begeisterung!

Gott, ich danke dir für die großen Dinge, die du an mir tust, jetzt, während ich bete.

Amen.

Ich will mein Leben heute unter die Herrschaft der Gedanken stellen, zu denen Gott mich inspiriert!

3. September   *Fürchte dich nicht!*

„Ich bin die Tür; wer durch mich hineingeht, wird gerettet werden; er wird ein- und ausgehen und Weide finden" (Johannes 10,9).

*E*s passierte eines Abends in Frankreich. Es fand gerade eine Tanzveranstaltung statt und Hunderte von jungen Leuten hatten sich zu einem Ball eingefunden. Irgendwie – keiner wusste wie – brach ein Feuer aus. Alle rannten zu den Ausgängen, konnten sie aber nicht finden. Die meisten starben.

In dieser Halle gab es Notausgänge, die nur einem einzigen Zweck dienten . . . um bei Gefahr zu entkommen. Aber sie waren nicht zu erkennen. Man hatte sie mit Vorhängen drapiert.

Als Feuerwehrleute am nächsten Morgen das ausgebrannte Gebäude durchsuchten, zogen sie das, was von den Vorhängen übrig war, zur Seite und fanden diese Ausgänge. Man hatte diese Türen zugenagelt, weil man ungebetene Besucher aussperren wollte. Das hatte jedoch zur Folge, dass Menschen ihr Leben verloren!

Jemand plante ein Gebäude und sorgte für einen Notausgang.
Andere hatten Angst und nagelten die Ausgänge wieder zu!
Jesus Christus ist Gottes Tür . . .
Sie führt zu Gott,
zur Erlösung,
zum ewigen Leben
und zu einem Leben ohne Angst!

„Ich bin die Tür!
Nagle mich nicht zu! Öffne mich! Geh hindurch!
Ich werde deinen Namen nie vergessen!
Ich werde dein Gesicht nie vergessen!
Du bist mein!"

> *Der Grund, auf dem mein Leben ruht, ist Glaube,*
> *nicht Angst.*

254

Fürchte dich nicht!

4. September

Fürchte dich nicht, ich habe dich befreit!
Ich habe dich bei deinem Namen gerufen, du gehörst mir!
Musst du durchs Wasser gehen, so bin ich bei dir;
auch in reißenden Strömen wirst du nicht ertrinken.
Musst du durchs Feuer gehen, so bleibst du unversehrt;
keine Flamme wird dir etwas anhaben können.

Denn ich bin der Herr, dein Gott;
ich, der heilige Gott Israels,
bin dein Retter [...],
weil du mir so viel wert bist und ich dich liebe.

Fürchte dich nicht, denn ich bin bei dir!"

Jesaja 43,1–5 (Gute Nachricht)

> *Meine Zukunft liegt in Gottes Hand,*
> *darum will ich mich nicht fürchten!*

5. September *Fürchte dich nicht!*

„Euer Herz sei stark und unverzagt, ihr alle, die ihr wartet auf den Herrn" (Psalm 31,25).

Wer Gott kennt, sagt der Psalmist, wird mutig. Und ich denke, wir brauchen die ständige Bestätigung, dass wir unter Gottes mächtigem Schutz stehen. Darum möchte ich Sie heute bitten, ein Gebet zu formulieren, das unseren Glauben an die Macht Gottes bekräftigt, damit wir keine Angst mehr haben müssen. Füllen Sie die Leerstellen aus, indem Sie Situationen beschreiben, in denen Sie Angst haben. Wenn Sie damit fertig sind, haben Sie ein Gebet verfasst, das Ihren Mut ausdrückt und Gott dafür lobt. Sie brauchen sich nicht zu fürchten!

Wenn ich _____
. . . will ich auf Gott vertrauen.

Wenn ich _____
. . . wird der Herr mir Mut verleihen!

Wenn ich _____
. . . wird der Herr mein Licht und meine Rettung sein!

Wenn ich _____
. . . werde ich mich nicht fürchten! Gott wird mich bei sich bergen!

Wenn ich _____
. . . wird Gott die Hilfe schicken, die ich brauche!

Wenn ich _____
. . . werde ich darauf warten, dass der Herr eingreift!

Wenn ich _____
. . . werde ich . . . etc.

> *Ich will keine Angst haben, denn Gottes Macht ist größer als alles, was mir heute begegnen könnte.*

Fürchte dich nicht! 6. September

„Seht her, die Hand des Herrn ist nicht zu kurz, um zu helfen" (Jesaja 59,1).

Stellen Sie sich vor, Sie stünden zusammen mit vielen anderen am Straßenrand, weil Sie einer Parade beiwohnen möchten. Und es ist Jesus Christus, der angeblich vorbeizieht.

Sie können den Applaus hören, der seinen Weg säumt. Die meisten von uns, wenn nicht gar alle, würden ihm Applaus spenden.

„Das ist Jesus Christus!"
„Ist er nicht wunderbar?"
„Ist er nicht großartig?"

Aber passen Sie auf! Hin und wieder gibt es auch Menschen, die nicht applaudieren. Sie durchbrechen die Absperrung, stürzen mitten auf die Straße und ergreifen seine Hand . . .

Jesus sieht sie an, sie blicken ihm in die Augen.

Es geschieht etwas zwischen ihnen und dann schlüpfen sie wieder zurück in die Reihe. Doch sie sind verändert. Und die größte Veränderung zeigt sich darin, dass sie zu mutigen und furchtlosen Menschen werden, die begeistert die Welt verändern!

Es reicht nicht, zu applaudieren, zu bewundern, Achtung zu haben und zu verehren! Wir müssen es wagen, aus der Reihe auszubrechen und seine Hand zu ergreifen! Und wenn er uns ansieht, wird die Angst von uns weichen! Denn wir kennen ihn – den Schöpfer des ganzen Universums. Und er kennt uns!

Ich will meine Hand nach Gott ausstrecken.
Er weiß, wer ich bin! Und er kommt zu mir!

7. September   Fürchte dich nicht!

„Der Herr selbst zieht vor dir her. Er ist mit dir. Er lässt dich nicht fallen und verlässt dich nicht. Du sollst dich nicht fürchten und keine Angst haben" (Deuteronomium 31,8).

Unsere Nachbarn hatten drei Dobermänner. Die riesigen Hunde begrüßten uns bald, nachdem wir eingezogen waren. Es waren wunderbare, fantastische Geschöpfe, aber ein wenig wild. Ich hielt mindestens drei Meter Abstand zum Zaun. Sie sahen mich gleich, wenn ich an ihrem Hof vorbeilief. Dann tobten sie mit gebleckten Zähnen und Schaum vor dem Maul hinter mir her. Ich bin nur noch am Leben, weil der Zaun zwischen uns war!

Meine Tochter jedoch ging zu diesen Nachbarn, um mit deren Tochter zu spielen, und die Hunde belästigten sie nie. Ich sagte immer wieder zu ihr: „Liebes, du solltest bei diesen großen Hunden wirklich aufpassen."

Und sie gab zur Antwort: „Aber, Papa, diese Hunde sind dressiert."

Ich sagte: „Ich weiß, dass sie dressiert sind, aber sei trotzdem vorsichtig!"

Sie aber bestand darauf: „Papa, du verstehst einfach nicht. Diese Hunde sind darauf abgerichtet, nur jemanden zu beißen, der läuft. Das ist der Grund, warum sie mich nicht beißen!"

Auch wenn ich nicht versucht habe, ihre Aussage auf ihren Wahrheitsgehalt zu überprüfen, bin ich nach all meinen Jahren als Pastor davon überzeugt, dass die meisten unserer Ängste von derselben Art sind: Sie sind darauf abgerichtet, unsere Herzen nur dann anzufallen, wenn wir vor ihnen weglaufen. Wenn wir ihnen aber ins Auge sehen, stellt sich heraus, dass sie gar keine Feinde sind. Es sind Schatten, die uns den Weg verstellen – so einfach ist das! Bieten Sie Ihren Ängsten die Stirn und sie werden sich auflösen!

Ich will heute meinen Ängsten tapfer ins Auge sehen, denn Gott ist mit mir!

Fürchte dich nicht!

8. September

„Fürchtet euch nicht! Bleibt stehen und schaut zu, wie der Herr euch heute rettet" (Exodus 14,13).

Vor einigen Tagen haben Sie ein Lobpreisgebet formuliert, in dem Sie Ihr Vertrauen in Gottes Macht zum Ausdruck brachten. Dabei haben Sie verschiedene Dinge aufgezählt, die Ihnen Angst machen. Gehen Sie zu dieser Liste zurück, und greifen Sie eine Angst heraus, der Sie heute begegnen könnten. Beschreiben Sie diese:

_____

_____

_____

Treten Sie dieser Angst heute entgegen, statt vor ihr davonzulaufen oder sich vor ihr zu verstecken. Halt! Drehen Sie sich um und blicken Sie ihr ins Auge! Schreiben Sie jetzt drei positive Maßnahmen auf, die Sie ergreifen wollen, um dieser Angst entgegenzutreten und sie zu besiegen. Berufen Sie sich dabei auf das Versprechen, das Gott uns in Exodus 14 Vers 13 gegeben hat, und er wird mit Ihnen sein!

1. _____

_____

2. _____

_____

3. _____

_____

Ich will mich nicht fürchten. Denn Gott ist mit mir und zusammen sind wir unschlagbar!

9. September

Fürchte dich nicht!

„Der Herr wird für euch kämpfen, ihr selbst braucht gar nichts zu tun"
(Exodus 14,14; Gute Nachricht).

Ich mag die Geschichte, die der alte Dr. McNeil, ein berühmter amerikanischer Prediger, erzählt hat: „Als ich in Schottland lebte, musste ich als Junge bis spätabends arbeiten und hatte noch einen langen Fußmarsch vor mir, um nach Hause zu kommen. Zuerst ging es durch ein kleines Dorf und danach durch eine enge Schlucht, in der sich gern Diebe und Verbrecher versteckt hielten.

Eines Samstagabends rannte ich, so schnell mich meine Beine trugen. Mein Herz pochte in meiner Teenagerbrust bis zum Zerspringen, denn die Nacht war kohlrabenschwarz. Am Himmel leuchtete kein einziger Stern. Es war Neumond und kein Licht am Himmel.

Als ich im einsamsten, verlassensten und Furcht erregendsten Teil der Schlucht angekommen war, bog ich um eine Kurve. Plötzlich hörte ich aus dem Dunkel einen Ruf. Mein Herz stockte einen Augenblick lang. Der Ruf kam wieder und es war die Stimme meines Vaters! Er war mir entgegengekommen, um im schlimmsten Teil der Schlucht bei mir zu sein. ‚John', rief er, ‚bist du es?'

Einen Augenblick später lag seine große Hand auf meiner Schulter und seine schweren Schritte gingen neben mir her. In diesem Moment fühlte ich mich bereits wie zu Hause angekommen!"

Sie sind immer schon zu Hause angekommen, wenn der Vater Ihnen entgegenkommt. Denn Gott hat uns versprochen: „Ich werde bei dir sein." Er kennt Sie. Er ruft Sie. Und er ist bei Ihnen! Sie brauchen sich nie mehr zu fürchten!

> *Ich brauche mich nie mehr zu fürchten,*
> *denn du gehst den ganzen Weg mit mir.*

Spannungen abbauen   10. September

„Denn Gott ist nicht ein Gott der Unordnung, sondern ein Gott des Friedens" (1. Korinther 14,33).

*E*ntspannen, Dr. Schuller, entspannen!", sagte mein Golflehrer.

„Aber ich bin doch entspannt", versicherte ich ihm, während ich meinen Golfschläger wild entschlossen packte, so als ob ich ein Schwert in Händen hätte.

„Spüren Sie nur die Anspannung hier in den Beinen", fuhr er fort. „Ich wage zu behaupten, dass jeder einzelne Muskel Ihres Körpers im Moment angespannt ist. Ich kann es sehen – selbst die Muskulaturen Ihrer Wangen und Ihrer Lippen sind verspannt! Sie müssen sich entspannen!"

Ich wartete, während er mit der Predigt fortfuhr. „Also, Dr. Schuller, entspannen Sie sich mental. Lockern Sie die Muskeln auf Ihrer Stirn. Jetzt die Augenbrauen, die Wangen, die Zunge und die Lippen. Nun das ganze Gesicht. Gut!" Er ermutigte mich weiter: „Entspannen Sie jetzt die Muskeln über Ihren Schultern. Spüren Sie, wie eine wohltuende, warme Entspannung wie warmes Wasser über Ihren ganzen Körper fließt. Lassen Sie alle Anspannung abfließen. Atmen Sie jetzt tief ein und langsam wieder aus. Und noch einmal."

Das schien mir alles reichlich dumm zu sein, aber als er den Vorgang wiederholte und ich auf seine Vorschläge einging, zeigte es Wirkung. Ich entspannte mich so sehr, dass mir der Golfschläger aus der Hand fiel!

Nun, es ist nie ein besonders guter Golfspieler aus mir geworden, aber diese Übungen deckten Spannungen in mir auf, deren ich mir gar nicht bewusst war. Nur wenn wir sensibel dafür werden, dass Spannungen vorhanden sind, können wir auch etwas gegen sie unternehmen.

Gott hat uns mit Dingen versorgt, die Spannungen abbauen. Er ist die Quelle aller Gelassenheit!

> *Ich kann in der Gewissheit ruhig werden,*
> *dass Gott mir seinen Frieden schenkt.*

261

11. September   Spannungen abbauen

„In Frieden leg ich mich nieder und schlafe ein; denn du allein, Herr, lässt mich sorglos ruhen" (Psalm 4,9).

*E*he wir damit beginnen können,
den destruktiven Auswirkungen unserer Spannungen Einhalt
zu gebieten,
um zu verhindern, dass sie sich steigern,
ehe wir ihre Verführungskraft brechen,
müssen wir erst sensibel werden für die Realität dieser Spannungen
und herausfinden, was uns so nervös und angespannt macht.

Ich bin nervös und angespannt, wenn:

1. _____

2. _____

3. _____

4. _____

5. _____

Die Ursache für meine Verspannung ist vor allem:

_____

_____

Meine Spannungen legen sich, wenn ich mich auf das konzentriere, was Gott mir „verordnet" hat, damit ich ruhig werde.

Spannungen abbauen   12. September

„Frieden hinterlasse ich euch, meinen Frieden gebe ich euch; nicht einen Frieden, wie die Welt ihn gibt, gebe ich euch. Euer Herz beunruhige sich nicht und verzage nicht" (Johannes 14,27).

Bei meinen Reisen rund um die Welt habe ich alle Arten von Tricks, Techniken und Mitteln kennen gelernt, die Menschen anwenden, um sich von ihren Spannungen zu befreien – angefangen von der „Sorgenkette" bis hin zum „Streichelstein". Aber all das wiegt nichts im Vergleich zu dem Frieden, den Jesus Christus in Menschenherzen legen kann.

Gilbert Chesterton, der lange als Freidenker lebte, fand zuletzt wieder zum Glauben zurück. Er sagte: „Es war so, als verließe ein Mann England mit einem Segelschiff, um ein neues Land zu entdecken. Er segelte im Nebel, Tag für Tag, aber voller Zuversicht darauf, dass er eine große neue Entdeckung machen würde.

Als sich der Nebel endlich hob, sah er Land. Er kam an eine exotische Küste und rannte aufgeregt am Strand hin und her. Er hisste die englische Flagge und träumte schon davon, dieses neue Land nach sich selbst zu benennen. Dann bog er um eine Kurve und stellte mit Bestürzung fest, dass er nur auf der anderen Seite Englands gelandet war. Im Versuch, von England zu fliehen, war er nur wieder an seinen Ausgangspunkt zurückgekommen."

Indem Menschen versuchen, vor Christus zu fliehen, kommen sie immer wieder zu ihm zurück! Denn nur Jesus Christus kann uns wahren Frieden geben.

Herr, ich wende mich zu dir und spüre
die warmen Strahlen deiner Liebe,
die mein Herz und meine Seele mit Frieden erfüllen.
Ich danke dir dafür!

13. September   Spannungen abbauen

„Gedenke des Sabbats: Halte ihn heilig!" (Exodus 20,8).

Der Sonntag ist traditionsgemäß ein Tag der schöpferischen Ruhe, an dem wir Zeit haben für Glaube, Erholung und Familie, Kirche und Gemeinschaft. Daran hat sich in den letzten 50 Jahren jedoch etwas verändert. Gleichzeitig ist zu beobachten, dass auch Depressionen, Ängste und Stress, mit all ihren Auswirkungen auf den menschlichen Organismus, zunehmen. Und nach meiner Überzeugung stehen diese Probleme in Bezug dazu, dass wir den einen Tag der Woche vergessen, mit dem wir sinnvoll gegensteuern könnten.

Wie kann man den Sonntag sinnvoll nutzen? Nutzen Sie ihn zunächst einmal als *Ruhetag*. Sie brauchen einen Tag in der Woche, an dem sich Ihr Herz, Ihr Organismus und Ihr Körper ausruhen kann. Nutzen Sie ihn des Weiteren als *Rückzugstag*. Ziehen Sie sich von allen Spannungen zurück, denen Sie während der Woche ausgesetzt sind.

Ich erinnere mich daran, dass eine Spielgefährtin unserer etwa vier Jahre alten Tochter Sheila sonntags klingelte, um sie zum Spielen abzuholen. Ich war darauf überhaupt nicht vorbereitet und sagte: „Nein, heute nicht. Aber du kannst morgen und jeden anderen Tag mit ihr spielen, nur am Sonntag nicht." Ich wollte, dass sich dieser Tag von allen anderen unterscheide und sie ihn nur mit der Familie und unseren Freunden in der Gemeinde verbringen sollte.

Der Sonntag ist auch ein Tag, um sich zu sammeln. Das heißt für mich, Zeit zu haben, um Dinge zu überdenken und mich neu zu orientieren. Sie brauchen einen Tag in der Woche, an dem Sie sich ausruhen, zurückziehen und sammeln können. Gehen Sie doch zur Kirche.

Herr, ich danke dir für den Gottesdienst in der Gemeinde,
wo ich zur Ruhe kommen
und mein Denken neu ordnen kann.

Spannungen abbauen   14. September

„Wenn der Sohn euch frei macht, dann seid ihr wirklich frei"
(Johannes 8,36; Gute Nachricht).

Gottes erstes „Beruhigungsmittel" gegen Spannungen heißt *Freiheit*. Nichts entspannt mehr, als sich wirklich frei und ungebunden fühlen zu können – aus den Schuhen zu schlüpfen und mit nackten Füßen über den Strand zu laufen!

Aber so unlogisch das klingt: Wahre Freiheit findet man erst, wenn man sich verbindlich an jemanden bindet. Wir verstehen Freiheit oft im Sinne von totaler Freiheit – Freiheit ohne jede Verpflichtung. Das ist die Art von Freiheit, die der verlorene Sohn erlebte und sie führte zu Einsamkeit und Verzweiflung.

Wahre Freiheit wird sich innerhalb einer Beziehung entfalten, z. B. in dem Augenblick, in dem Sie in die Arme eines liebenden Gottes laufen und spüren, dass Sie sich dort entspannen können. Wenn Sie diesen Punkt erreicht haben, können Sie sich von allen Spannungen verabschieden – von den Ängsten, in die Falle gegangen zu sein; von der Befürchtung, nur eine Nummer unter vielen zu sein, vom Druck, in ausgefahrenen alten Gleisen stecken zu bleiben.

Haben Sie echte Freiheit erfahren? Beschreiben Sie eine neuere Erfahrung mit dieser Art von Freiheit. Schreiben Sie auf, welche Gefühle sie bei Ihnen auslöst:

_____

_____

_____

> *Gott, wenn ich in deine Arme laufe,*
> *dann erfahre ich Freude, die mit wahrer Freiheit*
> *verbunden ist . . . mit der Freiheit,*
> *mich ungehindert zu entfalten!*

15. September   Spannungen abbauen

„Verzeiht, dann wird Gott euch verzeihen"
(Lukas 6,37; Gute Nachricht).

Gottes zweites Heilmittel ist *Vergebung*!

Vergebung heißt, von göttlicher Liebe durchströmt zu werden. Es ist Gott, lebendig und real, der in dieser kraftvollen Emotion durch uns hindurchfließt. Tiefer Friede und Kraft erfüllen augenblicklich unsere Seele.

Alle Spannung weicht von uns, wenn wir vergeben und Vergebung erfahren. Die Spannung, entdeckt zu werden: „Wenn sie das von mir herausfinden!"

Die Spannung, bloßgestellt zu werden: „Was werden sie bloß von mir denken?"

Die Spannung von angeknacksten Beziehungen.

Alle diese schrecklichen Spannungen lösen sich auf, wenn Sie erfahren, dass Gott Ihnen vergibt. Feindseligkeit, Zorn, Groll, Rache – all das weicht von Ihnen, wenn Sie anfangen, Vergebung zu praktizieren. Hier ist ein Beruhigungsmittel, das wirklich hilft!

Jede Art von Krieg hört am Friedenstisch der göttlichen Vergebung auf. Wen sollten Sie an diesem Tisch treffen? Gott? Ihre Eltern? Ein Kind? Einen Freund? Einen Kollegen?

Halten Sie inne und stellen Sie sich einen Tisch vor . . . einen Friedenstisch der göttlichen Vergebung. An diesem Tisch sitzen Sie . . . und Gott . . . und _____. Wenn Gott diesem Menschen vergibt, wird auch Ihr Herz in die Lage versetzt, dem anderen zu vergeben. „Vergib uns unsere Schuld, wie auch wir allen vergeben haben, die an uns schuldig geworden sind" (Mt 6,12; Gute Nachricht).

Gottes Medizin der Vergebung schenkt mir Frieden!

Spannungen abbauen   *16. September*

„Denn er ist unser Friede. Er vereinigte die beiden Teile (Juden und Heiden) *und riss durch sein Sterben die trennende Wand der Feindschaft nieder"* (Epheser 2,14).

Freiheit, Vergebung und Gemeinschaft – das sind die drei göttlichen „Beruhigungsmittel", die uns wirklich Ruhe bringen. Gemeinschaft ist eine tiefe, stille Erfahrung des Vertrauens, die wir mit Gott und auch mit unseren Freunden machen können.

Gemeinschaft mit Gott – göttliche Gemeinschaft – wie leicht ist es, diese Medizin zu trinken! Und wie erleichternd. Alle Gefühle der Einsamkeit, Spannung und Ablehnung sind plötzlich verschwunden. Wenn wir erfahren, dass wir von Gott angenommen werden und Gemeinschaft mit ihm haben können, dann wird unser ganzes Wesen von Glaube, Liebe und Hoffnung überflutet. Alle Spannung verschwindet!

Wenn wir Gemeinschaft mit Gott haben, werden wir uns danach sehnen, auch mit der Familie Gottes Gemeinschaft zu haben. Und in dieser Gemeinschaft mit anderen ist es möglich, die Heilungskraft des Heiligen Geistes zu erfahren. Denn in der Familie Gottes entdecken wir, dass wir nicht allein sind, dass unsere Sorgen nicht einzigartig sind und unsere innerlichen Hindernisse überwunden werden können!

Wollen nicht auch Sie diese Gemeinschaft erleben? Suchen Sie Gemeinschaft mit anderen Gläubigen, die den Gott verehren, an den auch Sie glauben. Ihre Spannungen werden verschwinden, wenn Sie sich an der Gemeinschaft mit der Familie Gottes freuen!

Durch meine Gemeinde kann ich erfahren,
wie entspannend es ist, Freiheit,
Vergebung und Gemeinschaft zu haben!

17. September   Befreien Sie Ihre Fantasie!

*„„Mit wem also wollt ihr mich vergleichen? Wer kann es mit mir auf-
nehmen?', fragt der heilige Gott. Seht doch nur in die Höhe! Wer hat
die Sterne da oben geschaffen? Er lässt sie alle aufmarschieren, das
ganze unermessliche Heer. Jeden Stern ruft er einzeln mit Namen,
und keiner bleibt fern, wenn er, der Mächtige und Gewaltige, ruft"*
(Jesaja 40,25–26; Gute Nachricht).

Ich finde es aufregend, mir bewusst zu machen, dass ich nach
dem Bild Gottes geschaffen bin. Was bedeutet das für Sie? Für
mich bedeutet es, dass ich Anteil habe an Gottes Eigenschaften, einschließlich seiner Kreativität! Gott ist kreativ! Sein Einfallsreichtum
hat kosmische Ausmaße! Wenn wir die Größe und Herrlichkeit der
Schöpfung betrachten, wird uns bewusst, dass Kreativität zu den
wichtigsten Eigenschaften Gottes gehört.

Nur wir Menschen besitzen ebenfalls diese kreative Fantasie. Sie
ist in mir. Und sie ist in Ihnen. Doch bei vielen von uns ist sie in einem
Käfig eingesperrt. Und wir können nicht anfangen zu träumen, der
Mensch zu werden, der wir nach Gottes Plan sein könnten, ehe unsere Kreativität nicht freigesetzt wurde.

Ich erinnere mich an einen amerikanischen Kriegsgefangenen, der
gerade aus Vietnam zurückgekommen war. Die Vietkongs hatten ihn
in einem Tigerkäfig gefangen gehalten. Diese Käfige sind aus Bambus-
stäben gemacht und etwa 1,80 m lang, 1,20 m hoch und 60 cm breit.

Dieser ehemalige Kriegsgefangene erzählte mir, dass es ihm eines
Nachts gelungen war, einen der Bambusstäbe zu lockern. Bald hatte er
einen weiteren gelöst und noch einen, bis er schließlich aus dem Käfig
hinausschlüpfen und fliehen konnte. Während ich ihm zuhörte, musste ich an den mentalen Tigerkäfig denken, der unsere Kreativität gefangen hält. Die mächtige Fantasie, die in jedem von uns angelegt ist,
wird in einem „Tigerkäfig" gefangen gehalten, der in uns selbst liegt!

Es ist Zeit, dass Sie Ihre Fantasie befreien und entdecken, welche
Träume Gott für Ihr Leben hat!

Ich bin nach dem Bild Gottes geschaffen!
Ich habe Anteil an seiner Kreativität.
Er wird mir helfen, meine Fantasie zu befreien!

Befreien Sie Ihre Fantasie!　　18. September

„Macht die erschlafften Hände wieder stark und die wankenden Knie wieder fest! Sagt den Verzagten: Habt Mut, fürchtet euch nicht!" (Jesaja 35,3–4).

In unserem mentalen Tigerkäfig gibt es nach meiner Überzeugung fünf Stäbe, die wir lockern müssen. Lassen Sie uns einen Blick darauf werfen.

Da sind zuerst unsere *Ängste*, die unsere Fantasie einengen. Nichts hält Menschen mehr davor zurück, aktiv zu werden, als die Angst zu versagen. Sie hindert uns mehr als jede andere Form der Angst daran, uns vorzustellen, was für Menschen wir werden könnten.

Gibt es heute eine Situation, in der Sie Angst haben zu versagen?

Wir können unsere Ängste überwinden! Wir können sie dadurch überwinden, dass wir erkennen, dass Gott größer und mächtiger ist als unsere Ängste und wir ihnen deshalb nicht hilflos ausgeliefert sind!

Kapitulieren Sie mit Ihrem Leben und Ihrer Zukunft nicht vor der Angst! Befehlen Sie allen Ängsten im Namen Jesu Christi zu verschwinden! Befreien Sie Ihre Fantasie aus der Gefangenschaft dieser Ängste. Erkennen Sie als Erstes, dass Gott stärker ist als jede Angst. Bestätigen Sie das, indem Sie den folgenden Satz laut aussprechen:

Mit Gottes Hilfe werde ich nicht versagen.
Darum befehle ich allen Versagensängsten,
jetzt von mir zu weichen.

19. September   Befreien Sie Ihre Fantasie!

„Ich preise den Herrn, der mir sagt, was ich tun soll; auch nachts erinnert mich mein Gewissen an seinen Rat [...]. Darum bin ich voll Freude und Dank" (Psalm 16,7–9; Gute Nachricht).

Der zweite Stab in unserem mentalen Tigerkäfig sind unsere *Nächte*. Ich denke dabei an die dunklen Zeiten unseres Lebens, an Erfahrungen, die uns verletzen. Sowohl Ängste als auch schmerzliche Erfahrungen können unsere Fantasie in Ketten legen.

Als ich zum Flughafen in Nord-Carolina unterwegs war, traf ich einen Mann, der große Begeisterung ausstrahlte. Er sagte: „Dr. Schuller, vor einigen Jahren war ich noch ein ganz anderer Mensch. Christus hat mein Leben verändert!"

Er erzählte mir, dass er auf einer Farm in der Nähe der Stadt Charlotte aufgewachsen war. Als junger Mann war er immer der Überzeugung gewesen, dass es ein besseres Leben geben müsse. Die Arbeit auf der Farm war schwer und man konnte kaum davon leben. „Also borgte ich mir so viel Geld, wie ich auftreiben konnte, und fing einen Handel mit landwirtschaftlichen Maschinen an. Aber in diesem Jahr mussten vier Geschäfte Konkurs anmelden, darunter auch meines. Ich besaß keinen Pfennig, hatte keine Ausbildung als die eines Farmers, wollte aber auch nicht wieder zur Landwirtschaft zurück."

„Was geschah dann?", fragte ich ihn.

„Nun, ich nahm eine Stelle bei der Post an und verrichtete dort niedere Arbeiten. Aber ich fühlte mich wie eingesperrt. Ich war so deprimiert, dass ich oft in einen Nebenraum ging, um mich auszuweinen. Das ging etwa acht Jahre so!

Eines Tages kam jemand zur Tür herein und fragte, warum er mich niemals lächeln sähe. Er sagte: ‚Auch Sie können lächeln, denn Gott liebt Sie!' Dieser Mann führte mich zu Jesus Christus und ermutigte mich dazu, ein neues Geschäft zu eröffnen. Meine schweren Zeiten sind jetzt vorüber!"

Herr, ich danke dir dafür, dass du meine dunklen Nächte in Tage der Freude verwandeln kannst.

Befreien Sie Ihre Fantasie! 20. September

„Herr, es macht Freude, dir zu danken, dich, den Höchsten, mit Liedern zu preisen, frühmorgens schon deine Güte zu rühmen und nachts noch deine Treue zu verkünden"
(Psalm 92,2–3; Gute Nachricht).

Welche Erfahrungen der Vergangenheit halten Sie gefangen? Hat man Sie übergangen, wurden Sie verletzt, besiegt, gedemütigt oder abgelehnt? Weigern Sie sich, Ihr zukünftiges Leben von vergangenen Verletzungen beherrschen zu lassen! Gehen Sie das Risiko ein! Wenn Sie Angst haben, wieder verletzt zu werden, werden Sie niemals wahre Freiheit erlangen.

Halten Sie einen Augenblick inne und schreiben Sie ein oder zwei Erfahrungen auf, die Sie zu Ihren „Nachterfahrungen" zählen:

_____

_____

_____

Sehen Sie jetzt diese Erfahrungen noch einmal mit anderen Augen an. Haben sich daraus auch gute Dinge für Sie ergeben?

_____

_____

_____

Bekräftigen Sie jetzt, dass Sie ein Kind des Lichts (vgl. Lk 16,8) sind – alles Dunkle und Schwere hat keinen Einfluss mehr auf Sie!

Gott, ich danke dir dafür,
dass ich meine Vergangenheit hinter mir lassen kann.
Ich lebe heute und ich lebe im Licht. Ein neuer Tag
voll neuer Möglichkeiten liegt vor mir!

21. September   Befreien Sie Ihre Fantasie!

„Dein Zuspruch machte mich groß. Du schaffst meinen Schritten weiten Raum, meine Knöchel wanken nicht" (2. Samuel 22,36–37).

Der dritte Stab, der die Fantasie in unseren mentalen Tigerkäfig einsperrt, heißt *Erfolg.* Wie kann das sein, werden Sie fragen, wie kann Erfolg zu einer Fessel werden?

Es ist nicht schwierig zu akzeptieren, dass manche Menschen durch all das Schwere, das sie erlebt haben, daran gehindert werden, sich zu den Menschen zu entfalten, die sie eigentlich sein sollten. Aber es ist ebenso wahr, dass manche Menschen durch die Höhepunkte ihres Lebens gebunden sind.

Aber: *Erfolg kennt keinen Ruhestand!*

Das bedeutet, dass immer noch größere Dinge vor Ihnen liegen, die Sie tun sollten oder tun könnten. Wenn Sie ein Ziel erreichen und sich in Glanz, Ehre und Ruhm so verlieben, dass Sie dabei stehen bleiben – dann wird Ihre Fantasie durch das Licht geblendet, das dieser Erfolg auf Ihr Leben wirft.

Aber Gottes Licht wird uns den Weg zu größeren Möglichkeiten und reicheren Erfahrungen aufzeigen. Wenn Sie auf Ihrem Lebensweg in Versuchung geraten, sich unterwegs häuslich niederzulassen und einfach nur die schöne Aussicht zu genießen, dann widerstehen Sie diesem Drang. Gehen Sie weiter und steigen Sie zu neuen Höhen auf. Lassen Sie nicht zu, dass der Glanz Ihrer Siege sich in eine Niederlage verwandelt.

Gott, weite du meinen Erfolg aus,
damit ich auch anderen helfen kann,
die ich unterwegs noch treffe.

Befreien Sie Ihre Fantasie!   22. September

„Die Ausdauer aber soll zu einem vollendeten Werk führen; denn so werdet ihr vollendet und untadelig sein, es wird euch nichts mehr fehlen" (Jakobus 1,4).

Der vierte Stab unseres mentalen Tigerkäfigs sind unsere *Enttäuschungen*. Ich glaube, dass Menschen durch nichts so sehr daran gehindert werden, so zu werden, wie sie nach Gottes Willen sein sollten, als durch Perfektionismus.

Bedenken Sie, welche einschränkenden, abwertenden und negativen Auswirkungen mit folgenden Aussagen verbunden sind: „Das kann ich nicht!", „Ich bin nicht so gut wie die anderen", „Ich bin nicht schön genug" oder: „Ich bin nicht klug."

Was sagen Sie gern zu Ihrer Entschuldigung? Schreiben Sie Ihre Lieblingsausrede auf:

Mein Verleger forderte mich einmal heraus, ein Buch zu schreiben und den Beweis zu erbringen, dass nicht das Talent der Menschen der Garant dafür sei, wenn sie es bis ganz nach oben schafften. „Aber Talent ist außerordentlich wichtig", argumentierte ich. „Ich kann zwar an das Unmögliche glauben, aber das macht mich noch lange nicht zu einem großartigen Sänger."

Er aber bestand darauf: „Beschäftigen Sie sich mit dem Thema, Schuller!", und das tat ich. Ich habe entdeckt, dass in jedem Beruf Leute an der Spitze zu finden sind, die nicht zu den größten Talenten auf diesem Gebiet gehören. *Diese Leute haben es gelernt, sich von ihren Enttäuschungen nicht aufhalten zu lassen!*

Schreiben Sie sich diesen Satz auf. Oder besser noch, schreiben Sie selbst einen neuen Satz, in dem Sie das große, unbegrenzte Potenzial bekräftigen, das Gott in Sie hineingelegt hat!

Erfolg zu haben bedeutet, dass ich zu dem Menschen werde, der ich nach Gottes Vorstellung sein soll!

23. September   Befreien Sie Ihre Fantasie!

„Die Tiefen Gottes willst du finden, bis zur Vollkommenheit des Allmächtigen vordringen? Höher als der Himmel ist sie" (Ijob 11,7–8).

Der fünfte Stab unseres mentalen Käfigs sind unsere *Sichtweisen*. Sie sind entweder zu tief angesetzt oder sie greifen zu kurz. Wir denken nicht lange genug oder nicht weit genug. Wenn wir unsere Ziele innerhalb von fünf Monaten nicht erreichen, heißt das noch lange nicht, dass wir es nicht innerhalb der nächsten fünf Jahre schaffen könnten.

Eine meiner Lieblingsgeschichten handelt von einem Mann, der auf der Landebrücke saß und angelte. Sobald er einen Fisch geangelt hatte, maß er dessen Länge. Wenn er kleiner als 25 Zentimeter war, wanderte er in seinen Korb, war er aber länger, warf er ihn wieder zurück ins Wasser.

Ein Mann, der ihn bei diesem Ritual beobachtete, dachte, der Angler sei verrückt. Schließlich erkundigte er sich neugierig: „Warum werfen Sie die großen Fische zurück und behalten nur die kleinen?"

Der Fischer antwortete: „Meine Bratpfanne hat nur 25 Zentimeter Durchmesser."

Sie werden jetzt lachen, aber ich habe Folgendes herausgefunden: Sie und ich, wir sind wie dieser Angler! Die großen Ideen, die Gott uns über den Weg schickt, werfen wir weg. Wir behalten nur die kleinen.

Wenn Sie Ihre Fantasie befreien, wird Gott Ihnen auch größere Träume schenken und Ihr Denken ausweiten. Vergessen Sie nicht, Gott liebt jeden von uns, aber er ist mit keinem von uns schon zufrieden!

Sind Sie mutig genug, um folgendes Gebet zu sprechen? „Lieber Gott, hilf mir, dass ich den Traum ergreife, den du von mir träumst. Auch wenn er größer ist, als ich mir je vorgestellt hätte. Amen."

> *Gott, lass nicht zu,*
> *dass ich so von Angst ergriffen werde,*
> *dass ich versuche,*
> *deinen Traum wieder ins Wasser zurückzuwerfen!*

Im Beginn liegt der Gewinn! 24. September

„Untätige Hände bringen Armut, fleißige Hände Reichtum"
(Sprichwörter 10,4; Gute Nachricht).

Um im Leben wirklich Erfolg zu haben, sollten Sie zwei Dinge lernen: Erstens, wie man es schafft, etwas anzufangen! Und zweitens, wie man es schafft, niemals aufzugeben! Das sind die beiden einzigen Probleme, die Sie lösen müssen, um der Mensch zu werden, der Sie nach Gottes Willen sein sollen.

Sie haben heute Morgen wahrscheinlich nicht damit gerechnet, dass dieser Tag Ihr ganzes Leben verändern könnte, oder? Doch genau das kann geschehen! Denn alles, was noch zwischen Ihnen und Ihrem großen Erfolg im Leben steht, sind diese beiden Dinge – mit einer Sache *anzufangen* und sie *niemals aufzugeben*! Das größte Problem können Sie dadurch lösen, dass Sie mit einer neuen Sache genau jetzt beginnen!

Ich weiß nicht, was Sie im Moment beschäftigt, aber ich weiß, dass jeder von uns ein Vorhaben, eine Idee etc. hat, mit dem er immer noch nicht angefangen hat, obwohl er es möchte. Vielleicht wollen Sie abnehmen. Oder mit Gymnastik anfangen. Oder ein neues Geschäft eröffnen. Oder in die Kirche eintreten. Oder Ja zu Gott sagen. Oder in der Bibel lesen.

Nun, wie werden Sie mit dieser Idee umgehen? Was immer es ist, lassen Sie diese Sache nicht wieder untergehen. Fangen Sie heute an, etwas zu unternehmen!

Vielleicht sollten Sie die Idee zunächst nur einmal aufschreiben:

---

*Die Entscheidung, die ich heute fälle,
wird morgen zur Wirklichkeit werden.*

25. September   Im Beginn liegt der Gewinn!

„Der Herr sprach zu Mose: Was schreist du zu mir? Sag den Israeliten, sie sollen aufbrechen" (Exodus 14,15).

Ich erinnere mich an einen Besuch im *Hope College* in Holland, Michigan, als mein Sohn dort Theologie studierte. Er ist ein toller junger Mann und ich bin sehr stolz auf ihn.

Bob und ich spazierten über das Universitätsgelände, mein Arm lag um seine Schultern, und ich sagte zu ihm: „Bob, weißt du, was das Wichtigste ist, das ich hier gelernt habe? Ich denke, es war weder Griechisch noch Hebräisch. Weder Geschichte noch Psychologie. Das Wichtigste, das ich als Student an dieser Uni gelernt habe, fand in diesem Raum dort statt.

Der Professor für Geschichte war gleichzeitig unser Trainer. Eines Tages, mitten im Semester, fragte er uns: ‚Wie viele von euch haben schon damit begonnen, die Prüfungsarbeit für dieses Semester zu schreiben?' Keine Hand ging nach oben. Ich werde nie vergessen, was dann geschah, denn es hatte tiefe Auswirkungen auf mich – und auch auf dich. Er ging wortlos vor uns auf und ab, wie es ein Trainer eben tut. Er sagte nichts, aber wir wussten alle, dass sich etwas zusammenbraute.

Endlich blieb er stehen, drehte sich um und blickte uns an. Und mit lauter Stimme sagte er: ‚Es macht mir überhaupt nichts aus, wenn ihr die Prüfung nicht besteht oder wenn ihr alles vergesst, was ihr je an dieser Uni gelernt habt. Aber vergesst nie den Satz, den ich euch jetzt sagen werde.' Er machte eine Pause und donnerte uns dann an: ‚*Begonnen ist schon halb gewonnen!*'"

Mit Gottes Hilfe will ich heute eine Sache beginnen, die ich bis jetzt vor mir hergeschoben habe!

Im Beginn liegt der Gewinn! 26. September

„Vernachlässige nicht die Gabe, die Gott dir geschenkt hat"
(1. Timotheus 4,14; Gute Nachricht).

Heute möchte ich Ihnen eine äußerst wichtige Frage stellen, nämlich: Wie behandeln Sie Ihre Ideen?

Behandle deine Ideen behutsam . . .
. . . denn sie könnten rasch wieder sterben.

Behandle sie sanft . . .
. . . denn sie könnten leicht blaue Flecken bekommen.

Behandle sie respektvoll . . .
. . . denn sie könnten das Wertvollste sein, das dir je begegnet ist.

Behandle sie umsichtig . . .
. . . und lass sie nicht wieder entkommen.

Behandle sie großzügig . . .
. . . und ernähre sie gut.

Behandle sie antiseptisch . . .
. . . und lass nicht zu, dass sie von negativen Gedanken
infiziert werden.

Behandle sie verantwortlich!
Antworte! Handle! Unternimm etwas!

Beschließen Sie, etwas zu beschließen!

Weil ich weiß, dass jede Idee ein Geschenk Gottes ist, will ich sie in „heiliger Verantwortung" entgegennehmen.

27. September   Im Beginn liegt der Gewinn!

„Lasst nicht nach in eurem Eifer, lasst euch vom Geist entflammen und dient dem Herrn!" (Römer 12,11).

Blättern Sie zum 24. September zurück und lesen Sie die Idee, die Sie an diesem Tag aufgeschrieben haben. Wirkt sie immer noch faszinierend auf Sie? Dann ist es Zeit, damit anzufangen. Legen Sie einen Ordner an oder fangen Sie an, ein Tagebuch zu führen, oder eröffnen Sie ein spezielles Konto, aber fangen Sie an!

Als ich mit dem Schreiben meines ersten Buchs begann, fiel mir wieder die negative Bemerkung ein, die eine meiner Lehrerinnen gemacht hatte. Sie sagte zu mir: „Bob Schuller, ich denke, du kannst deinen Lebensunterhalt einmal gut mit Reden verdienen, aber versuch es erst gar nicht mit Schreiben." Als mir alle destruktiven Gedanken durch den Kopf schossen, die diese Bemerkung begleiteten, erinnerte ich mich auch an den Satz: „Begonnen ist schon halb gewonnen." Darum nahm ich ein Blatt Papier und tippte den Titel meines Buches darauf. Ich besorgte mir einen Schnellhefter und heftete das Titelblatt ein. Und ehe ich mich versah, war das Buch fertig!

Was können Sie heute tun, um anzufangen? Schreiben Sie es auf:

_____

_____

Was könnten Sie in dieser Woche tun, um diese Idee voranzutreiben?

_____

_____

*Jetzt, da ich angefangen habe,
liegt das Schwerste schon hinter mir.
Ich weiß, dass ich es mit Gottes Hilfe
zu Ende führen kann!*

Im Beginn liegt der Gewinn!   28. September

„Wenn sich dir die Gelegenheit bietet, etwas zu tun, dann tu es mit vollem Einsatz" (Kohelet 9,10; Gute Nachricht).

Unsichere Menschen fallen in Winterschlaf, wenn sie einer Idee begegnen, zu der Gott sie inspiriert. Sie laufen vor guten Ideen davon. Sie haben Angst zu versagen oder fürchten, dass der Preis zu hoch sein wird. Sie verstecken sich in ihrer Höhle wie ein Bär, der den ersten Hauch des Winters spürt.

Faule Menschen ziehen die Annehmlichkeiten des Lebens vor. Sie schenken dieser Idee gar keine Beachtung. Sie wollen lediglich die Freuden des Augenblicks genießen. Sie sagen, sie würden sich später darum kümmern, aber das geschieht erfahrungsgemäß nie.

Verletzte Menschen versinken in Selbstmitleid. Sie sagen: „O ja, das ist eine gute Idee, aber ich könnte das nie tun. Ich habe es schon mal versucht, doch ich bin gescheitert." Sie haben eine endlos lange Liste von Ausreden, die immer mit „ja, aber" beginnt.

Einfältige Menschen schieben es auf die lange Bank. Sie zögern und sagen: „Später, wenn ich wirklich bereit dazu bin. Aber jetzt noch nicht." Und der Unterschied zwischen jemandem, der viel erreicht, und jemandem, der wenig erreicht, liegt darin, dass ersterer so gut wie immer dann etwas zu tun beschließt, ehe er voll bereit dazu ist. Warten Sie nicht, bis alle Faktoren stimmen, sonst werden Sie nie beginnen!

Kluge Menschen geben sich einer Aufgabe hin und steigen voll ein. Das sind Menschen, die sofort mit etwas beginnen. Sie vergeuden weder gute Gelegenheiten noch gute Ideen – insbesondere dann nicht, wenn sie von Gott kommen.

Zu welcher Kategorie Menschen werden Sie heute gehören?

> *Herr, ich entschließe mich dazu, die Idee umzusetzen, die du mir geschenkt hast.*

29. September   Im Beginn liegt der Gewinn!

„Unsere Hilfe steht im Namen des Herrn, der Himmel und Erde gemacht hat" (Psalm 124,8).

*I*ch habe eine wichtige Sache über das Anfangen gelernt. Ich kann alles tun, was ich mir zutraue . . . *aber ich kann es nicht allein tun!* Das lehre ich, das predige ich, das schreibe ich, das versuche ich und es stimmt! Ich brauche immer jemanden, der mich unterstützt! Versuchen Sie nicht, Ihre Träume allein umzusetzen. Das wird nicht funktionieren.

Einen Sieg zu erringen fängt damit an, dass man den Wettkampf beginnt. Und der erste Schritt fängt damit an, dass Sie aufstehen und etwas tun. Und das Faszinierende daran ist, dass auch Gott bei Ihnen ist und Ihnen die Kraft und Stärke gibt, die Sie brauchen!

Schreiben Sie ein Gebet auf, in dem Sie Gott dafür danken, dass er durch seinen Heiligen Geist in Ihnen ist. Danken Sie ihm für seine Hilfe, wenn Sie anfangen, Ihren Traum Wirklichkeit werden zu lassen.

Herr, ich danke dir für

_____

_____

_____

_____

Amen.

> *Gott, wir beide sind ein großartiges Team!*
> *Achtung, Welt, wir kommen!*

Hören und das Licht reflektieren

30. September

„Wohin kann ich gehen, um dir zu entrinnen, wohin fliehen, damit du mich nicht siehst? Steige ich hinauf in den Himmel – du bist da. Verstecke ich mich in der Totenwelt – dort bist du auch"
(Psalm 139,7–8; Gute Nachricht).

*I*ch kann nicht mehr an Gott glauben. Es gibt keinen Gott. Das war früher anders, aber er hat mich verlassen, und jetzt bin ich in der Hölle. Nein, es gibt keinen Gott!" Die Frau, die diese Worte zu mir sagte, befand sich in einer Nervenheilanstalt. Ich unterhielt mich lange mit ihr, aber es gelang mir nicht, ihr Hoffnung zu vermitteln. Bald danach hörte ich, dass sie sich ganz in sich selbst zurückgezogen hatte und verstummt war.

Einige Monate später, als ich sie wieder besuchen wollte, fand ich sie vollkommen verändert vor. Was war geschehen? Ein junger Arzt, der durch die Station gegangen war, war stehen geblieben, um mit ihr zu sprechen. Er hatte sie nach ihrem Namen gefragt; sie hatte jedoch nicht geantwortet. „Nun", sagte er, „mein Name ist Dr. Himmel."

Langsam hob sie den Kopf. Aus tief liegenden Augen starrte sie den Doktor an. „Dr. Himmel", wiederholte sie mit einem Lächeln.

Ein winziger Gedanke konnte sich in ihr festsetzen: „Dr. Himmel. Himmel. Wenn es hier den Himmel gibt, dann kann ich nicht in der Hölle sein. Wenn hier der Himmel ist, dann muss auch Gott da sein. Ja, Gott ist da."

Am nächsten Morgen ging sie den Flur entlang und rezitierte laut einen Bibelvers, den sie als Kind auswendig gelernt hatte. Das tat sie mehrere Tage lang, bis die heilende Kraft von Gottes Wort anfing, in ihr zu wirken. Die irrationale Assoziation, die sie zwischen Dr. Himmel und dem Himmel gezogen hatte, machte den Weg wieder frei für vernünftiges Denken. Schon bald bewirkte die Macht Gottes, dass sich ihr Leben vollkommen veränderte, und sie lächelte wie jemand, der aus einem tiefen und schrecklichen Alptraum langsam wieder erwacht. Als ich sie das letzte Mal sah, war sie völlig gesund und unterrichtete wieder an einer Schule.

Gott wirkt noch durch den kleinsten Hoffnungsschimmer, der in unsere Seele fällt!

Wo immer ich gerade bin, da ist auch Gott!

1. Oktober   Hören und das Licht reflektieren

„Warum gebt ihr euer Geld aus für Brot, das nichts taugt, und euren sauer verdienten Lohn für Nahrung, die nicht satt macht? Hört doch auf mich [...]!" (Jesaja 55,2; Gute Nachricht).

Als ich an der Highschool war, sang ich in einem Männerquartett mit, das überregionale Preise gewann. Später, auf dem College, trat ich wieder einem Quartett bei, und wir gaben viele Konzerte. Mein erster Besuch in Kalifornien wurde dadurch ermöglicht, dass ich mit dem *Hope College Quartett* auf eine Tournee ging, die quer über den amerikanischen Kontinent führte.

Zu den Dingen, die ich nie vergessen werde, gehört ein Ausspruch meiner Gesangslehrerin: „Jungs, der Schlüssel zu einem guten Männerquartett liegt in einer ausgewogenen Harmonie." Und sie brachte uns bei, wie man diese Harmonie erreichen konnte.

„Achtet beim Singen sowohl auf eure eigene Stimme als auch auf die Stimmen neben euch. Wenn diese ein wenig lauter sind als ihr selbst, dann wisst ihr, dass auch ihr lauter singen müsst. Wenn ihr euch aber lauter als die anderen singen hört, dann nehmt den Ton zurück. Ihr müsst einfach nur eure Ohren benutzen! Vergewissert euch, dass ihr weder lauter noch leiser singt als die anderen. Lernt zu hören!"

Ich habe entdeckt, dass dieser Rat auch für alle anderen Beziehungen in unserem Leben von Bedeutung ist. Es ist traurig, dass die meisten Leute nur auf sich selbst, auf ihren eigenen Willen und auf ihre eigenen Wünsche hören. Das verursacht immer zwischenmenschliche Disharmonie. Hören Sie – und Sie werden Harmonie finden!

> *Ich will meine Seele zur Ruhe kommen lassen.*
> *Ich bete und höre in Liebe zu!*

Hören und das Licht reflektieren   2. Oktober

„Doch der Herr war nicht im Sturm. [...] Doch der Herr war nicht im Erdbeben. [...] Doch der Herr war nicht im Feuer. Nach dem Feuer kam ein sanftes, leises Säuseln. Als Elija es hörte, hüllte er sein Gesicht in den Mantel" (1. Könige 19,11–13).

Hören Sie zu! Der Unterschied zwischen verdrießlichen, melancholischen, pessimistischen Menschen und anderen, die vor Lebensfreude nur so sprühen, ist nicht auf genetische Veranlagungen zurückzuführen! Er liegt auf der geistigen Ebene. Strahlende Persönlichkeiten sind Menschen, die zuhören können. Sie hören ihren Familienangehörigen, ihren Freunden, ihren Arbeitskollegen und auch Gott aufmerksam zu. Sie sind deshalb so strahlend, weil das sensible Zuhören eine tiefe innere Harmonie in ihnen bewirkt.

Ein Mensch, der Begeisterung ausstrahlt, hat sich dafür entschieden, auf das Positive zu hören. Er entwickelt die Gewohnheit, sich für all das Destruktive zu verschließen, das von überall her auf ihn zukommt.

Auf welche Stimmen hören Sie? Denken Sie einmal über die vergangenen 24 Stunden nach.

Konstruktive Stimmen: *Destruktive Stimmen:*

_____ _____

_____ _____

_____ _____

_____ _____

_____ _____

Ich will mich für alle destruktiven Stimmen in meiner Umgebung verschließen und mich für all das Gute öffnen, das Gott für mich hat.

3. Oktober

Hören und das Licht reflektieren

„Neigt euer Ohr mir zu und kommt zu mir, hört, dann werdet ihr leben" (Jesaja 55,3).

Henry Fawcett war einer der herausragenden Abgeordneten des englischen Unterhauses. Der britische Premierminister Gladstone ernannte ihn zum Postminister und er brachte einige der größten Verbesserungen im Post- und Telegrafenwesen seines Landes zuwege.

Dabei war Fawcett vollkommen blind! Er hätte allen Grund gehabt, verbittert zu sein. Als 20-Jähriger hatte er seinen Vater, zu dem er eine enge Beziehung hatte, auf einem Jagdausflug begleitet.

Auf dieser Jagd geschah ein Unfall: Sein Vater lud das Gewehr und schoss dabei seinem Sohn ins Gesicht. Der gesunde, kluge, geistig aufgeweckte junge Mann brach in einer Blutlache zusammen. Er überlebte zwar, blieb aber für den Rest seines Lebens blind.

Der Vater wollte sich das Leben nehmen. Und auch Henry wollte am liebsten sterben. Er hatte keine Hoffnung, sein Studium je wieder aufnehmen und lesen zu können. Tag für Tag wurde er von all diesen negativen Gedanken überflutet.

Eines Tages hörte Henry, wie sein Vater in tiefer Verzweiflung weinte. Henry beschloss, seinen Vater aufzumuntern, indem er ihm Hoffnung vorspielte. „Es ist ja gut, Papa. Andere können mir vorlesen, ich werde es schon schaffen!" Er gab sich vor seinem Vater fröhlich und glücklich, aber dann passierte etwas. Die Lüge wurde zur Wirklichkeit! Er hatte plötzlich Hoffnung! Sein Leben wurde tatsächlich sinnvoll! Er erlebte eine dynamische Veränderung, nur weil er sich entschlossen hatte, nicht mehr auf die destruktiven, sondern auf die positiven Stimmen in seinem Inneren zu hören.

Ich will heute auf die Stimme in mir hören, die von Gott kommt und damit Hoffnung und Freude in meinem Leben freisetzt.

Hören und das Licht reflektieren   4. Oktober

„Jede Art von Bitterkeit, Wut, Zorn, Geschrei und Lästerung und alles Böse verbannt aus eurer Mitte! Seid gütig zueinander, seid barmherzig" (Epheser 4,31–32).

Vor zwei Tagen machten wir eine Bestandsaufnahme der Stimmen, auf die wir täglich hören. Heute wird die äußerst wichtige Frage gestellt: Bin ich für mich selbst und für andere eine positive oder eine negative Stimme?

Können Sie sich erinnern, wann Sie für jemanden eine positive Stimme waren? Vergangene Woche? Gestern? Heute?

_____

_____

_____

Rufen Sie sich jetzt in Erinnerung, wann Sie zu jemandem in Ihrer Familie, in Ihrer Nachbarschaft oder in Ihrer Gemeinde etwas Negatives sagten oder negativ reagierten.

_____

_____

Ermutigen Sie heute andere Menschen! Das ist eine Entscheidung, die Sie treffen können. Wenn Sie bereit sind, auf Gottes Wort zu hören, dann können Sie die negative Atmosphäre Ihres Hauses oder Ihrer Arbeitsstelle positiv verändern. Beschließen Sie, heute etwas Freundliches zu sagen. Werden Sie heute zu einer konstruktiven Stimme für einen Menschen. Schreiben Sie jetzt als Zeichen dafür, dass Sie es ernst meinen, den Namen dieses Menschen auf:

_____

> *Danke, Herr, dass du mich mit deinen guten Gedanken erfüllst. Ich will heute deine positiven Gedanken an einen anderen weitergeben. Ich bin ein Licht Gottes!*

5. Oktober

Hören und das Licht reflektieren

„Die Liebe ist geduldig und gütig. Sie eifert nicht für den eigenen Standpunkt, sie prahlt nicht und spielt sich nicht auf. [...] Die Liebe gibt nie jemand auf, in jeder Lage vertraut und hofft sie für andere; alles erträgt sie mit großer Geduld"
(1. Korinther 13,4–7; Gute Nachricht).

In diesem Jahr feiern Arvella und ich unseren 49. Hochzeitstag. Mehr als 49 glückliche Jahre! Unsere Ehe ist heute besser als zu Beginn und wird täglich besser. Ich will Ihnen unser Geheimnis verraten.

Als wir nach Kalifornien zogen, nahm unsere neue Gemeinde sehr viel unserer Zeit und Aufmerksamkeit in Anspruch, und wir erkannten bald, dass unsere Ehe davon beeinträchtigt wurde. Aber sie stand für uns beide an erster Stelle. Aus diesem Grund verabredeten meine Frau und ich uns eines Montagabends miteinander. Und dieses Treffen wurde zu einer festen wöchentlichen Einrichtung.

40 Jahre lang war also jeder Montagabend, von einigen wenigen Ausnahmen abgesehen, für uns als Ehepaar reserviert. Das heißt, dass wir alle sieben Tage unsere Ehe, unser Denken, unser Zuhören und unsere Kommunikation miteinander auffrischen konnten.

Ich vergleiche das gerne mit meinen Autoreifen. Es passiert mir ständig, dass ich an den Bordstein fahre oder in Spurrillen gerate. Ungefähr jedes halbe Jahr sagt jemand zu mir: „Dr. Schuller, Sie sollten Ihre Vorderreifen erneuern lassen. Die sind abgefahren."

Wenn ich meine Autoreifen jede Woche überprüfen ließe, würden sie doppelt so lange halten. Meine Ehe und meine Familie bedeuten mir jedoch so viel, dass ich bereit bin, jede Woche mit meiner Frau nach einer gemeinsamen Ausrichtung zu suchen. Das Wichtigste dabei ist, dass wir einander zuhören. Und die Folge davon ist, dass wir enger zusammenwachsen!

Herr, hilf mir heute, meine Beziehung zu allen, die ich liebe, neu auszurichten.

Hören und das Licht reflektieren

6. Oktober

„Es grünt und blüht, so weit das Auge reicht. Im ganzen Land hört man die Vögel singen; nun ist die Zeit der Lieder wieder da!"
(Hoheslied 2,12; Gute Nachricht).

Zu oft, o Gott,
ist die heilige Stille
deiner sanften, leisen Stimme
überlagert vom
Brüllen des Verkehrs,
vom Heulen der Sirenen,
vom Wehklagen der Krankenwagen,
vom Brummen der Busse,
wird sie jäh unterbrochen
vom Klingeln an unserer Tür.

Flugzeuge, Eisenbahnen, Lastwagen, Telefon und Fernsehen füllen unsere Ohren tagtäglich mit Lärm, für den sie nie geschaffen wurden.

Eine irritierende Mischung nicht natürlicher Laute ertränkt deine silberzarte Stimme. O Herr, es wiegen sich Vögel in den Lüften, und ich bemerke sie nicht. Es spielen Kinder und ich höre sie nicht. Es blühen Blumen und ich sehe sie nicht. Es segeln Wolken still im lautlosen Raum über mir und ich nehme sie nicht wahr!

Gott, du lebst und wirkst und ich spüre dich nicht! Herr, verstärke du mein Wahrnehmungsvermögen von dieser pulsierenden Wirklichkeit des dynamischen geistlichen Universums, das mich umgibt.

Gott, erfülle du jetzt meine Gedanken und Gefühle.
Ich ahne, dass ich ganz von dir umgeben bin
und das schenkt mir ein neues Lebensgefühl.
Danke, Herr!

7. Oktober — Hören und das Licht reflektieren

„Wer aber auf mich hört, wohnt in Sicherheit, ihn stört kein böser Schrecken" (Sprichwörter 1,33).

Ich habe neulich mit einem Vater gesprochen, dessen Töchter in Washington einflussreiche Stellungen innehaben. Ich sagte zu ihm: „Wie kommt es, dass Sie gleich zwei Töchter haben, die zu solchen Positionen im Capitol aufgestiegen sind?"

„Das war nicht leicht für mich, Dr. Schuller", entgegnete er. „Ich nahm sie zum Capitol mit, als sie noch kleine Mädchen waren, um ihnen den Sitz der Macht zu zeigen. Eine der beiden machte Abitur, und ich hätte es gern gesehen, dass sie studiert. Doch sie wollte gleich ins Berufsleben einsteigen – ,Ich möchte Sekretärin bei einem unserer großen Senatoren werden', sagte sie.

Aber ich wollte sie nicht gehen lassen. Ich hatte Angst, sie in diese Stadt ziehen zu lassen, ohne ihre Mutter und mich."

Ich fragte, was ihn dazu bewogen habe, doch nachzugeben, und er erzählte mir Folgendes: „Ich bin ein begeisterter Football-Fan und sah eben zu dieser Zeit einem Spiel meiner Lieblingsmannschaft zu. Einer der Schiedsrichter hielt die Straffahne hoch – denn die Spieler hatten sich dadurch schuldig gemacht, dass sie in der Defensive verharrten. Das war für mich wie eine Botschaft von Gott: ,Du läufst Gefahr, dich schuldig zu machen, weil du nur abwehrst! Halte deine Tochter nicht zurück. Lass sie das werden, wozu sie bestimmt ist.' Darum ließ ich sie mit meinem Segen gehen."

Manche von uns machen sich schuldig, weil sie in der Defensive verharren. Ein Mensch, der auf Gott hört und sich für seine wunderbaren Träume öffnet, wird nie in den Strafraum versetzt werden, weil er etwas abwehrt! Hören Sie auf ihn und Sie werden sein Licht reflektieren!

Gott verleiht mir die Fähigkeit, zu hören und den richtigen Weg zu wählen, den Weg der Freude!

Loblied auf den Mut

8. Oktober

„Darum freue ich mich über meine Schwächen, über Misshandlungen, Notlagen, Verfolgungen und Schwierigkeiten. Denn gerade wenn ich schwach bin, dann bin ich stark"
(2. Korinther 12,10; Gute Nachricht).

Was ist Mut? Wir alle verstehen, was Mut ist, wenn wir einen Soldaten sehen, der an die vorderste Front stürmt, um unsere Freiheit zu verteidigen. Wir begreifen, was Mut bedeutet, wenn wir sehen, wie die Feuerwehr angefahren kommt und ein Feuerwehrmann auf die Leiter steigt, die ein brennendes Haus hinaufführt. Wir ahnen, was Mut ist, wenn wir einen Polizisten sehen, der sich mitten in der Nacht auf den Weg macht, um einen Menschen zu beschützen.

Aber es gibt noch andere Formen von Mut. Es gibt den Mut zu lieben; den Mut zu vergeben; den Mut der Hingabe.

Was bedeutet Mut für Sie? Schreiben Sie ein kleines Gedicht zum Thema „Mut" und bedienen Sie sich dabei folgender Form: Die erste Zeile besteht aus einem Wort – das ist der Titel. Die zweite Zeile besteht aus zwei Wörtern und beschreibt den Titel. Die dritte Zeile hat drei Wörter und beschreibt eine mutige Handlung. Zeile vier besteht aus vier Wörtern und beschreibt die Gefühle, die sich für Sie mit dem Titel verbinden. Zeile fünf bestätigt mit einem Wort noch einmal den Titel. Versuchen Sie es, und wählen Sie dabei das Wort „Mut" als Titel.

Mut

———— ————

———— ———— ————

———— ———— ———— ————

————

Ich bin heute dem Mut begegnet – Gottes Mut!
Ich danke ihm dafür, dass seine Kraft durch mich fließt!

9. Oktober

Loblied auf den Mut

„Seid wachsam! Steht im Glauben fest! Seid mutig und stark!"
(1. Korinther 16,13; Gute Nachricht).

*E*s gibt in Amerika keine Stadt, in der Sie nicht den Telefonhörer abnehmen und die Zeitansage anwählen könnten. In vielen Städten ist es auch möglich, die Wetteransage anzurufen. Entlang der Küste kann man sogar eine bestimmte Nummer wählen, um Auskunft über die Gezeiten zu erhalten.

Wo immer Sie in diesem Land leben, können Sie die Nummer von *New Hope* zu jeder Tages- und Nachtzeit anrufen, und das Telefon wird hier bei uns in *Crystal Cathedral* läuten. In unserer Telefonseelsorge können Sie rund um die Uhr mit einem ausgebildeten Seelsorger sprechen.

Wissen Sie aber auch, dass Sie wegen Mut anrufen können? Sie müssen sich dabei nicht viele Ziffern zu merken. Sie brauchen bloß einen Buchstaben zu kennen – „C"! Sie können um Mut anrufen, wenn der Arzt die Diagnose mitteilt und die Bösartigkeit Ihres Tumors bestätigt. Oder wenn Sie von Ihrem Mann verlassen werden. Oder wenn Sie ein Kind verlieren. Das ist möglich. Sie können um Mut anrufen, denn dieses „C" steht für Christus. Wir brauchen nur zu ihm zu rufen und bekommen eine Art von Mut, die aus einer anderen Quelle als aus uns selbst kommt.

Gott hört uns. Unser Rufen kommt immer bei ihm an. Er gibt uns alles, was wir brauchen. Das ist es, was Jesus Christus für Sie tun kann! Rufen Sie ihn heute an und bitten Sie um Mut!

Gott hat mir einen Geist des Muts gegeben,
der alles überwinden wird.
Er hat mir den Geist Jesu Christi gegeben.
Ich muss mir keine Sorgen machen!

Loblied auf den Mut   10. Oktober

„Der Gerechte fühlt sich sicher wie ein Löwe" (Sprichwörter 28,1).

Der Richter kandidierte für seine Wiederwahl und musste seinen guten Ruf unter Beweis stellen. Er war ein vornehmer, ehrenhafter Mann und sehr gütig. Aber sein Gegner führte eine bösartige, verleumderische und unlautere Kampagne gegen ihn.

Bei einer Pressekonferenz stand ein Reporter auf und fragte den Richter: „Euer Ehren, ist Ihnen bekannt, was Ihr Gegner über Sie verbreitet? Möchten Sie dazu Stellung nehmen?"

Der Richter blickte seine Ratgeber und den Vorsitzenden des Ausschusses an. Dann sah er seine Zuhörer an und erwiderte ruhig: „Nun, als ich ein Junge war, hatte ich einen Hund. Und jedes Mal, wenn Vollmond war, heulte und bellte dieser alte Jagdhund alles an, was er im hellen Mondlicht sah. Wir haben in solchen Nächten nie gut geschlafen. Denn er bellte den Mond die ganze Nacht lang an." Damit beendete er seinen Kommentar.

„Aber das hat doch nichts mit der Sache zu tun", warf der Vorsitzende ungehalten ein. „Sie haben auf die gegen Sie erhobenen Anschuldigungen nicht geantwortet!"

Der Richter aber erklärte: „Doch, das habe ich getan! Der Mond hört nicht auf zu leuchten, nur weil er von Hunden angebellt wird! Ich habe keine Absicht, mehr darauf zu entgegnen. Sondern ich werde ruhig und gelassen weiterleuchten, so wie der Mond!"

Das erfordert Mut! Das ist der Mut, den man braucht, um es bis an die Spitze zu schaffen und sich nicht darum zu kümmern, was andere darüber denken, wenn ich erfolgreich bin oder wenn ich versage. Nur Gott kann Ihnen diese Art von Mut schenken!

> *Herr, ich will leuchten wie der Mond.*
> *Ich danke dir dafür,*
> *dass ich deinen Mut in mir spüren kann.*

11. Oktober   *Loblied auf den Mut*

„Wer sein Feld bestellt, wird satt von Brot" (Sprichwörter 12,11).

Oft ist es die Angst vor dem Unbekannten, die an unserem „Mutreservoir" nagt, auch wenn wir uns sehnlichst wünschen, erfolgreich zu sein. W. Clement Stone hat darauf hingewiesen, dass es uns nicht mehr Zeit kostet, egal, ob wir erfolgreich sind oder versagen. Warum sich also nicht dazu entschließen, den Erfolg zu wählen? Fangen Sie damit an!

Wenn Sie in der Gefahr stehen, den Mut zu verlieren, weil Sie mit einer schwierigen Aufgabe oder einer schwierigen Situation konfrontiert werden, dann sagen Sie sich immer wieder: „Fang sofort an!" Machen Sie sich dies zu Ihrer Gewohnheit.

Fangen wir jetzt damit an! Ergänzen Sie die folgenden Sätze und sprechen Sie dann jeden Satz laut aus!

Wenn ich in Gefahr bin, zu _____

dann will ich sofort damit beginnen!

Wenn mein Mut nachlässt, weil _____

dann will ich _____

sofort tun!

Wenn mich die Unsicherheit befällt, weil _____

_____

dann will ich _____

sofort anfangen!

Fangen Sie sofort an!

Loblied auf den Mut 12. Oktober

„Die Liebe kennt keine Angst. Wahre Liebe vertreibt die Angst"
(1. Johannes 4,17–18; Gute Nachricht).

„Hier bin ich!", rief eine Kinderstimme jedem zu, der gerade vorüberging. Das kleine Mädchen war kaum zwei Jahre alt und lag in einem Bett und hielt seinen Teddybär im Arm. Die beiden winzigen Beine hingen in einem Streckverband in der Luft.

„Ach, hallo", sagte der neue Freund, den sie gerade gewonnen hatte.

„Ich habe zerbrechliche Knochen", erklärte ihm das kleine Mädchen. „Dieser hier ist gebrochen. Das letzte Mal war es der andere", und sie deutete auf ihr rechtes Bein. Sie hatte in ihrem jungen Leben bereits 22 Brüche hinter sich.

Als Charlotte sechs war, war sie 85 Mal im Krankenhaus gewesen. Infolge einer seltenen Form von Osteoporose brachen ihre Knochen sehr leicht. Im Alter von zehn Jahren hatte sie über 200 Brüche überstanden.

„Ich habe sie nur zwei Mal weinen gesehen", sagte mir ein enger Freund der Familie. „Einmal, als sie die Hochzeit ihrer Schwester versäumte, weil sie sich den Arm brach. Das andere Mal, als sie einen öffentlichen Spendenaufruf machte, um die Leute um Geld für verkrüppelte Kinder zu bitten."

Charlotte wog nie mehr als 50 Pfund, aber sie absolvierte die weiterführende Schule und wählte eine Universität mit einer Rampe für Rollstühle, zu einer Zeit, als das Gesetz diesen Zugang für Behinderte noch nicht vorschrieb. Vier Jahre später schloss sie die Universität mit Auszeichnung ab! Sie hatte Jura studiert und das Staatsexamen geschafft! Alle 50 Pfund, die sie wog! Sie hatte Mut! Sie hatte so große Lebensfreude, dass sie bereit war, jeden Tag zu kämpfen! Mut – das ist die Rückseite der Liebesmünze!

Mut erfüllt mein Herz und meine Seele, denn ich weiß, dass Gott meine Stärke und mein Halt ist!

13. Oktober   *Loblied auf den Mut*

„Groß ist unser Herr und gewaltig an Kraft, unermesslich ist seine Weisheit [...]. Gefallen hat er an denen, die ihn fürchten und ehren, die voll Vertrauen warten auf seine Huld" (Psalm 147,5.11).

Warum wird Mut so gepriesen? Weil jeder, der sich dazu entschließt, mutig zu sein, den Rest der Menschheit inspiriert! Die ganze Menschheitsfamilie wird erhöht und geehrt, wenn jemand mutig kämpft.

Lillian Dickson und ihr Mann fühlten sich von Gott berufen, auf die Insel Formosa zu gehen. Als sie dort ankamen, führten sie eine Unterredung mit einem Regierungsbeamten im Sozialministerium. Dieser blickte das naive junge Paar an und lachte: „Es ist besser, Sie gehen wieder nach Amerika zurück. Hier können Sie nichts bewirken. Das ist nicht möglich!"

Er stand auf, ging zum Fenster und wies nach außen. „Sehen Sie den Ozean dort draußen? Menschen hier in Formosa helfen zu wollen kommt dem Versuch gleich, diesen Ozean mit einem Eimer auszuschöpfen zu wollen!"

Die junge Frau erhob sich und sagte: „Nun, dann werde ich eben meinen Eimer füllen!", und verließ den Raum. 50 Jahre später, ihr Mann war bereits tot, war Lilian immer noch damit beschäftigt, ihren „Eimer" zu füllen. Sie hatte mehr als 1 000 Gemeinden, Schulen und Krankenhäuser gegründet. Das alles geschah, weil sie und ihr Mann die Bereitschaft und den Mut aufbrachten, auch ein Versagen in Kauf zu nehmen!

Keiner hätte es ihnen verübelt, wenn sie kehrtgemacht hätten und wieder nach Hause gefahren wären. Aber sie blieben und trotzten dem möglichen Versagen. Und Formosa ist heute ein besserer Ort, weil sie Mut hatten, aktiv zu werden!

Ich will heute mutig sein und anderen nur Worte der Hoffnung sagen, um sie dazu zu ermutigen, selbst mehr Mut zu haben!

Loblied auf den Mut   14. Oktober

"Mit meinem Gott überspringe ich Mauern. Vollkommen ist Gottes Weg" (2. Samuel 22,30–31).

Was ist Mut? Mut ist nicht die Abwesenheit von Angst. Mut heißt, sich zu entschließen, vorwärts zu gehen, *obwohl* man starr vor Angst ist.

Wenn Sie einen Entschluss fassen, der kein Risiko in sich birgt, ist dazu kein Mut nötig. Wenn Sie vorwärts gehen und wissen, dass Sie nicht scheitern können, verlangt das keinen Mut.

Möchten Sie für den Rest Ihres Lebens da stehen bleiben, wo Sie jetzt sind? Gott hat Besseres und Größeres für Sie und mich im Sinn, aber wenn wir kein Risiko eingehen, werden wir auch nicht vorankommen.

Ein Risiko einzugehen heißt, ein eventuelles Versagen und wirklichen Schmerz zu riskieren. Mut! Jemand sagte mir: „Mut – manche besitzen ihn, andere aber nicht."

Das denke ich nicht: *Mut ist keine Gabe. Mut ist eine Entscheidung.* Mut ist dieses Angstgefühl, das mich dazu motiviert, die richtige Entscheidung zu treffen. Mutig zu sein ist immer eine Entscheidung!

Mut ist etwas, das ich nie verlieren kann. Weil Mut etwas ist, zu dem ich mich immer neu entschließen kann. Mut heißt zu wissen, dass ich das mache, was Gott von mir getan haben möchte.

Ich habe diesen Mut bekommen und ich bekomme ihn immer wieder von Christus selbst. Wenn Sie daran glauben, dass Gott lebt, dass er Sie liebt, dass er Ihnen vergibt und einen Plan für Ihr Leben hat, dann wird Ihnen dieser Mut zufallen.

„Danke, Herr, dass du es bist, der mir Mut gibt. Du forderst mich auf, kühne Entscheidungen zu treffen und mich aufzumachen. Du allein weißt, wohin dieser Weg führen wird und worauf diese Sache hinausläuft. Herr, komm du und schenke mir die Gewissheit, dass Erfolg da anfängt, wo ich mich nach dir ausstrecke. Wo ich meine Hand in deine lege und beschließe, mit dir durch mein ganzes Leben zu gehen. Amen."

Ich kann heute in dem Vertrauen auf meinen Gott mutig vorangehen.

15. Oktober   Schwächen werden zu Stärken

„Den Schwachen wurde ich ein Schwacher, um die Schwachen zu ge-winnen" (1. Korinther 9,22).

Vor einigen Jahren sagte einmal ein holländischer Reiseführer zu mir: „Sehen Sie den riesigen Betonpflock im Deich? Dort gab es eine undichte Stelle und das Wasser brach durch. Aber wir verschlossen sie mit Stahlbeton – hier wird es nie wieder zu einem Durchbruch kommen."

Ein Arzt zeigte auf eine Krankenschwester, die gerade über den Flur ging. „Das ist die beste Krankenschwester, die wir haben. Sie hat ein gutes Verhältnis zu den Patienten und arbeitet fleißig." Und nachdenklich fügte er hinzu: „Vielleicht hat das damit zu tun, dass sie als junges Mädchen viele Monate lang hier in diesem Krankenhaus gelegen hat."

Als meine Sekretärin Lois Wendell an Krebs starb, erzählten mir viele Leute, wie sehr sie ihnen geholfen hatte, als sie vor einer riskanten Operation standen. *Da, wo sie schwach war, da wurde sie stark!*

Sie können Ihre Narben in strahlende Sterne verwandeln. Ihre Verletzungen können von einem Heiligenschein umstrahlt werden. Ob Sie seelisch gesund bleiben und ein glückliches Leben führen, hängt in der Regel damit zusammen, ob Sie entdecken, wie mit Verletzungen umzugehen ist. Der Apostel Paulus versichert uns, dass sich unsere Schwächen für andere in Segen verwandeln können.

Gott hilft mir, meine Narben in strahlende Sterne
zu verwandeln!

Schwächen werden zu Stärken   16. Oktober

„Herr, du bist mein Gott! Für alle, die arm und hilflos sind, bist du eine Zuflucht in Zeiten der Not" (Jesaja 25,1.4; Gute Nachricht).

*E*s gibt verschiedene Arten von Schwächen. Manche sind darauf zurückzuführen, dass wir von anderen verletzt wurden. Einige werden einfach durch das Leben und seine natürlichen Abläufe verursacht. Aber es gibt auch Schwächen, die einen Bezug zu unseren Charaktereigenschaften haben. Vielleicht vertrauen wir anderen zu schnell oder wir sind hypersensibel. Und diese Eigenschaften machen uns leicht verletzbar.

Wo liegen Ihre Schwächen? Haben Sie je die Stärken in Erwägung gezogen, die sich möglicherweise hinter diesen Schwächen verbergen könnten? Schreiben Sie einige Ihrer Schwächen auf, und denken Sie dann über die Stärken nach, die damit verbunden sein könnten.

Meine Schwächen: *Meine potenziellen Stärken:*

_____   _____

_____   _____

_____   _____

_____   _____

_____   _____

Mit Gottes Hilfe kann ich meine früheren Schwächen in Stärken verwandeln.

17. Oktober   Schwächen werden zu Stärken

„Ich werde sie trösten; ich verwandle ihre Trauer in Jubel, ihren Kummer in Freude" (Jeremia 31,13; Gute Nachricht).

Hier einige nützliche Ratschläge, die Sie dabei unterstützen können, Ihre Narben in strahlende Sterne zu verwandeln. Erstens: *Verdammen Sie Ihre Verletzungen nicht!* Es gibt viele Möglichkeiten, um Verletzungen zu verwünschen, aber wenn Sie das tun, führt das nur zu Bitterkeit. Was uns verletzt, kann uns entweder verbittern oder weiterbringen – darum verfluchen Sie Ihre Verletzungen nicht!

Zweitens: *Hegen und pflegen Sie Ihre Verletzungen nicht.* Vor einiger Zeit rief eine Frau in meinem Büro an und bat um einen Termin. Ihr Mann war vor zwei Jahren gestorben und ihre Seele weinte seither unaufhörlich. „Ich weiß, dass Sie sehr beschäftigt sind, Dr. Schuller", erzählte sie mir später, „ich wollte Sie nicht auch noch damit belasten." Ich legte den Arm um ihre Schulter und führte sie in mein Büro.

Dann berichtete sie mir alles, was zum Tod ihres Mannes geführt hatte – wirklich alles! Sie wusste jedes einzelne Detail. Schließlich öffnete sie ihre Tasche und nahm ein Blatt Papier heraus. Sie las mir die Worte des Arztes vor, mit denen er ihr erklärt hatte, warum ihr Mann sterben musste. Ich weinte mit ihr.

Wir beteten miteinander und ich sagte zu ihr: „Ich möchte, dass Sie etwas tun. Zerreißen Sie dieses Stück Papier und werfen Sie es weg. Es ist Zeit, dass Sie aufhören, Ihren Schmerz immer wieder aufzuwärmen."

Als wir uns ein paar Wochen später wieder sahen, lächelte sie und flüsterte: „Danke, es geht mir wieder besser."

Herr, die Vergangenheit ist vorüber.
Danke, dass heute für mich ein neuer Tag beginnt!

Schwächen werden zu Stärken   18. Oktober

„Einer trage des anderen Last; so werdet ihr das Gesetz Christi erfüllen" (Galater 6,2).

W ir können oft nicht verhindern, dass wir verletzt werden, aber wir können etwas tun, damit diese Verletzungen heilen. Mit Gottes Hilfe und mit Hilfe des Gebets können wir mit jeder Verletzung fertig werden.

Einer meiner Freunde hatte Probleme mit einem seiner Geschäftspartner. Negative Gefühle aller Art überfluteten ihn. Ich schlug ihm vor, doch darüber zu beten.

„Und wofür soll ich beten?", fragte er mich. „Doch nicht etwa dafür, dass der andere erfolgreich ist?"

„Nein, das nicht", erwiderte ich, „aber du kannst Gott fragen, wie du beten sollst. Er wird es dir zeigen."

Einige Tage später berichtete er mir: „Ich bin heute mitten in der Nacht aufgewacht und wusste plötzlich, wie ich beten soll. Gott hat mir dieses Gebet geschenkt: ‚Lieber Gott, mach aus diesem Menschen genau das, was du aus ihm machen möchtest. Und hilf ihm, dass sich sein Geschäft so entwickelt, wie es nach deinem Wunsch sein soll!' Das hat mich vollkommen kuriert. Wenn dieser Typ geschäftlichen Erfolg hat, kann ich mich nicht darüber beschweren. Denn ich habe ja dafür gebetet, dass Gottes Wille geschieht."

Wenn Sie also verletzt wurden und Sie beten darüber, aber das Beten hilft nichts, dann haben Sie vielleicht falsch gebetet. Fangen Sie an, Gott zu fragen, wie Sie beten sollen. Er wird Ihnen helfen, Ihre Verletzungen zu heilen, indem er sich um all diese Dinge kümmert.

Meine Verletzungen werden immer schwächer, wenn ich eine nach der anderen Gott anvertraue.

19. Oktober Schwächen werden zu Stärken

„Werft alle eure Sorge auf ihn, denn er kümmert sich um euch"
(1. Petrus 5,7).

Welche Verletzungen tragen Sie immer noch mit sich herum?
Nehmen Sie sich Zeit, diese hier zu notieren:

_____

_____

_____

_____

_____

_____

Lesen Sie noch einmal durch, was Sie geschrieben haben. Und vertrauen Sie dann jede einzelne Sache der heilenden Kraft Gottes an. Schreiben Sie dann in großen Buchstaben quer über diese Seite: „Erledigt!"

Ich bin ein Kind Gottes.
Nichts kann mich wirklich dauerhaft verletzen,
denn er sorgt für seine Kinder!

Schwächen werden zu Stärken   20. Oktober

„Denn ich war hungrig, und ihr habt mir zu essen gegeben. [...] Herr, wann haben wir dich hungrig gesehen und dir zu essen gegeben? [...] Was ihr für einen meiner geringsten Brüder getan habt, das habt ihr mir getan" (Matthäus 25,35–40).

*E*ines Tages, als ich abends aus meinem Büro kam, sah ich, wie sich gerade die Türen des Aufzugs öffneten. Eine junge Frau kam heraus, an deren Rock gerade ein kleines Mädchen zupfte. Die Mutter sah aus, als sei sie sehr beschäftigt . . . ein wenig gehetzt und in Eile.

Ich fragte meine Sekretärin: „Wer ist diese Frau? Was macht sie hier um diese Tageszeit?" Sie rief mir in Erinnerung, dass diese Frau die Leitung eines Hilfsprojekts übernommen hatte.

Diese junge Mutter verbrachte viele Stunden in unserer Gemeinde, um Dosen mit Suppe und Gemüse einzusammeln. In unserer Telefonseelsorge rufen Menschen an, die mittellos sind und nichts zu essen haben. Wir geben diesen Leuten grundsätzlich kein Geld, aber wir versorgen sie mit Essen und Lebensmitteln. Diese junge Frau war für diesen Dienst zuständig.

Meine Sekretärin erinnerte mich an den Brief, den sie vor einigen Monaten geschrieben hatte und der mich wirklich sehr bewegte. Ihr Mann musste monatelang im Bett liegen und konnte nicht arbeiten. Auch sie konnte es nicht, weil sie ein krankes Baby hatte. Die Gemeinde hörte davon, und Tag für Tag, Woche für Woche kam jemand vorbei, um ihnen Essen zu bringen.

Nun hat sie einen Weg gefunden, um diese Liebe zu vergelten! Immer, wenn ich einem Menschen begegne, der sich selbst verschenkt, stellt sich irgendwann heraus, dass dieser Mensch eine Narbe hat, die von einem Heiligenschein umstrahlt ist.

Ich gehöre zu Gott. Alles, was mir zustößt, ist Teil seines guten Plans, den er mit mir hat.

21. Oktober   Schwächen werden zu Stärken

„Gehe ich auch mitten durch große Not: Du erhältst mich am Leben. [...] Der Herr nimmt sich meiner an. Herr, deine Huld währt ewig. Lass nicht ab vom Werk deiner Hände" (Psalm 138,7–8).

E s gibt Menschen, die über ihre Verletzungen schimpfen, andere, die sie hegen und pflegen, und wieder andere, die sie abgeben und loswerden. Der beste Weg, um Verletzungen zu verwandeln, um strahlende Sterne aus Narben zu machen, besteht darin, diese Dinge Gott anzuvertrauen und ihm zu erlauben, dass er sie total auf den Kopf stellt. Er wird sie in ihr Gegenteil verkehren und so zu leuchtenden Sternen in Ihrer Krone werden lassen.

Schreiben Sie heute ein Gebet auf, in dem Sie Ihre Gefühle zum Ausdruck bringen, wenn Sie alle Ihre Verletzungen Gott anvertrauen:

Guter Gott, _____

_____

_____

_____

_____

_____

_____

*Ich will Gott meine Verletzungen geben,
denn er verwandelt sie in Kraft!*

Wissen, wohin die Reise geht   22. Oktober

„Er ist das Ja zu allem, was Gott verheißen hat" (2. Korinther 1,20).

Der Mann, dem in der Profi-Footballgeschichte Amerikas aus der größten Entfernung ein *Field Goal* gelang, war der Letzte, dem man das zugetraut hätte. Aber das sagte ihm keiner und so hat er das Unmögliche zustande gebracht.

Tom Dempsey wurde mit einem halben rechten Fuß und mit einer deformierten rechten Hand geboren. Obwohl er seine Behinderung erfolgreich überwand und sowohl in der Highschool als auch an der Universität Football spielte, wurde er von den meisten Mannschaften abgelehnt. Sie sagten: „Ein Mann wie Sie ist nicht geeignet, Profi zu werden."

Doch er war nicht bereit, das zu akzeptieren. Er erwiderte: „Ich habe gelernt, niemals aufzugeben. Ich habe es im Sport oft genug erlebt, dass sich das Blatt wendete, nur weil es jemanden gab, der nicht aufgab und am Sieg festhielt. Das haben mir schon meine Eltern beigebracht."

Bei einem Spiel im Jahre 1970 zwischen den *Detroit Lions* und den *New Orleans Saints* konnten die *Saints* den *Lions* eine unerwartete Niederlage zufügen. Als die *Lions* nur noch elf Sekunden vom Sieg entfernt gewesen waren, hatte es schon so ausgesehen, als sei das Spiel bereits gelaufen. Die *Saints* hatten nur noch zwei Sekunden Zeit und befanden sich innerhalb ihrer eigenen 45-Yard-Linie. Da kam Tom Dempsey und schoss ein Tor.

Bis zu dieser Zeit war das weiteste Tor aus 56 Yard Entfernung geschossen worden. Aber dieses betrug 63 Yard! Die Torpfosten waren so weit weg, dass Tom nicht einmal sicher war, ob er ins Tor getroffen hatte, bis der Schiedsrichter den Arm hob. Die *Saints* gewannen dieses Spiel, weil niemand zu Tom gesagt hatte, es sei unmöglich!

Gott plant für mich nicht das Versagen ein.
Er sagt Ja zu mir, darum will auch ich Ja zu ihm sagen!

23. Oktober   Wissen, wohin die Reise geht

„Leite mich, Herr, [...] ebne deinen Weg vor mir!" (Psalm 5,9).

Wenn Menschen, die auch Unmögliches für möglich halten, Ziele ins Auge fassen, dann fangen sie damit an, ihre von Gott geschenkten Gaben realistisch einzuschätzen. Von einem Bauern erzählt man sich folgende Geschichte: Als er gerade darüber nachdachte, wie er seine Zukunft gestalten solle, entdeckte er am Himmel eine Wolkenformation, die die Buchstaben „P" und „G" formte. Er sah darin ein Zeichen, das er als Aufforderung interpretierte: „Predige Gott".

Er wurde also Prediger. Weil er aber dachte, dass ihm die nötige Begabung dazu fehle, wurde er ein schlechter Prediger. Daher dachte er, dass diese Buchstaben etwas anderes bedeuten müssten, nämlich: „Pflüge Getreide". Er kehrte also wieder zu seiner Aufgabe zurück, die Nation mit Nahrung zu versorgen.

Eine alte Freundin unserer Familie aber – und das ist die Kehrseite der Medaille – hat vor zwei Jahren, als sie schon über 60 war, angefangen, Klavierunterricht zu nehmen. Heute hat sie ausreichende Kenntnisse, um selbst Kindern Klavierunterricht geben zu können. Die Kinder lieben sie und sie hat großen Erfolg.

Diese beiden Geschichten beleuchten einige wichtige Grundsätze, die jeder beachten sollte, wenn er ein Ziel anstrebt:

1. Entdecken Sie Ihre brachliegenden Fähigkeiten! Sie sind da! Suchen Sie danach!
2. Schätzen Sie Ihre Gaben realistisch ein! Gott braucht alle Arten von Gaben, um in der Welt etwas in Bewegung zu setzen.
3. Stellen Sie Ihre Gaben Gott zur Verfügung. Er kann auch mit kleinen Dingen viel anfangen, wenn wir sie ihm unterstellen.
4. Fangen Sie noch heute damit an!

Ich bin ein wichtiger Teil des Plans,
den Gott für den heutigen Tag hat!

Wissen, wohin die Reise geht   24. Oktober

„Wir haben ganz verschiedene Gaben, so wie Gott sie uns in seiner Gnade zugeteilt hat" (Römer 12,6; Gute Nachricht).

Der Apostel Paulus fordert uns auf, unsere Gaben ehrlich einzuschätzen. Es ist sicher ein nützlicher Rat, die Reise da zu beginnen, wo Sie gerade stehen. Sie können das herausfinden, indem Sie die Fähigkeiten und Talente, die Gott Ihnen gegeben hat, identifizieren. Mit dieser Information in der Hand sind Sie gut gerüstet, um zu planen, wohin die Reise gehen soll.

Sie können damit beginnen, Dinge aufzuschreiben, die Sie gerne tun. Schreiben Sie daneben Ihre Begabungen auf, die Ihnen helfen, Spaß an diesen Dingen zu haben:

Ich habe Spaß an: *Ich bin begabt für:*

_____   _____

_____   _____

_____   _____

_____   _____

_____   _____

Ich darf mich an allem freuen, was Gott für mich plant!

25. Oktober   Wissen, wohin die Reise geht

„Nehmt es als Grund zur Freude, wenn ihr in vielfältiger Weise auf die Probe gestellt werdet. Denn ihr wisst: Wenn euer Glaube erprobt wird, führt euch das zur Standhaftigkeit [...], damit ihr in jeder Hinsicht untadelig seid und euch zur Vollkommenheit nichts mehr fehlt"
(Jakobus 1,2–4; Gute Nachricht).

Neben Ihren Talenten sollten Sie auch mögliche Herausforderungen unter die Lupe nehmen. Die Herausforderungen, die Gott Ihnen über den Weg schickt, scheinen anfänglich oft Probleme oder Schwierigkeiten zu sein. Nur wenn Sie sich darin üben, auch Unmögliches für möglich zu halten, werden Sie das allgemein gültige Prinzip entdecken, dass sich in Schwierigkeiten im Grunde auch Gelegenheiten verbergen! Sie entpuppen sich als eine Aufforderung, etwas Konstruktives zu tun oder geistlich zu wachsen.

Wenn Sie sich persönliche Ziele setzen wollen, dann ziehen Sie die Herausforderungen in Betracht, mit denen Sie gerade konfrontiert sind. Wenn Sie im Krankenhaus liegen, dann könnten Sie vielleicht versuchen, Ihre Arme wieder bewegen zu können, und morgen probieren Sie es mit den Beinen. Dann haben Sie das Ziel vor Augen, sich auf die Seite zu rollen, und als Endziel, den Flur entlangzugehen – auf dem Weg nach Hause!

Vertrauen Sie darauf: *Schritt für Schritt wird alles leichter!*

Das Wichtigste dabei ist Ihre Einstellung zu der Situation, in der Sie sich gerade befinden. Wenn Sie denken, dass etwas nicht möglich ist, dann haben Sie wirklich ein Problem! Aber wenn Sie fest davon überzeugt sind, dass es durchaus möglich sein könnte, dann ist Ihr Problem nicht mehr als die Gelegenheit, einen Triumph zu erleben!

Mein Problem gibt mir heute die Gelegenheit,
die Freude eines persönlichen Triumphs zu erleben!
Mit Gottes Hilfe will ich es versuchen und triumphieren!

Wissen, wohin die Reise geht   26. Oktober

„Wer bittet, soll aber voll Glauben bitten und nicht zweifeln; denn wer
zweifelt, ist wie eine Welle, die vom Wind hin und her getrieben wird"
(Jakobus 1,6).

Nachdem Sie Ihre Talente und Herausforderungen überprüft haben, sollten Sie das auch mit Ihren Werten tun, bevor Sie sich ein persönliches Ziel setzen.

Eine junge Frau hatte eben ihre Ausbildung abgeschlossen und trat ihre erste Stelle an. In den ersten Monaten gab sie all das Geld, das sie verdiente, für ihre Garderobe aus. Ihr Vater bedrängte sie, doch einen Teil davon zu sparen, denn Sparsamkeit, so argumentierte er, sei eine Tugend.

Sie aber beharrte darauf, dass erst Kleider Leute machen und sie deshalb eine erstklassige Garderobe haben müsse. Beide konnten den anderen jedoch nicht von ihrem Standpunkt überzeugen. Schließlich wandte sich das Mädchen verzweifelt an seinen Bruder und fragte ihn: „Was soll ich nur tun – das Geld auf dem Konto lassen oder Kleidung kaufen?"

Ohne mit der Wimper zu zucken, antwortete er: „Investiere dein Geld dort, wo es die meisten Zinsen trägt!" – was im Englischen gleichbedeutend ist mit: „Investiere dein Geld dort, wo es die meiste Aufmerksamkeit erregt!"

Alle drei brachten bei diesem Streit ihre eigenen Werte zum Ausdruck: Der Vater legt Wert auf Sparsamkeit. Die Tochter legt Wert auf ihr Äußeres. Und ihr Bruder legt Wert darauf, sich nicht zwischen die Stühle zu setzen.

Manchmal sind wir in unseren Werten inkonsequent, so wie der Mann, der bei einem waghalsigen Einbruch geschnappt wurde. Der Polizist fragte ihn, warum er etwas so Riskantes ganz allein versucht habe.

„Nun", antwortete der Gefangene, „wo kann man schon jemanden finden, der ehrlich genug ist, dass man ihm bei einer Sache wie dieser vertrauen kann?"

> *Ich will heute bei allem, was ich plane,*
> *Gottes Werte zum Maßstab nehmen.*

27. Oktober   *Wissen, wohin die Reise geht*

„Richtet euren Sinn auf das Himmlische und nicht auf das Irdische!"
(Kolosser 3,2).

Was ist für Sie wertvoll? Was würden Sie behalten und wovon würden Sie sich trennen, wenn Sie wählen müssten? Nehmen wir an, in Ihrer Wohnung bricht plötzlich ein Feuer aus. Die Zeit reicht nur dafür aus, um acht Dinge zu retten. Welche Dinge wären das? Schreiben Sie auf, was Ihnen als Erstes in den Sinn kommt:

1. _____

2. _____

3. _____

4. _____

5. _____

6. _____

7. _____

8. _____

Gehen Sie jetzt Ihre Liste nochmals durch und denken Sie über jeden Gegenstand nach. Welchen Stellenwert würden Sie den einzelnen Dingen beimessen? Was würde für Sie wirklich an erster Stelle kommen? Aus welchem Grund? Was steht an letzter Stelle? Was sagt das über Ihre Werte aus? Welche Werte bestimmen Ihr Leben?

Meine Werte sollten mit den Werten Gottes
übereinstimmen! Mein Auftrag ist es,
als Kind Gottes in dieser Welt zu leben!

Wissen, wohin die Reise geht   28. Oktober

„Man kann auch nicht sagen: Seht, hier ist es!, oder: Dort ist es! Denn: Das Reich Gottes ist (schon) mitten unter euch" (Lukas 17,21).

Tief in Ihnen liegt die Macht Gottes. Und Gott wartet nur darauf, Ihnen alles zu geben, was Sie brauchen, damit Ihre Träume Wirklichkeit werden.

Glauben Sie an einen großen, mächtigen Gott! Und setzen Sie dann Ihre Ziele und Pläne hoch genug, damit auch Gott darin Platz hat. Fragen Sie Gott und sich selbst, was Sie mit dem Rest Ihres Lebens tun sollen. Machen Sie das jetzt und schreiben Sie die Antworten auf, die Ihnen in den Sinn kommen:

_____

_____

_____

_____

_____

_____

Fassen Sie den Entschluss, Ihr Ziel anzustreben. Wenn Sie dazu eine bessere Ausbildung brauchen – sorgen Sie dafür! Wenn Sie mehr Geld dafür brauchen – sparen oder organisieren Sie es! Wenn Ihnen das nötige Wissen fehlt – eignen Sie es sich an oder finden Sie jemanden, der auf diesem Gebiet begabt ist und denselben Traum hat. Das Wichtigste dabei ist, dass Sie anfangen – noch heute!

Gott gibt mir Macht,
über jede vermeintliche Beschränkung zu triumphieren!

29. Oktober   Wachsender Glaube

„Wenn euer Glaube auch nur so groß ist wie ein Senfkorn, dann werdet ihr zu diesem Berg sagen: Rück von hier nach dort!, und er wird wegrücken. Nichts wird euch unmöglich sein" (Matthäus 17,20).

Neulich sagte jemand zu mir: „Dr. Schuller, Sie sprechen darüber, dass man davon ausgehen soll, dass auch das Unmögliche möglich ist und dass der Glaube Berge versetzt. Aber ich bin so verletzt, weil sich mein Berg nicht von der Stelle bewegt. Hat sich Jesus vielleicht geirrt? Hat er einen Fehler begangen?"

Ich antwortete ihm unverzüglich: „Doch, Ihr Berg bewegt sich und Sie auch. Sie sehen den Berg heute aus einer anderen Perspektive als gestern oder vorgestern oder letztes Jahr. Und Sie bewegen sich in Ihrem Denken, selbst wenn Ihr Glaube nur so winzig wie ein Senfkörnchen ist."

Unser Glaube ist wie ein Same. Der Same muss ausgesät werden, damit er Frucht bringen kann. Das ist die erste Phase. Danach muss er mit Wasser versorgt werden, um sprießen zu können. Das ist die zweite Phase. Wenn eine Pflanze Nahrung bekommt, wächst sie – Phase drei. Phase vier: Das Klima muss stimmen. Und schließlich kommt Phase fünf – die Ernte!

Über diese fünf Phasen unseres Glaubens werden wir uns als Nächstes Gedanken machen. In den kommenden Tagen möchte ich jede dieser Phasen durch ein bestimmtes Bibelwort veranschaulichen.

Ja, ich kann sicher sein,
dass sich mein Berg bewegen wird!
Ich will daran glauben,
dass bei Gott alle Dinge möglich sind!

Wachsender Glaube   30. Oktober

*„Seht euch die Vögel an! [...] Seht, wie die Blumen auf den Feldern
wachsen! [...] Habt ihr so wenig Vertrauen? [...] Sorgt euch zuerst
darum, dass ihr euch seiner Herrschaft unterstellt und tut, was er verlangt, dann wird er euch schon mit all dem anderen versorgen"*
(Matthäus 6,26–33; Gute Nachricht).

Gestern haben wir Glaube am Beispiel eines Samens beschrieben. Unser Glaube wächst und entwickelt sich ähnlich wie ein
Same, den wir im Garten aussäen.

Heute möchte ich Glauben am Beispiel eines Sperlings beschreiben, der ein Nest baut.

Die erste Phase des Glaubens ist die *Nestphase*. Ein Ei wird gelegt,
eine Idee wird geboren, ein Gedanke kommt uns in den Sinn und findet bei uns ein Nest.

Doch wie traurig wäre es, wenn das Ei nie ausgebrütet würde! Der
Glaube muss über diese Nestphase hinausgehen. Heute bietet sich
Ihnen die Gelegenheit, um etwas zu tun und dadurch die Möglichkeit
zu vergrößern, dass er auch geboren wird. Lassen Sie den Glauben,
der Ihnen ins Nest gelegt wird, nicht sterben!

Welche „Glaubens-Gedanken" haben sich heute bei Ihnen einge-
nistet? Auf welche wunderbare Möglichkeiten versucht Gott Sie heute
aufmerksam zu machen? Halten Sie für eine Weile inne, um darüber
nachzudenken. Beschreiben Sie, welchen Platz Ihr Glaube dabei ein-
nimmt.

> *Heute will ich meinem jungen Glauben
> gestatten zu wachsen.*

31. Oktober   *Wachsender Glaube*

„Gesegnet ist der Mann, der auf den Herrn sich verlässt und dessen Hoffnung der Herr ist. Er ist wie ein Baum, der am Wasser gepflanzt ist und am Bach seine Wurzeln ausstreckt" (Jeremia 16,7–8).

Die zweite Phase des Glaubens ist die *Testphase*. Das ist die richtige Zeit, um Fragen zu stellen. Und welche Fragen wir stellen, hängt mit unseren Werten zusammen. Über dieses Thema habe ich viele Vorträge vor Studenten, Lehrern und Vertretern der Industrie gehalten. Und ich betone immer wieder, dass es einfach ist, Entscheidungen zu treffen, wenn unsere Werte nicht irgendwo im Nebel liegen, sondern klar sind.

Hier sind drei Fragen, mit deren Hilfe ich überprüfe, ob eine Idee gut oder schlecht ist. Benutzen Sie diese Fragen, um damit sich und Ihre Idee zu testen:

1. Ist es wirklich notwendig? _____

_____

2. Wird es wirklich gebraucht? _____

_____

3. Ist es auch eine schöne Idee? _____

_____

Wenn Sie mit den Antworten zufrieden sind, dann hat Ihre Idee die zweite Phase, die Testphase des Glaubens, bestanden!

Mein Glaube kann wachsen! Und ich kann zuversichtlich sein, wenn ich meine Idee durch wichtige Fragen auf die Probe stelle. Dann weiß ich, dass Gott mich führt!

Wachsender Glaube   1. November

„Die Proben, auf die euer Glaube bisher gestellt worden ist, sind über das gewöhnliche Maß noch nicht hinausgegangen. Aber Gott ist treu und wird nicht zulassen, dass die Prüfung über eure Kraft geht. Wenn er euch auf die Probe stellt, sorgt er auch dafür, dass ihr sie bestehen könnt" (1. Korinther 10,13; Gute Nachricht).

Die dritte Phase des Glaubens ist die *Investitionsphase*. Das ist die Zeit, um sich an eine Sache ganz hinzugeben und sie voranzutreiben. Sie müssen Zeit, Geld und Energie investieren und auch das, was Ihnen vielleicht am meisten am Herzen liegt – Ihr Ansehen.

Wenn Sie das Risiko eingehen und Kapital investieren müssen, können Sie leicht in Versuchung geraten, eine Sache wieder aufzugeben. Es ist leicht, sich seinen Träumen hinzugeben und ihren Wert zu testen. Aber wenn Sie Zeit, Geld, Energie und Prestige aufbieten müssen, kann Sie der Mut schnell wieder verlassen. Wenn das passiert, dann denken Sie daran, dass Gott treu ist! Fallen Sie nicht durch diesen Glaubenstest, indem Sie vor Investitionen zurückschrecken.

Wenn man ein Risiko eingehen muss, bekommt man leicht kalte Füße. Aber wenn Ihr Glaube wachsen soll, müssen Sie auch die Investitionsphase erfolgreich überstehen.

Wie hoch werden die Kosten sein? Stellen Sie eine möglichst genaue Berechnung auf:

_____   _____

_____   _____

_____   _____

_____   _____

_____   _____

Ich kann sicher sein, dass mein Glaube stark wird, wenn ich mich bewusst dazu verpflichte, etwas zu investieren!

2. November — Wachsender Glaube

„Gott ist treu, der euch berufen hat; er wird euch auch vollenden"
(2. Thessalonicher 5,24; Gute Nachricht).

Achtung, jetzt kommt Phase vier – *die Phase, in der alles ins Stocken gerät.* Plötzlich sind Sie nur noch von Problemen umgeben und von Schwierigkeiten lahmgelegt. Ein Scheitern scheint unausweichlich zu sein. Sie fangen an sich zu fragen, ob Sie es übertrieben haben und ob es ein Fehler war, so viel zu investieren.

Gott benutzt diese Phase des Stockens, um uns auf die Probe zu stellen, bevor sich der Erfolg einstellt. Werden wir auch dankbar sein? Werden wir demütig genug sein? Kann er uns diesen Erfolg anvertrauen?

Ich kann Ihnen persönlich bezeugen, dass jede Idee, die Gott mir geschenkt hat, eine gute Portion an Glauben von mir verlangt hat. Glauben, um die Bereitschaft aufzubringen, meine Zeit, mein Geld und mein Ansehen in die Waagschale zu werfen. Und jedes Mal, wenn ich mich dazu verpflichtet habe, etwas zu investieren, bin ich fast zwangsläufig auf ein Problem gestoßen, durch das das ganze Projekt ins Stocken geriet, obwohl der Erfolg schon zum Greifen nah war. Ich wurde plötzlich angehalten. Es war, als würde ich den Boden unter den Füßen verlieren.

In dieser vierten Glaubensphase stellt Gott unsere *Zuverlässigkeit* und *Demut* auf die Probe. Darum haben Sie Geduld, wenn Schwierigkeiten auftauchen, und danken Sie Gott dafür, dass er am Wirken ist.

Ich bin davon überzeugt, dass Gott Ihnen keine Idee schenken wird, die nicht in diese Phase des Stockens gerät. Aber vergessen Sie nicht: Wenn Gott etwas verzögert, heißt das nicht, dass er uns etwas abschlägt. Halten Sie durch! Geben Sie nicht auf! Glauben Sie weiter daran!

---

*Wenn sich das Erreichen meines Ziels verzögert,
bedeutet das nicht, dass Gott es mir verweigert!*

Wachsender Glaube

3. November

„Und wie heute, so soll es auch morgen sein; hoch soll es hergehen" (Jesaja 56,12).

Ein Junge betrachtete ein Bild, auf dem das Weiße Haus und eine Blockhütte abgebildet waren. Zwischen den beiden stand eine Leiter, und am Fuße der Leiter eine Karikatur von Abraham Lincoln, der zum Weißen Haus hinaufblickte. Er fragte seine Mutter, welche Bedeutung das habe. „Das bedeutet, dass Abraham Lincoln von einer Blockhütte bis zum Weißen Haus aufgestiegen ist."

Dann fügte sie hinzu: „Sieh nur, Sohn, hier steht noch etwas."

Unten auf dem Bild konnte man lesen: „Die Leiter ist immer noch da."

Auch für Sie gibt es eine Leiter. Sie kann Sie an jeden Ort bringen, an den Sie wollen. Alles, was Sie dazu brauchen, ist ein Traum. Das Wort „Traum" soll Sie jedoch nur daran erinnern, dass Gott Sie liebt und möchte, dass Sie erfolgreich sind.

Wenn Sie aus einer sozial schwachen Familie kommen, wenn Sie ganz unten auf dieser Leiter stehen, was Ihre Finanzen, Ihre Bildung oder Ihre körperliche Verfassung betrifft, ist es möglich, dass Sie weiter nach oben klettern. Schon morgen können Sie stärker sein als heute.

Ich möchte Ihnen heute vier klassische, zeitlose Vorschläge machen, wie Sie auf dieser Erfolgsleiter Sprosse für Sprosse nach oben klettern können:

a) Gewinnen Sie eine positive Einstellung!
b) Halten Sie sich innerhalb des Zauns von Gottes Zehn Geboten auf!
c) Kümmern Sie sich liebevoll um andere!
d) Gehen Sie in die richtige Richtung!

Diese Tipps könnten Ihr Leben vollkommen verändern. Aber es fängt alles damit an, dass Sie bereit sind, sich von jemand führen zu lassen. Dass Sie bereit sind, sich von jemand Anweisungen erteilen zu lassen.

Es gibt jemand, dem ich wirklich vertrauen kann.
Sein Name ist Jesus Christus.

4. November · Wachsender Glaube

„Den Herrn will ich preisen zu jeder Zeit, nie will ich aufhören, ihm zu danken" (Psalm 34,1; Gute Nachricht).

Die letzte Phase unseres Glaubens ist die *Krönungsphase*. Wir haben den Gipfel erreicht, wenn der Berg bezwungen ist und der Erfolg sich einstellt. Wenn alle Probleme gelöst sind. Wenn die Rettung kommt. Wenn wir mit einer Gewohnheit gebrochen haben. Wenn sich finanzieller Gewinn einstellt. Wenn das Vorhaben erreicht ist. Wenn alle Ketten von uns fallen und wir frei sind.

Lassen Sie uns betrachten, wie diese fünf Glaubensphasen im Leben Jesu in Erscheinung traten. Er war etwa zwölf Jahre alt, als er eine erste Vorstellung von seinem Dienst bekam. Es wurde ihm bewusst, dass Gott einen besonderen Auftrag für ihn hatte. Die *Nestphase* begann bei ihm damit, dass er erkannte, dass er sich um die Angelegenheiten seines Vaters kümmern müsse.

Die *Testphase* kam auf ihn zu, als er 40 Tage in der Wüste verbrachte und von Satan auf die Probe gestellt wurde. Die *Investitionsphase* brachte er damit zu, dass er mehrere Jahre im Land umherwanderte, um zu predigen, zu lehren und Menschen zu heilen. Er war beim Volk sehr beliebt.

Aber dann kam die *Phase, in der alles ins Stocken geriet* und sich die Menschen von ihm abwandten. Die Todesangst im Garten Gethsemane und die große Schande des Kreuzes veranlassten Jesus sogar dazu auszurufen: „Mein Gott, mein Gott, warum hast du mich verlassen?" Als er am Kreuz starb, sah es aus, als wäre der Traum ausgeträumt.

Doch dann kam die *Krönungsphase*. Er stand am dritten Tag wieder auf! Der Ostermorgen war sein Gipfel! Und er lebt heute noch! Haben Sie Geduld. Gott ist am Wirken. Wenn Sie weiter glauben, werden auch Sie den Gipfel erreichen!

Herr, ich habe die Sicherheit, dass dein Geist mich vorwärts treibt und nach oben zieht. Mit deiner Hilfe kann ich den Gipfel erreichen. Danke!

Leben aus Gottes Kraft

5. November

„Ich lege mein Gesetz in sie hinein und schreibe es auf ihr Herz. Ich werde ihr Gott sein, und sie werden mein Volk sein" (Jeremia 31,33).

Vor der Erfindung der Servolenkung war es Schwerstarbeit, ein Auto zu lenken.

Ich erinnere mich immer noch daran, als ich das erste Mal ein Auto mit Servolenkung fuhr. Großartig! Es war plötzlich so einfach, auch um schwierige Kurven zu fahren, und es machte Spaß, das Auto durch den dichten Verkehr zu steuern. Die Räder drehten sich leicht und man konnte sie ruhig und kontrolliert um die Kurven lenken.

Es gibt Menschen, die ihr Leben auf diese Weise zu führen scheinen. Sie treffen ihre Entscheidungen zügig und bahnen sich gelassen und beherrscht ihren Weg durch den dichten Verkehr von Misserfolgen und Schwierigkeiten. Mit ruhiger Kraft und scheinbar leichtfüßig bewegen sie sich auf ihre Ziele zu. So sollte ein Leben aussehen, das von der Kraft Gottes gesteuert wird.

Daneben gibt es andere, die unsicher und entmutigt ohne diese Kraft leben. Es ist so mühsam und anstrengend, sich einen Weg durch all die Frustrationen und Probleme hindurchzubahnen. Sie schaffen es einfach nicht, ihr Leben in eine bestimmte Richtung zu lenken.

Warum leben manche aus Gottes Kraft und andere nicht? Weil Menschen, die aus der Kraft Gottes leben, ein von Gott gereinigtes Herz haben. Ein reines Herz führt dazu, dass es von Gottes Kraft durchströmt wird. Wenn Sie ein reines Herz haben, haben auch Sie die Kraft, Ihr Leben ohne Mühe zu steuern!

Ich weiß, dass ich bei Gott zur Ruhe kommen und meine Hoffnungslosigkeit ablegen kann.
Mein Herz wird rein und empfänglich für Gottes Kraft!

6. November — Leben aus Gottes Kraft

„Dein Wort ist eine Leuchte für mein Leben, es gibt mir Licht für jeden nächsten Schritt" (Psalm 119,105; Gute Nachricht).

Schlagen Sie die folgenden Bibelverse nach, und notieren Sie sich, was sie über ein Leben aus Gottes Kraft aussagen:

Psalm 1,2: _____

_____

Psalm 4,4: _____

_____

Psalm 19,14: _____

_____

Psalm 49,4: _____

_____

Psalm 119,15–16: _____

_____

Psalm 139,17: _____

_____

Psalm 143,5: _____

_____

Wenn mein Herz mit Gedanken an dich erfüllt ist, o Herr, dann werde ich von Freude ergriffen!

Leben aus Gottes Kraft   7. November

„Richtet euere Gedanken auf das, was schon bei euren Mitmenschen als rechtschaffen, ehrbar und gerecht gilt, was rein, liebenswert und ansprechend ist, auf alles, was Tugend heißt und Lob verdient" (Philipper 4,8; Gute Nachricht).

Wie bekommt man ein reines Herz? Lassen Sie mich diese Frage auf folgende Weise beantworten: Jeder Brennstoff muss gefiltert werden, bevor er Kraft erzeugen kann. Ohne diesen Brennstoff gibt es keine Kraft. Ob es Benzin ist, das einen Motor antreibt, oder ob es Gedanken sind, die unseren Verstand mit Energie füllen – alles, was Kraft erzeugt, braucht einen Brennstoff! Und jeder Brennstoff muss gefiltert werden, sonst wird sich das Kraftpotenzial verringern.

Einer meiner Freunde ließ einen Filter patentieren, den er erfunden hatte. Der Treibstoff aller Raumfahrzeuge, die Menschen zum Mond bringen, wird von diesem Filter gereinigt. Und der Treibstoff aller U-Boote mit atomarem Antrieb, von Marschflugkörpern, Atomkraftwerken und Satelliten läuft durch diesen bemerkenswerten Filter. Er ist der einzige Filter, der dazu benutzt wird!

Was unterscheidet diesen Filter von allen übrigen? Er ist zunächst ein waagrecht liegender Filter. Und wenn Luft und Brennstoff durch ihn gefiltert werden, fängt er Teilchen auf, die kleiner sind als der 25. Teil eines Mikrons (das ist ein Tausendstel Millimeter). Er kann buchstäblich Bakterien herausfiltern. Es gibt keinen Filter, der ihm gleicht!

Aber es gibt etwas, das noch imposanter ist als dieser Filter. Es kann Dinge aussieben, die noch kleiner sind als Bakterien. Es kann sogar negative Gedanken aussieben. Ich meine die Kraft Gottes. Sie ist wie ein Sieb, das alle destruktiven Gedanken und Einflüsse ausfiltert, die uns von ihm fernhalten wollen!

Jesus Christus reinigt mein Denken von allen destruktiven Kräften. Seine Macht kann sich voll entfalten!

8. November — Leben aus Gottes Kraft

„Aber jetzt müsst ihr das alles ablegen, auch Zorn und Aufbrausen, Boshaftigkeit, Beleidigung und Verleumdung. [...] Darum zieht nun wie eine neue Bekleidung alles an, was den neuen Menschen ausmacht: herzliches Erbarmen, Freundlichkeit, Bescheidenheit, Milde, Geduld [...], vergebt einander [...]. Und über das alles darüber zieht die Liebe an" (Kolosser 3,8.12–14; Gute Nachricht).

Paulus ist hier sehr direkt. Seine Worte, die etwa 60 n. Chr. geschrieben wurden, treffen immer noch ins Schwarze!

Denken Sie darüber nach, wo diese Worte auf Sie zutreffen. Vergessen Sie nicht, dass wir nur dann aus Gottes Kraft leben können, wenn unser Herz von allem Negativen gereinigt wird und Jesus Christus diese Dinge durch Positives ersetzt.

Machen Sie eine Bestandsaufnahme Ihres heutigen Ist-Zustands, und notieren Sie sich, wie Sie daran etwas verändern oder verbessern können. Greifen Sie dabei auf die auf dieser Seite genannten Verse aus dem Brief an die Kolosser zurück.

Gott kann meine Gedanken „reinigen" und mir frische, reine, konstruktivere Gedanken schenken!

Leben aus Gottes Kraft   9. November

„Was immer [...] lobenswert ist, darauf seid bedacht" (Philipper 4,8).

Der beste Weg, um sich an Gottes Kraftquelle anzuschließen, besteht darin, dass Sie sich darauf konzentrieren, Gott für all das Gute zu loben, mit dem er Sie und andere Menschen in Ihrer Umgebung beschenkt. Das ist das beste Rezept, das ich Ihnen empfehlen kann, um sich von destruktiven Gedanken zu befreien. Sobald sich irgendetwas Negatives in mein Denken einschleicht, versuche ich sofort meinen inneren Dialog zu ändern. Zum Beispiel dadurch, dass ich Gott für meine Situation danke, die lange nicht so schlimm ist wie die manch anderer. Es gibt immer Menschen, denen es schlechter geht als mir. Das hilft mir jedes Mal. Machen Sie den heutigen Tag zu einem Tag, an dem Sie Gott loben! Erstellen Sie eine Liste von allen Dingen, über die Sie sich freuen und für die Sie Gott loben wollen.

Ich will Gott preisen für:

_____

_____

_____

_____

_____

*Ich will Gott preisen mit meinem Körper,
mit meiner Seele und mit meinem Geist!*

10. November   Leben aus Gottes Kraft

„Wie schön ist es, dem Herrn zu danken, deinem Namen, du Höchster, zu singen, am Morgen deine Huld zu verkünden und in den Nächten deine Treue" (Psalm 92,1–2).

In seinem Buch erzählt E. Stanley Jones *Abundant Living* („Überfließendes Leben") wie er auf die Probe gestellt wurde, als sein Flugzeug zwei Stunden lang über dem Flughafen von St. Louis kreiste und nicht landen konnte. Die Wolken hingen so tief, dass es nicht herunterkommen konnte. E. Stanley hatte Zeit zum Nachdenken und schrieb Folgendes auf: „Ich sitze in einem Flugzeug und wir kreisen jetzt schon zwei Stunden lang über diesen Wolken. Für den Fall, dass wir nicht sicher landen, möchte ich meinen Freunden und allen, die so wie ich Christus nachfolgen, meinen letzten Willen und mein Testament hinterlassen. Ich habe Frieden, vollkommenen Frieden. Abgesehen davon, dass ich Gott nicht treu genug war, bedauere ich nichts in meinem Leben.

Mit Christus zu leben heißt, wirklich zu leben. Ich habe in dieser Stunde die Gewissheit, dass Gott alle Unsicherheiten unserer menschlichen Existenz auffängt. Darum ruhe ich in Gott. Ich wünsche euch Gottes Segen. Ich bin sein, ob ich lebe oder sterbe. Alle Ehre gebührt ihm allein! Unterzeichnet: E. Stanley Jones."

Dieser Mann wusste, wie er sein Herz vor Gott ausschütten und aus seiner Kraft leben konnte! Er fügte noch folgenden weisen Satz hinzu: „Ich lebe heute im Heute. Ich schiebe nicht auch noch die ganze nächste Woche in diesen Tag hinein. Selbst der stärkste Mann wird zusammenbrechen, wenn er die Last von morgen zusätzlich zur gestrigen heute tragen muss."

> *Ich will in der Gegenwart leben.*
> *Meine Zukunft liegt in Gottes Hand!*

Leben aus Gottes Kraft   11. November

„Ein guter Mensch bringt Gutes hervor, weil in seinem Herzen Gutes ist; und ein böser Mensch bringt Böses hervor, weil in seinem Herzen Böses ist" (Lukas 6,45).

Vor kurzem las ich die wahre Geschichte eines Mannes, der dachte, dass er aus Versehen in einen Kühlwagen eingeschlossen sei. Er geriet in Panik, schrie und trommelte an die Türen, aber niemand hörte ihn.

Er wusste, dass kein Mensch unter den Bedingungen überleben kann, die in einem Kühlschrank herrschen. Darum hockte er sich in eine Ecke und fing an, seine letzten Worte an die Wand zu kritzeln: „Mir ist so kalt. Ich werde nicht mehr lange leben. Ich kann spüren, wie der Tod immer näher kommt. Er ist schon ganz nahe. Es kann gut sein, dass das meine letzen Worte sind." Und das waren sie auch.

Als man die Tür des Kühlwagens öffnete, war der Mann tot. Aber, und das war das Erstaunliche, die Tür war gar nicht versperrt! Und die Kühlung war seit einem Monat nicht in Betrieb! Es gab ausreichend Sauerstoff, um überleben zu können! Und die Temperatur im Wagen war nie kälter als 15° C! Der Mann war nicht erfroren. Er war nicht erstickt. Nur eines hatte ihn getötet – seine Angst! Seine Angst und die irrige Annahme, dass er in einem Kühlwagen eingeschlossen sei und erfrieren müsse.

Psychologen fangen langsam an, diesem Phänomen Beachtung zu schenken. Gott hat uns schon vor vielen Jahrhunderten gesagt: Wie jemand in seinem Herzen denkt, so ist er! Reinigen Sie Ihr Herz und schließen Sie sich an Gottes Kraftquelle an!

Wenn ich über Gott nachdenke, erkenne ich, dass er für alle meine Bedürfnisse sorgen wird.

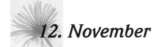

12. November — Veränderung

„Dein Glaube ist groß. Was du willst, soll geschehen"
(Matthäus 15,28).

Istanbul, einst unter dem Namen Konstantinopel bekannt, ist eine schöne Stadt. Über die Jahrhunderte hinweg wurde sie immer zu den großen Städten dieser Welt gezählt. Wenn man mit dem Schiff in den Hafen einläuft, so wie ich das vor einigen Jahren gemacht habe, bietet sie einen großartigen Anblick. Man kommt beim Goldenen Horn herein und fährt durch das Marmarameer. Von dort kann man sehen, wie sich die Sonne im Gold der Moscheen spiegelt, die ursprünglich alle große Kathedralen waren. Viele von ihnen wurden vor mehr als 700 Jahren erbaut.

In diesen alten, unsicheren Tagen verstärkten die Herrscher von Konstantinopel ihre Sicherheitsmaßnahmen, um sich vor Feinden zu schützen. So brachten sie ein bemerkenswertes Kunststück zuwege. Sie schufen die längste und schwerste Kette, die je von Menschen hergestellt wurde. Die einzelnen Glieder dieser Kette sind 50 Zentimeter lang und fünf Zentimeter dick. Dieses „Kettenmonster" wurde von Hand gefertigt und dann quer über den Hafen gezogen, um ihn von fremden Schiffen abzuschirmen. Man wundert sich heute noch darüber, wie Menschen damals in der Lage waren, eine so massive und schwere Kette in Bewegung zu setzen.

Als ich die Geschichte dieser alten Kette hörte, musste ich an all die Menschen denken, die ihren Verstand an eine Kette legen, um sich gegen neue Gedanken und Einfälle abzuschirmen. Ketten hindern uns daran, offen für Veränderung zu werden. Welche Ketten halten Sie heute von den großen Plänen zurück, die Gott für Ihr Leben hat?

*Ich will heute offen sein
für alle großartigen Möglichkeiten,
die mit einer Veränderung meines Lebens
verbunden sind!*

Veränderung   13. November

„Trennt euch von allen Verfehlungen! Schafft euch ein neues Herz und eine neue Gesinnung!" (Ezechiel 18,31; Gute Nachricht).

Stellen Sie sich vor, Ihr Herz sei ein Hafen. Es gibt nur einen Kanal, durch den man hineinfahren kann. Und ein Hafenmeister wacht sorgfältig darüber, was in den Hafen hineinkommt und was ihn verlässt. Können Sie ein Bild davon zeichnen, was heute in Ihrem „Herzenshafen" vor Anker liegt? Ist es Reue? Oder Kummer? Oder Selbstverurteilung? Sind es Ängste? Welche Trümmer der Vergangenheit blockieren den Einfahrtskanal? Wann ziehen Sie die Kette vor? Drücken Sie Ihre Gedanken in einem Bild aus oder schreiben Sie diese Dinge einfach nur auf:

Herr, ich brauche dich als meinen Hafenmeister.
Du sollst die Kontrolle haben!

325

14. November — Veränderung

„Seht her, nun mache ich etwas Neues [...]. Ja, ich lege einen Weg an durch die Steppe und Straßen durch die Wüste" (Jesaja 43,19).

Musa Alami, ein Palästinenser, der an der Universität von Cambridge studierte, ging nach Jerusalem zurück, um dort ein eigenes Geschäft aufzubauen. Das klappte nach seiner Einschätzung ganz gut, bis der politische Umsturz kam. Er wurde aus Jerusalem evakuiert und musste in einem Flüchtlingslager leben, zusammen mit vielen anderen armen palästinensischen Flüchtlingen. Aber statt sich wie diese in einen statischen, unproduktiven Lebensstil zu fügen, beschloss er, an das Unmögliche zu glauben.

Er stand auf dem Gipfel eines Berges und blickte hinüber auf die Hügel von Moab. Er sah nur ein dünnes Rinnsal blauen Wassers durch die große Wüste fließen – den Jordan, der aus Galiläa ins Tote Meer fließt.

Von Wüste umgeben, dachte Musa: *Wenn es nur mehr Wasser gäbe!* Und dann hatte er eine unglaubliche, eine unmögliche Idee: *Warum nicht im Boden nach Wasser graben, so wie es in Kalifornien gemacht wird?* Er besprach sich also mit einigen seiner risikofreudigeren Freunde, ging hinaus in die Wüste und fing an zu graben.

„Diese Narren!", spotteten die Leute. „In Jordanien gibt es kein Wasser!" Aber Musa und seine Gefährten gruben weiter. Nach Monaten fanden sie eine Stelle, an der sich der Sand kühler anfühlte und auch eine andere Farbe zu haben schien. *Könnte es Wasser sein?* Noch eine Schaufel voll Sand, und das Wasser fing an durchzusickern, bedeckte den trockenen Boden, und Musa war in der Lage, mitten in der Wüste seine Farm aufzubauen. Und das nur, weil er die Ketten wegzog und sich auf Veränderungen einließ!

Als Kind Gottes kann ich mich entspannen und seine lebensverändernde Kraft durch mich hindurchfließen lassen!

Veränderung  15. November

"Die Frucht des Geistes aber ist Liebe, Freude, Friede, Langmut, Freundlichkeit, Güte, Treue, Sanftmut und Selbstbeherrschung" (Galater 5,22–23).

Wir sollten jetzt Inventur machen! Lassen Sie uns überprüfen, welche positiven Veränderungen bei uns inzwischen eingetreten sind. Untersuchen Sie, welche Veränderungen Gott in Ihrem Leben schon bewirkt hat, auch wenn Sie erkennen, dass Sie noch nicht vollkommen sind!

Bevor ich zum Glauben kam, war ich

Heute werde ich mehr und mehr

_____ _____

_____ _____

_____ _____

_____ _____

_____ _____

_____ _____

_____ _____

Wenn ich mich auf das konzentriere, was Gott in meinem Leben bewirkt, merke ich, wie ich mich verändere!

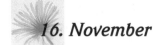

16. November — Veränderung

"Fröhlichkeit ist gut für die Gesundheit"
(Sprichwörter 17,22; Gute Nachricht).

Heute möchte ich Ihnen sagen, dass Sie Ihr Leben nicht von Ihrer Vergangenheit bestimmen lassen müssen! Sie können sich verändern! Auch wenn Sie arm, unterdrückt, von Vorurteilen verfolgt, mit körperlichen oder geistigen Behinderungen geboren wurden, müssen Sie nicht gefesselt bleiben und weiter in diesen Ketten liegen!

Manche Menschen haben sich an ihre Ketten gewöhnt. Sie sind mit ihren Fesseln einverstanden. Ich wurde in einer armen Familie geboren. Wir hatten kein elektrisches Licht – weil wir es uns nicht leisten konnten. Wir benutzten Kerosinlampen!

Die einzigen Geschenke, die ich zu Weihnachten bekam, gab es in der Sonntagsschule – vielleicht eine Orange, eine Süßigkeit oder ein paar Schokoladenstückchen, verpackt in einer Butterschachtel, die mit dem Aufdruck der örtlichen Molkerei versehen war. Dieses Geschenk wurde zu Weihnachten allen Kindern, die zur Sonntagsschule kamen, im Namen der Gemeinde überreicht. Wir wussten, was es bedeutet, arm zu sein! Aber ich weiß auch noch, dass Weihnachten eine Zeit war, in der wir lachten und fröhlich waren und uns Zuneigung entgegenbrachten.

Ich kann Ihnen sagen, warum das so war. Man hat mir beigebracht, dass ich ein Kind Gottes bin, und das machte mich zu einem Königskind! Glauben Sie daran, dass Gott Ihre Einstellung gegenüber den Erfahrungen der Vergangenheit verändern kann, wie immer diese ausgesehen haben. Aber Sie müssen bereit werden, sich verändern zu lassen. Bitten Sie ihn heute, Ihnen dabei zu helfen.

Ich will loslassen und Gott erlauben, die Herrschaft über mein Leben zu übernehmen.
Seine Gegenwart schenkt mir heute ein fröhliches Herz!

Veränderung   *17. November*

*Menschen,
die niemals ihre Meinung ändern,
sind entweder so perfekt,
dass sie es nicht brauchen,
oder sie bleiben für alle Zeit stur.*

*Darum, o Herr,
will ich mit allen Fasern meines Herzens einwilligen,
so zu werden,
wie du mich haben möchtest.*

Amen.

18. November   Veränderung

„So spricht Gott, der Herr, [...] der den Menschen auf der Erde den Atem verleiht und allen, die auf ihr leben, den Geist: Ich, der Herr, habe dich aus Gerechtigkeit gerufen, ich fasse dich an der Hand" (Jesaja 42,5–6).

Ich bin ein großer Bewunderer arabischer Vollblutpferde. Sie sind Aufsehen erregende, prachtvolle Tiere. Die Legende besagt, dass der Prophet Mohammed beschlossen hatte, die beste Pferderasse auf unserem Planeten zu züchten. Er wählte dafür 100 vortreffliche Stuten aus, die aus allen Teilen der Welt kamen.

Dann führte er die schönen Tiere auf einen Berggipfel und sperrte sie in eine Koppel. Direkt unter ihnen floss ein kühler Bach vorbei, den sie aber nur sehen und riechen konnten. Er ließ sie dursten, bis sie wild vor Durst waren. Erst dann öffnete er die Absperrung und ließ die Pferde zum Wasser galoppieren.

Alles, was man sehen konnte, waren 100 Pferde, die mit wehendem Schweif, flatternden Nüstern und Schaum vor dem Maul, Staubwolken aufwirbelnd, in wildem Galopp dahinstürmten.

Kurz bevor die Tiere das Wasser erreichten, setzte Mohammed ein Jagdhorn an die Lippen und blies aus voller Kraft. Die Pferde rannten weiter – alle bis auf vier, die ihre Hufe in den Boden gruben und zum Stehen kamen. Mit schäumendem Maul und zitternden Flanken standen sie steif und warteten auf das nächste Kommando. „Diese vier Stuten werden der Same einer neuen Rasse sein", rief Mohammed aus, „und ich werde sie Araber nennen!"

Gewöhnliche Menschen werden zu außergewöhnlichen Menschen, nur weil sie auf einen bestimmten Ruf achten. Schenken Sie dem Ruf Gottes Gehör, der Sie zur Größe ruft!

---

*Ich habe Gottes Ruf gehört
und ich will seiner Leitung folgen.*

Dankbarkeit   19. November

„Lobe den Herrn, meine Seele, und vergiss nicht, was er dir Gutes getan hat" (Psalm 103,2).

In den 30er Jahren, als ich ein Kind war, kam eine Dürreperiode über Iowa. Der Wind wurde zu unserem schlimmsten Feind, denn er fegte über die ausgedörrte schwarze Erde, hob sie auf, als sei sie Treibsand, und wirbelte sie in die Wasserrinnen unserer Felder. Wir banden uns Handtücher vors Gesicht, um nicht zu ersticken.

Dann kam die Erntezeit. Mein Vater pflegte normalerweise hundert Wagen voll Getreide zu ernten. Aber in diesem Jahr erntete er einen mageren halben Wagen voll.

Was passierte dann? Ich werde es nie vergessen. Als wir uns zum Essen an den Tisch setzten, faltete mein Vater seine schwieligen Hände und dankte Gott. „Gott, ich danke dir", betete er, „dass ich nichts verloren habe. Denn ich habe alles zurückbekommen, was ich im Frühling ausgesät habe." Er hatte einen halben Wagen Saatgut ausgebracht und im Herbst hatte er einen halben Wagen voll geerntet!

Während die anderen Bauern davon sprachen, dass sie einen Verlust von 90 oder 100 Wagen Getreide hatten, sagte mein Vater zu mir: „Sieh nie auf das, was hätte sein können, sonst hast du schon verloren. Sieh nie auf das, was dir entgangen ist, sondern auf das, was dir geblieben ist!"

Eine dankbare Haltung setzt dynamische Kräfte in einem dankbaren Menschen frei.

Herr, ich will auf das sehen, was ich habe.
Ich danke dir für deinen Segen!

20. November   Dankbarkeit

„Dankt dem Herrn, denn er ist gut zu uns, seine Liebe hört niemals auf!" (Psalm 118,1; Gute Nachricht).

Was ist mit Ihrer Dankbarkeit? Sehen Sie auf das, was Sie haben, oder auf das, was Sie gerne hätten? Vielleicht hilft Ihnen eine kleine Übung dabei, dies herauszufinden. Fangen Sie auf diesem Blatt an und nehmen Sie noch ein zweites Blatt hinzu, falls der Platz nicht ausreicht. Schreiben Sie alle Dinge auf, die Sie besitzen und für die Sie dankbar sind. Notieren Sie danach auch die Namen von Menschen, für die Sie dankbar sind. Machen Sie eine Pause, wenn Sie die Liste fertig gestellt haben, und sagen Sie so wie der Psalmist: „Danke, Herr, du bist so gut zu mir!"

1. _____   9. _____

2. _____   10. _____

3. _____   11. _____

4. _____   12. _____

5. _____   13. _____

6. _____   14. _____

7. _____   15. _____

8. _____   16. _____

Herr, ich dachte, dass ich nur wenig habe.
Aber du hast mich reich mit Dingen beschenkt,
die ich bis jetzt gar nicht wahrgenommen hatte.
Ich danke dir dafür!

Dankbarkeit   *21. November*

„Dich, Gott meiner Väter, preise und rühme ich; denn du hast mir Weisheit und Macht verliehen" (Daniel 2,23).

Ein Freund erzählte mir folgende Geschichte: Eine Frau reiste mit ihren Söhnen von Hawaii in die Vereinigten Staaten. Sie fuhren mit der Eisenbahn quer durch das Land. Ihr kleiner Sohn unterhielt sich im Zug mit einem vornehmen Herrn, der daraufhin zu der Mutter sagte: „Sie haben hier einen prächtigen Jungen. Er sollte einmal Rechtsanwalt werden, wenn er erwachsen ist, denn er ist klug. Ja, er sollte auf die Universität von Stanford gehen. Lassen Sie es mich wissen, wenn es so weit ist. Vielleicht kann ich ihm behilflich sein."

Die Jahre vergingen. Aber der Junge vergaß diese Worte nie. Nachdem er das Abitur bestanden hatte, schrieb er diesem Mann und erinnerte ihn an seine Worte. Der Mann war Herbert Hoover und er hielt sein Versprechen. Als Ike Sutton sein Studium abschloss, schrieb er an Herbert Hoover und fragte ihn, wie er ihm dafür danken könne. Der Republikaner Hoover antwortete ihm: „Geh zurück nach Hawaii und werde Politiker. Bewirb dich als Republikaner um ein Amt, und zwar so lange, bis du die Wahl gewonnen hast."

Hawaii war immer schon eine Hochburg der Demokraten. Aber dann beteiligte sich Ike Sutton am Wahlkampf. Er verlor, aber er ließ sich immer wieder aufstellen. Bis 1947 das Wunder geschah – er gewann die Wahl!

Seine dankbare Haltung verlieh ihm *Durchhaltekraft*. Er überstand sieben Wahlkämpfe, bis er schließlich siegte. Dankbarkeit gibt auch Ihnen Durchhaltekraft. Geben Sie einfach nicht auf, bis Sie gewonnen haben!

> *Ich werde nicht aufgeben!*
> *Ich bin viel zu dankbar für das, was mir Gott gegeben hat,*
> *um die Waffen zu strecken!*

22. November   Dankbarkeit

*„Mein Herz ist bereit, o Gott, mein Herz ist bereit, ich will dir singen
und spielen. Wach auf, meine Seele! Wacht auf, Harfe und Saitenspiel!
Ich will das Morgenrot wecken"* (Psalm 57,8–9).

*E*ine Haltung der Dankbarkeit setzt eine dynamische Kraft frei, die
Ihnen Durchhaltekraft gibt. Dankbarkeit setzt aber auch *eine belebende Kraft* frei. Sie finden dann die Kraft, wieder anzufangen und
nicht aufzugeben. Sie können die Scherben aufsammeln, wieder auf
die Beine springen und einen zweiten Versuch starten.

Wann stehen Sie vor der Gefahr aufzugeben? Denken Sie über
diese Situationen kurz nach, und schreiben Sie dann auf, was Sie so
unter Druck setzt, dass Sie am liebsten aufgeben möchten:

_____

_____

Finden Sie jetzt heraus, wofür Sie in diesen Situationen dennoch dankbar sein können. Das wird schwierig sein, aber üben Sie die Haltung
der Dankbarkeit ein und schreiben Sie alles auf, das Ihnen einfällt:

_____

_____

_____

> *Ich will meinen Verstand mit Dankbarkeit füllen –*
> *für die Menschen, die ich kenne,*
> *und für alle Umstände meines Lebens!*

Dankbarkeit   *23. November*

„Das Ziel vor Augen, jage ich nach dem Siegespreis: der himmlischen Berufung, die Gott uns in Christus Jesus schenkt" (Philipper 3,14).

*E*ine dankbare Haltung setzt dynamische Kräfte in uns frei, die uns die Kraft geben, um durchzuhalten und von vorn zu beginnen. Sie gibt Ihnen aber auch *die Kraft, für etwas zu kämpfen.* Wenn Sie durch Dankbarkeit neu gestärkt werden, entdecken Sie plötzlich, dass Sie Energie bekommen, um weiter für eine Sache zu kämpfen.

Wofür kämpfen Sie? Paulus schrieb, er jage einem Ziel nach. Das Ziel gab ihm die Kraft, dafür zu kämpfen. Er wollte Jesus Christus wirklich erkennen (vgl. Phil 3,10). Er wollte nach Spanien reisen, um dort zu predigen (vgl. Röm 15,24). Er wollte, dass seine jüdischen Brüder daran glauben, dass Jesus der verheißene Messias sei (vgl. Röm 9,11). Paulus hatte eine ganze Reihe von Zielen.

Was sind Ihre Ziele? Sind Sie mit diesen Zielen zufrieden? Wenn nicht, dann haben Sie die Freiheit, sich neue Ziele zu wählen. Setzen Sie Ihre Ziele hoch genug, damit auch Gott hineinpasst! Bitten Sie Gott, Ihnen heute dabei zu helfen, zwei wichtige Lebensziele zu finden. Notieren Sie sich diese:

1. _____

_____

2. _____

_____

Kämpfen Sie heute dafür, diesen Zielen ein Stück näher zu kommen – mit Gottes Hilfe!

Ich kann freudig und ruhig auf die Ziele blicken, die Gott und ich heute in Angriff nehmen werden.

24. November   Dankbarkeit

„Herr, du bist mein Gott, ich will dich rühmen und deinen Namen preisen. Denn du hast wunderbare Pläne verwirklicht [...]. Du bist die Zuflucht der Schwachen, die Zuflucht der Armen in ihrer Not; du bietest ihnen ein Obdach bei Regen und Sturm und Schatten bei glühender Hitze" (Jesaja 25,1.4).

Als ich einmal während der Schulferien zu Hause war, erschien plötzlich ein Tornado wie eine sich windende Schlange vom Himmel und ging genau über unsere Farm hinweg. Wir wurden gerade rechtzeitig gewarnt, um ins Auto zu springen und unser Leben retten zu können. Aber dieses schwarze Ungetüm streckte seinen giftigen Kopf aus und verschluckte alle neun Gebäude, aus denen unsere Farm bestand, einschließlich des Wohnhauses. Es zerstörte die gesamte Ernte und tötete alle Tiere.

Als wir wieder zurückfuhren, nachdem der Tornado vorüber war, standen nur noch die weißen Grundmauern auf dem leer gefegten Boden. Alles, wofür meine Eltern gearbeitet hatten, war weg.

An diesem Abend versammelte sich unsere Familie zum gemeinsamen Gebet. Mein Vater betete: „O Gott, ich danke dir dafür, dass alle von uns überlebt haben! Keinem von uns ist etwas passiert. Wir haben nichts verloren, das nicht zu ersetzen wäre. Und auch durch den Tornado haben wir das nicht verloren, was unersetzbar ist – unseren Glauben!"

Die dankbare Herzenshaltung meines Vaters gab ihm die Kraft, weiterzukämpfen. Er ging in die nahe gelegene Stadt und kaufte ein altes Haus, das abgerissen werden sollte. Wir nahmen es Brett für Brett und Nagel für Nagel auseinander, um es über dem leeren Loch im Boden wieder aufzubauen, wo einst die Grundmauern unseres Hauses gewesen waren.

Wir alle brauchen diese *kämpferische Kraft* – diese Fähigkeit, angesichts enormer Widrigkeiten zuversichtlich weiterzugehen und kühne Entscheidungen zu treffen.

---

*Ich erwache zu einem neuen Tag,
der randvoll mit dieser kämpferischen Kraft ist.
Ich will zuversichtlich sein.*

Dankbarkeit   25. November

„Ich danke meinem Gott jedes Mal, wenn ich an euch denke; immer wenn ich für euch alle bete, tue ich es mit Freude" (Philipper 1,3–4).

*E*ine dankbare Haltung setzt dynamische Kraft frei! Dankbarkeit gibt uns *die Kraft, das Ziel zu erreichen.* Sie haben es geschafft! Der Erfolg stellt sich ein. Das Problem ist gelöst.

Jetzt, da Sie angekommen sind, werden sich auch großartige Charaktereigenschaften bei Ihnen entfaltet haben – Bescheidenheit und Uneigennützigkeit. Bescheidenheit, weil Sie erkennen, dass Sie nicht alles allein geschafft haben. Sie waren auf die Zusammenarbeit mit anderen angewiesen. Und Uneigennützigkeit, weil Dankbarkeit im Grunde nur bedeutet, dass man sagt: „Genau besehen, habe ich das nicht selbst gemacht. Danke für deine Hilfe!" Dankbarkeit besteht darin, sich bei Menschen, bei Freunden, bei der Gesellschaft und bei Gott zu bedanken.

Wenn Sie eine dankbare Haltung beibehalten, ist es nicht möglich, dass Sie ein eitler, egoistischer, selbstsüchtiger Mensch werden. Wem sind Sie heute dankbar?

Menschen, denen ich dankbar bin: _____

_____

_____

Ich will ihnen meine Dankbarkeit zeigen durch: _____

_____

_____

_____

> *Das Licht Gottes erleuchtet mein Herz.*
> *Ich sehe Menschen, die mir geholfen haben,*
> *und ich bin ihnen dankbar.*

26. November

Offen sein für Neues

„Du hast mein Klagelied in einen Freudentanz verwandelt, mir statt des Trauerkleids ein Festgewand gegeben. [...] Dir, Herr, mein Gott, gilt allezeit mein Dank" (Psalm 30,12–13; Gute Nachricht).

Ich erinnere mich an eine Frau, deren Mann vor kurzem gestorben war. Sie waren viele Jahre miteinander verheiratet und dachten, dass sie zusammen alt werden und noch viele Reisen unternehmen würden. Sie hatten alles genau geplant und freuten sich darauf, ihren Lebenstraum in die Tat umzusetzen. Aber vier Wochen, nachdem ihr Mann in den Ruhestand getreten war, verstarb er plötzlich.

Auch für seine Frau schien das Leben zu Ende zu sein. Auf den Grabstein ihres Mannes ließ sie die Worte eingravieren: „Das Licht meines Lebens ist erloschen." Ich bin sicher, dass viele von Ihnen dieses Gefühl kennen, das sie hier zum Ausdruck brachte.

Aber nach einiger Zeit und durch den Rat weiser Freunde fand diese Frau wieder zum Leben zurück. Die nicht erwartete, unwillkommene Trennung verlor ihren Stachel. Zwei Jahre später heiratete sie einen anderen wunderbaren Mann und beide stürzten sich voll Begeisterung in neue Lebenspläne.

Zu ihrem Pastor sagte sie: „Ich werde wohl diese Inschrift auf dem Grabstein auswechseln müssen."

Er antwortete: „Nein, Sie brauchen nur eine zweite Zeile dazufügen . . . Doch ein neues Licht ist für mich aufgegangen!"

Wenn eine Krise eintritt, wenn wir alle unsere Pläne beiseite legen müssen, dann tritt Gott auf den Plan und verwandelt diese Tragödie in einen Triumph. Er macht aus diesem Problem die größte Gelegenheit unseres Lebens.

Herr, gib mir den Glauben, auf ein Wunder zu warten . . . bei allem unerwarteten Neuen, das mir heute begegnet!

Offen sein für Neues — 27. November

"Zahlreich sind die Wunder, die du getan hast, und deine Pläne mit uns. [...] Wollte ich von ihnen künden und reden, es wären mehr, als man zählen kann" (Psalm 40,6).

Wie gehen Sie mit den unliebsamen Störungen um, die Ihnen das Leben beschert? Jeder von uns reagiert anders darauf. Überdenken Sie die Ereignisse der letzten Wochen. Sind dabei Dinge passiert, mit denen Sie nicht gerechnet haben? Beschreiben Sie diese unwillkommenen Überraschungen:

_____

_____

Beschreiben Sie Ihre Gefühle und Reaktionen darauf:

_____

_____

_____

Beschreiben Sie, wie Sie gerne darauf reagiert hätten:

_____

_____

_____

> *Herr, ich will heute jede Störung als ein Geschenk des Himmels ansehen, das du mir sendest.*

28. November   *Offen sein für Neues*

„Des Menschen Herz plant seinen Weg, doch der Herr lenkt seinen Schritt" (Sprichwörter 16,9).

Der Mann, der neben mir saß, meinte : „Dr. Schuller, das grenzt an ein Wunder!"

Nun, wenn jemand so etwas zu mir sagt, dann bin ich ganz Ohr. „Erzählen Sie mir mehr davon", erwiderte ich begeistert.

„Ich bin sehr stolz darauf", fuhr er fort, „dass ich immer rechtzeitig zur Arbeit komme. Wenn ich aus dem Haus gehen will und das Telefon klingelt, dann bitte ich meine Frau, dem Betreffenden zu sagen, dass ich schon unterwegs sei. Das macht sie sonst immer, ausgenommen diesen einen Morgen.

Das Telefon läutete und sie sagte: ‚Er will gerade das Haus verlassen.' Ich brummte verhalten in meinen Bart, während sie mir den Hörer reichte. Am anderen Ende der Leitung war der Mensch, mit dem ich mich am wenigsten unterhalten wollte. Und nun hielt er mich am Telefon fest.

Da wir in geschäftlichen Beziehungen standen, konnte ich nicht einfach auflegen. Ich musste mit ihm reden und ihn bei Laune halten.

Endlich kamen wir zum Ende, und ich legte den Hörer auf, während ich meiner Frau immer noch böse war. Da fing plötzlich das Haus an zu wanken und der Boden unter unseren Füßen bewegte sich. Es war das große Erdbeben vor einigen Jahren. Ich blickte auf meine Uhr und dachte, dass ich jetzt eigentlich auf der Brücke sein müsste, die über die Schnellstraße führte. Später habe ich in der Zeitung gelesen, dass diese Brücke, auf der ich zu dieser Zeit hätte sein müssen, zusammengestürzt ist."

Ärgern Sie sich nicht über unwillkommene Störungen! Es kann sein, dass Gott etwas Wunderbares damit bewirkt!

> *Gott, ich bin dankbar dafür,*
> *wenn du meine wohl durchdachten Pläne*
> *mit deiner weisen Führung durchkreuzt!*

Offen sein für Neues

29. November

Danke, Vater,
für all die schönen Überraschungen,
die du heute für mich planst!
Oft, wenn es danach aussieht,
als würde auch dieser Tag für mich
trostlos,
dunkel
und trübe enden,
bricht plötzlich
und unerwartet
ein goldener Sonnenstrahl
durch das schwarze Gebälk
und taucht mein Leben
wieder in warmen Glanz.

Vater, das geschieht auch jetzt.
Ich kann die Macht deiner Liebe spüren,
durch Christus, meinen Herrn.

Amen.

30. November   Offen sein für Neues

„Nun sollen sie dem Herrn danken für seine Güte. [...] Er hat den Verdurstenden zu trinken gegeben und den Hungernden reiche Nahrung verschafft" (Psalm 107,8–9; Gute Nachricht).

*E*iner der großen Missionare unserer Tage erzählte mir die Geschichte seiner eigenen Umkehr. Als er an der Universität von Columbia studierte, durchlebte er einen langen intellektuellen Kampf, zuerst als Agnostiker, dann als Atheist.

Eines Abend, als er durch die Straßen von New York ging, dachte er, dass nichts einen Sinn habe, wenn Gott nicht existiere. Und damit war er am Punkt seiner tiefsten und schwärzesten Verzweiflung angelangt.

Da er gerade an einer Kirche vorbeiging, unternahm er einen letzten verzweifelten Versuch und ging hinein. Während des ganzen Gottesdienstes war er wie taub. Als der Pfarrer am Ende zu einer Gebetszeit aufrief, schloss er nicht wie alle anderen die Augen, sondern blickte um sich.

Und er erblickte inmitten der Menge seinen Physikprofessor, der mit gesenktem Kopf betete. Er war schockiert! Er dachte: *Du liebe Güte, wenn selbst mein Professor an Gott glaubt, dann ist diese Möglichkeit vielleicht doch nicht so verrückt!* Als die Gebetszeit vorüber war, hob der Professor den Kopf, und er sah aus, als käme er direkt vom Himmel. Das war für diesen Studenten ein Beweis dafür, dass es Gott gibt.

In diesem Augenblick neigte er seinen Kopf und nahm Jesus Christus in sein Leben auf. Sein Leben lief infolge dieser unerwarteten Begegnung in eine völlig andere Richtung!

Ich gebe mich von diesem unerwarteten Wunder geschlagen. Gott macht mein Leben mit jeder neuen Erfahrung schöner und reicher!

Offen sein für Neues   1. Deze.

„Das ist der Herr, auf ihn setzen wir unsere Hoffnung. Wir wollen ,
beln und uns freuen über seine rettende Tat" (Jesaja 25,9).

Vor einigen Wochen unterhielt ich mich in unserer Gemeinde
mit einer Familie, die von außerhalb gekommen war. Die Mutter
sagte begeistert: „Gott hat unser Leben so verändert, Dr. Schuller!"
Und ihr kleiner Sohn, noch nicht ganz fünf Jahre alt, fügte hinzu: „Ja,
wir haben nämlich Gott entdeckt!" Doch im Grunde hatten sie alle
noch eine recht verschwommene Sicht von ihm.

Ich sagte zu dem kleinen Jungen: „Das freut mich. Weißt du auch,
dass er einen Plan für dein Leben hat? Ich war ungefähr so alt wie du,
als ich entdeckte, welchen Plan Gott für mich hat: Er wollte, dass ich
predige." Ich stupste seine kleine Nase an und wiederholte es noch
einmal: „Gott hat einen Plan für dich!"

Er blickte aus großen Augen zu mir auf und meinte: „Für mich? Für
mich?"

„Ja", antwortete ich, „für dich!"

Dann sah er seine Mutter an und sagte: „Mama, für mich!" Und
während sie weggingen, konnte ich ihn immer noch zu seiner Mutter
sagen hören: „Für mich!"

Ich bin davon überzeugt, dass diese beiden Worte und diese kurze
Berührung sein ganzes Leben verändern werden.

Ich lade Sie heute ein, offen zu sein. Sie werden Menschen begegnen, die Sie noch nie getroffen haben. Zufällige Begegnungen, wie Sie
vielleicht denken. Aber Gott möchte, dass Sie im Leben dieser Menschen zu einem Wunder werden. Irgendwie wird das Leben für sie
nach der Begegnung mit Ihnen nicht mehr dasselbe sein. Gott will Sie
gebrauchen, um ein Wunder zu bewirken!

Gott weiß, welche Menschen ich heute treffen werde.
Weil er Herr der Lage ist, will ich erwarten,
dass Wunder geschehen.

2. Dezember   *Offen sein für Neues*

„Und sie gebar ihren Sohn, den Erstgeborenen. Sie wickelte ihn in Windeln und legte ihn in eine Krippe, weil in der Herberge kein Platz für sie war" (Lukas 2,7).

Zu Beginn der Weihnachtszeit fallen uns all die ungewöhnlichen Ereignisse auf, die mit dieser vertrauten Geschichte verbunden sind: weit weg von zu Hause, kein Platz in der Herberge, unerwarteter Besuch von Hirten und weisen Männern. Gott überrascht an diesem ersten Weihnachtsfest die Welt mit einer ganzen Reihe von Dingen.

Wenn Weihnachten wieder näher rückt, sollten wir unser Herz und unsere Sinne weit öffnen, damit wir die besonderen Überraschungen nicht versäumen, die Gott diesmal für uns bereithält.

Freuen Sie sich, dass Gott heute unerwartet in Ihr Leben eingreifen wird. Beschreiben Sie eine „zufällige Begegnung", die Sie einmal hatten. Schreiben Sie auf, wie Gott diese Begegnung benutzt hat, um etwas Unerwartetes zu tun:

_____

_____

_____

_____

_____

_____

Ich will mich auf die besondere Überraschung freuen,
mit der Gott mich
in dieser Weihnachtszeit beschenken wird.

Erwarten Sie mehr! 3. Dezember

"Denn meine Augen haben das Heil gesehen, das du vor allen Völkern bereitet hast" (Lukas 2,30).

W. Clement Stone sagte einmal: „Die größte Macht, die Menschen zur Verfügung steht, ist die Macht des Gebets." Das sind die Worte eines äußerst erfolgreichen Geschäftsmannes. Er hatte begriffen, dass unsere Probleme nur dann wirklich gelöst werden können, wenn wir uns mit Gottes Geist in Einklang befinden.

Gott versorgt uns mit allem, was wir brauchen. Er ist es, der dafür sorgt, dass ein Samenkorn aufplatzt und seinen zarten Schössling durch die Frühlingserde nach oben schickt, bis er an die Sonne kommt. Und der Same wird nicht ruhen, bis er Frucht gebracht und sich vervielfältigt hat.

Von Gott kommt alles Leben, und er sorgt dafür, dass Menschen ein erfülltes Leben haben. Haben Sie ein Problem? Leiden Sie an einem Mangel? Wenn Sie auf eine dieser Fragen mit Ja geantwortet haben, dann versuchen Sie, Ihre Probleme einmal aus einer anderen Perspektive zu betrachten. Erkennen Sie, dass Schmerz, Probleme oder Armut wirklich keine Erfindung Gottes sind. Fragen Sie sich, ob Ihre Probleme vielleicht das Resultat gestörter Beziehungen zu Menschen oder zu Gott sind. Wenn das der Fall ist, dann sollten Sie versuchen, dies mit Hilfe Gottes und seines Heiligen Geistes wieder in Ordnung zu bringen.

Ich empfehle Ihnen etwa folgendes Gebet: „Lieber Gott, hilf mir, meinen blinden Fleck zu sehen. Öffne meine Augen und meinen Verstand, damit ich sehe, wo etwas in meinem Leben nicht in Ordnung ist, und erkenne, was ich nach deinem Willen tun soll."

Unser heutiger Text ist der freudige Ausruf eines frommen Mannes namens Simeon. Als er betete, wusste er, dass er das Christuskind noch vor seinem Tod mit seinen Augen sehen würde. Als er das heilige Kind in den Armen hielt, war seine Freude vollkommen.

Ich will in diesem Jahr meine Aufmerksamkeit auf die wahre Bedeutung von Weihnachten richten.

4. Dezember

Erwarten Sie mehr!

„Bittet, dann wird euch gegeben. [...] Denn wer bittet, der empfängt" (Matthäus 7,7–8).

Wenn Ihnen zu Weihnachten dieses Jahr jeder Wunsch erfüllt würde – was würden Sie sich wünschen?

In unserer Familie ist es Brauch, dass wir einander diese Frage stellen, wenn wir unseren Wunschzettel am Kühlschrank befestigen. Wir dürfen alles aufschreiben, was wir uns wünschen . . . und auch Farbe und Größe angeben. Natürlich enthält diese Liste auch exotische oder ganz unmögliche Wünsche, aber wir haben großen Spaß dabei. Letztes Jahr hat sich unser Schwiegersohn einen neuen Sportwagen gewünscht. Er hat auch Modell und Farbe angegeben. Meine Frau und ich fanden schließlich ein Spielzeugauto, das diesen Wünschen genau entsprach. Aber grundsätzlich kann man sagen, dass dieser weihnachtliche Wunschzettel viel über jedes Mitglied unserer Familie aussagt.

Was Sie oder ich von Gott erbitten, deckt auf, wie groß unser Glaube an Gottes reiche Fülle ist. Jesus sagt: „Ich bin gekommen, damit ihr habt . . ." Er möchte, dass Sie zu den „Habenden" gehören und nicht zu den „Habenichtsen". Sie dürfen von Ihrem Leben Großes erwarten.

Werden Sie heute zu einem Menschen, der auch an das Unmögliche glaubt. Schreiben Sie heute einen Wunschzettel an Gott und schreiben Sie an das Ende jedes Satzes: „Es ist möglich!"

Ich glaube, dass Gott im Himmel nur darauf wartet, denen gute Gaben zu schenken, die ihn darum bitten. Darum will ich ihn heute in diesem Glauben bitten.

Erwarten Sie mehr! 5. Dezember

„Meine Seele aber wird jubeln über den Herrn und sich über seine Hilfe freuen" (Psalm 35,9).

Als ich eine Woche vor Weihnachten durch das Zimmer meiner jüngsten Tochter ging, fand ich Gretchen am Boden sitzend vor, umgeben von Briefpapier und Umschlägen. Es sah wirklich aus, als würde sie Briefe schreiben. Da Gretchen das gewöhnlich nie tut, war meine Neugierde natürlich groß, und ich erkundigte mich, was sie da mache. Überrascht blickte sie auf und lächelte mich an: „Oh, hallo, Papa. Ich schreibe gerade meine Dankesbriefe."

„Du schreibst *was*?", fragte ich.

„Ich habe eben angefangen, mich für meine Geschenke zu bedanken, dann braucht ihr mich nach Weihnachten nicht mehr daran zu erinnern", erklärte sie.

Etwas verwirrt entgegnete ich: „Aber Gretchen, wie kannst du dich für Geschenke bedanken, die du noch gar nicht bekommen hast? Wofür und bei wem willst du dich denn bedanken?"

„Ach", sagte sie begeistert, „das ist kein Problem. Ich schreibe einfach: Liebe Freunde, danke für das schöne Geschenk. Es freut sich sehr darüber euer Gretchen."

„Und woher weißt du, dass du dich über die Geschenke freuen wirst?"

„Oh, das weiß ich einfach!"

Das nenne ich Planung! Ihre Vorfreude versetzte sie in einen Zustand freudiger Erwartung. Wenn Sie Gutes erwarten, wird sich auch Ihre innere Haltung ändern. Ihre Stimmung wird sich heben, Ihr Gesicht wird strahlen und der ganze Tag wird mit Freude und Begeisterung erfüllt sein.

Ich will anderen in Liebe geben und werde dabei auch selbst reich gesegnet.

6. Dezember

Erwarten Sie mehr!

„Denn uns ist ein Kind geboren, ein Sohn ist uns geschenkt. Die Herr-schaft liegt auf seiner Schulter; man nennt ihn: Wunderbarer Ratge-ber, starker Gott, Vater in Ewigkeit, Fürst des Friedens" (Jesaja 9,5).

Ein Same. Eine Schneeflocke. Ein Moskito. Ein Atom. Ein kleines Kind. Alle fünf haben etwas gemeinsam: Einzeln und auf sich al-lein gestellt sind sie ausgesprochen unbedeutend. Aber sie können sich vervielfältigen und dadurch große Macht und enorme Auswir-kungen gewinnen.

Schnee stoppte die Invasion Napoleons in Russland. Schneeflocken besiegten ihn auch in Waterloo.

Moskitos geboten dem Bau des Panamakanals Einhalt.

Ein einzelner Same wird zu einem Obstbaum. Aus diesem wird ein Obstgarten, der wiederum dazu beiträgt, ein ganzes Volk mit Nahrung zu versorgen.

Das Atom, das zur Herstellung einer Bombe benutzt wurde, be-endete den Zweiten Weltkrieg und war so mit verantwortlich für die längste Friedensperiode der Welt seit der *Pax Romana*.

Aber das Kind, das in einem Stall Bethlehems geboren wurde, über-trifft alle diese Dinge noch weit. Sein Name? Wunderbarer Ratgeber, starker Gott, ewiger Vater, Friedefürst. Ich nenne es meinen Freund und Erlöser.

Was erwarten Sie zu Weihnachten von diesem Kind? Es hat auch heute nicht aufgehört, Wunder zu vollbringen. Und seine mächtige Liebe kann Berge versetzen.

> *Ich will heute an die Macht Jesu Christi glauben,*
> *die Wunder wirkt.*

Erwarten Sie mehr! 7. Dezember

„Dann holten sie ihre Schätze hervor und brachten ihm Gold, Weihrauch und Myrrhe als Gaben dar" (Matthäus 2,11).

Das Auto, in dem wir fuhren, war offensichtlich ein sehr teurer Wagen. Ich sagte zum Fahrer: „Es scheint Ihnen finanziell gut zu gehen."

„Ja", sagte er, „Gottes Güte hat mir zu Wohlstand verholfen."

Dann erzählte er mir seine Geschichte.

„Vor elf Jahren, im Alter von 52 Jahren, besaß ich keinen Pfennig. Ich war pleite, aber ich hatte einen Traum. Ich wollte ein Restaurant eröffnen, in dem es keinen Alkohol geben sollte. Alle sagten, das würde nicht klappen.

Ich hatte einmal gelesen, dass zum Erfolg auch die richtige Haltung gehört, eine Haltung, die sich nicht durch Probleme stoppen lässt. Da ich also Geld brauchte, ging ich zu einem wohlhabenden Sägewerksbesitzer und erzählte ihm von meinem Traum. Und wunderbarerweise war er dazu bereit, in meinen Traum Geld zu investieren. Heute besitze ich sechs Restaurants!

Das Aufregendste ist aber erst vor kurzem passiert. Letztes Jahr schossen in der Umgebung konkurrierende Restaurants aus dem Boden. Obendrein mussten wir auf Grund der Energiekrise unsere Reklamebeleuchtung abschalten, das heißt, die Konkurrenz nahm zu, während die Möglichkeiten, Werbung zu machen, weniger wurden. Und dann bat der Pastor unserer Gemeinde mich darum, den Zehnten, den ich immer schon gegeben hatte, dieses Jahr zu verdoppeln. Meine Frau und ich beteten darüber, gaben den doppelten Zehnten – und verdoppelten unseren Nettogewinn, wie mir unser Bilanzbuchhalter gerade mitteilte. Gott vollbringt immer noch Wunder!"

Ich will Gott meine Finanzen anvertrauen.
Er wirkt für mich Wunder!

8. Dezember

Erwarten Sie mehr!

„Jeder gebe, wie er es sich in seinem Herzen vorgenommen hat, nicht verdrossen und nicht unter Zwang; denn Gott liebt einen fröhlichen Geber" (2. Korinther 9,7).

Weihnachten ist eine Zeit des Schenkens. Diese Tradition bringt uns zwar manchmal in arge Bedrängnis, aber vergessen Sie nicht, was das Schenken sonst noch bewirkt. Jeder von uns kennt wahrscheinlich reiche Leute, die sich nicht mehr freuen können. Wenn wir etwas verschenken, erleben wir selbst tiefe Freude und fühlen uns innerlich gut.

W. Clement Stone, einer meiner Freunde, sagte einmal: „Ich habe beobachtet, dass sehr wohlhabende Menschen, die nicht wirklich großzügig geben oder ihren Reichtum als ein Geschenk Gottes betrachten, den sie nur verwalten, am Ende ihres Lebens häufig verbittert sind und Selbstmord begehen."

Diese Aussage erinnert mich an das Tote Meer. Aus einem Bach fließt frisches Wasser in den See Genezareth, der für seinen Fischreichtum bekannt ist. Der See gibt das Wasser an den Jordan weiter, der die Wüste zum Blühen bringt und daraus ein Land macht, in dem Milch und Honig fließen. Das Tote Meer aber ist tot, weil es nichts weitergibt!

Das ist ein allgemein gültiges Prinzip. Wenn Sie ein Leben führen wollen, das voller Freude ist, sollten Sie geben. Geben ist der Schlüssel zu einem freudigen Leben!

Freigiebigkeit kommt als Freude wieder zu mir zurück. Und ich weiß, dass Gott liebevoll für mich sorgen wird!

Erwarten Sie mehr!  **9. Dezember**

„Jede gute Gabe und jedes vollkommene Geschenk kommt von oben, vom Vater" (Jakobus 1,17).

*E*s wird Zeit, noch einmal zu überprüfen, wen wir zu Weihnachten beschenken wollen. Sie haben sicher an jedes Mitglied Ihrer Familie gedacht. Auch wenn Sie sich gestritten haben, ist Weihnachten eine gute Gelegenheit, um die Beziehung wieder in Ordnung zu bringen. Gehen Sie Ihre Liste noch einmal durch. Haben Sie jemanden vergessen?

Gibt es jemanden, dem Sie ein Geschenk geben möchten und an den Sie vorher noch nie gedacht haben? Vielleicht dem Nachbarjungen, der Ihren Hund ausführt? Oder der Frau an der Kasse im Supermarkt, die neulich so traurig aussah? Wie steht es mit Gott? Steht er auch auf Ihrer Weihnachtsliste?

Zu Weihnachten will ich folgende Menschen beschenken:
1. _____
2. _____
3. _____
4. _____
5. _____
6. _____
7. _____
8. _____

> *Dieses Jahr will ich auch Gott nicht vergessen,*
> *denn ich kann gar nicht zählen,*
> *wie viel er mir schon geschenkt hat.*

10. Dezember

Erwarten Sie Liebe!

O Herr,
mache mich zu einem Werkzeug deines Friedens;
dass ich Liebe säe, wo man sich hasst;
dass ich verzeihe, wo man sich beleidigt;
dass ich verbinde, da wo Streit ist;
dass ich die Wahrheit sage, wo der Irrtum herrscht;
dass ich den Glauben bringe, wo der Zweifel drückt;
dass ich die Hoffnung wecke, wo Verzweiflung quält;
dass ich ein Licht anzünde, wo die Finsternis regiert;
dass ich Freude bringe, wo der Kummer wohnt.

Herr, lass mich trachten,
nicht, dass ich getröstet werde, sondern dass ich tröste;
nicht, dass ich verstanden werde, sondern dass ich verstehe;
nicht, dass ich geliebt werde, sondern dass ich liebe.

Denn wer sich hingibt, der empfängt;
wer sich selbst vergisst, der findet;
wer verzeiht, dem wird verziehen;
und wer stirbt, der erwacht zum ewigen Leben.

Franz von Assisi

Erwarten Sie Liebe! 11. Dezember

„Die vollkommene Liebe vertreibt die Furcht" (1. Johannes 4,18).

Viele Menschen empfinden den Gruß „Frohe Weihnachten!" wie einen Messerstich, weil Gefühle an die Oberfläche ihres Bewusstseins kommen, die diese Zeit für sie fast unerträglich machen. Zu den vielen Tragödien, die ich in meinem Dienst als Pastor erlebte, gehören auch zerbrochene Beziehungen, die nur noch von Angst beherrscht werden und keine Liebe mehr kennen.

Einige Tage vor Weihnachten fragte ich Mary, die mich wegen ihrer Eheprobleme aufgesucht hatte: „Aus welchem Grund hast du diesen Mann geheiratet?"

Sie erklärte mir: „Er machte mir gleich bei unserer ersten Verabredung einen Heiratsantrag, aber da ich ihn nicht liebte, habe ich abgelehnt. Da entgegnete er: ‚Wenn du mich nicht heiratest, bringe ich mich um.'

Ich dachte, das wäre ein Scherz. Aber er versuchte es wirklich und landete im Krankenhaus. Ich besuchte ihn, weil ich mich so schuldig fühlte. Er machte mir wieder einen Antrag, und diesmal nahm ich an."

Und 24 unglückliche Jahre lang befürchtete sie, dass er Selbstmord begehen würde, wenn sie ihn verließe. Ihre Ehe war nicht auf Liebe aufgebaut, sondern auf Furcht, was schlimme Folgen hatte.

Weihnachten ist mehr als stimmungsvolle Lieder, Glockengeläute, fröhliches Lachen und Familienfeste. An Weihnachten feiern wir Gottes vollkommene Liebe, die auf diese Erde gekommen ist, um alle Furcht zu vertreiben. „Denn so sehr hat Gott die Welt geliebt, dass er seinen einzigen Sohn gegeben hat." Erkennen Sie die wahre Bedeutung von Weihnachten und es wird für Sie und die Ihren ein wirklich frohes Fest werden.

*Gottes Liebe, die mir zu Weihnachten
durch Jesus Christus gebracht wird,
macht mich frei, auch andere zu lieben.*

12. Dezember

Erwarten Sie Liebe!

„Doch am größten ist die Liebe" (1. Korinther 13,13).

*L*iebe kam zu Weihnacht,
Liebe über Liebe, Gotteskraft;
Liebe wurde uns geboren
mitten in der Nacht.

Liebe dir und Liebe mir
ist uns zum Geschenk gemacht."

Diese Verse, Mitte des 19. Jahrhunderts von Christina G. Rosetti verfasst, geben dem neugeborenen Christkind einen Namen: Liebe. Ja, die Liebe Gottes kam herab auf diese Erde, um jedem von uns zu zeigen, was Liebe ist.

Aber wie kann man Liebe beschreiben? Dieses Wort ist so vielschichtig, dass es sich der Definition fast entzieht. Christus ist wirklich die Liebe selbst. Seine Worte sind voller Liebe. Er heilt aus Liebe. Seine Liebe macht Sünder heilig. Er stirbt aus Liebe. Wie können wir anfangen, so zu lieben, wie Jesus es getan hat? Paulus geht in den Fußstapfen Jesu, wenn er diese Liebe im ersten Brief an die Korinther beschreibt. Versuchen Sie, Liebe mit eigenen Worten zu beschreiben, indem Sie das Leben Jesu betrachten oder sich mit den Worten des Apostel Paulus auseinander setzen:

Liebe ist _____

Liebe ist _____

Liebe ist _____

Liebe ist _____

Liebe ist _____

*Ich wünsche mir,
dass die Liebe Christi zu Weihnachten
in mir lebendig wird.*

Erwarten Sie Liebe!   13. Dezember

„Wenn ich in den Sprachen der Menschen und Engel redete, hätte aber die Liebe nicht, wäre ich dröhnendes Erz oder eine lärmende Pauke" (1. Korinther 13,1).

Neulich fiel mir auf dem Schreibtisch eines Freundes ein kurzes Gebet auf: „Herr, hilf mir, heute sanft und freundlich zu reden. Denn es kann sein, dass ich morgen von meinen Worten wieder eingeholt werde."

Dieser Satz erinnert mich an die Worte einer leitenden Krankenschwester. Sie drückte eine tiefe Wahrheit aus, als sie sagte: „Wenn ich Krankenschwestern ausbilde, sage ich immer zu ihnen: ‚In euren Worten liegt Heilungskraft. Die Art, wie ihr sprecht, der Klang eurer Stimme, wenn ihr Menschen berührt, die Aufmerksamkeit, mit der ihr ihnen zuhört, und die Art und Weise, wie ihr sie ermutigt, baut in Menschen Hoffnung auf und lässt heilende Kraft in Patienten fließen. Ihr schafft so die Voraussetzung für eine Atmosphäre, in der Gott Menschen heilt.'"

Die Schönheit von Weihnachten hat auch mit unserer Tradition zu tun, fröhliche Weihnachtslieder zu singen und einander Weihnachtsgrüße zu schicken. Ist Ihnen schon aufgefallen, wie gehoben die Stimmung auf Grund all dieser positiven Dinge um uns herum ist? Lassen Sie uns zur Schönheit dieser heiligen Zeit beitragen, indem wir unsere Stimmen heute dazu benutzen, um Menschen zu sagen, dass sie etwas Besonderes sind. Gibt es jemanden, der heute ein Wort der Liebe gebrauchen könnte?

Was für ein Geschenk können Sie anderen mit Worten machen, aus denen Liebe spricht!

O Gott, führe mich heute mit jemandem zusammen, der Zuneigung braucht. Nimm meine Stimme und sprich du durch mich.

14. Dezember

Erwarten Sie Liebe!

„Wer nicht liebt, hat Gott nicht erkannt; denn Gott ist die Liebe" (1. Johannes 4,8).

Vor kurzem unterhielt ich mich mit einer Lehrerin, die in einer dritten Klasse unterrichtet. Sie erzählte mir folgende Geschichte: „Neulich bat ich meine Schüler, mit mir zusammen den Satz zu sprechen: ‚Ich bin etwas Besonderes! Alle miteinander, eins, zwei, drei, los!' Eine einzige einsame Stimme war in dem sonst stillen Klassenraum zu hören. Nicht einer wollte mir diesen einfachen Satz nachsprechen. Ich ermutigte sie noch einmal, aber wieder geschah nichts. Schließlich fragte ich jeden einzelnen Schüler, warum er diesen Satz nicht aussprechen wolle. Die Antwort darauf lautete einhellig: Sie glaubten ihn einfach nicht.

Sehen Sie, Dr. Schuller, die meisten dieser Kinder kommen aus einem schlimmen Milieu, in dem vieles in die Brüche gegangen ist. Bei den meisten von ihnen fehlt ein Elternteil, und viele haben Eltern oder Geschwister, die in Drogen, Alkohol oder Unmoral verstrickt sind, die sich zum Teil vor den Augen dieser Kleinen abspielt. Sie können nicht glauben, dass irgendetwas, das mit ihnen oder ihrer Welt zu tun hat, etwas Gutes oder Besonderes sein könnte."

Wenn Sie Jesus kennen lernen, werden Sie erfahren, dass Sie wertvoll sind.

Weihnachten bedeutet: *Du bist geliebt! Du bist etwas Besonderes! Gott ist auf diese Erde gekommen, um dir zu zeigen, dass du sein Kind bist.*

Ich bin etwas Besonderes. Weil Gott mich liebt, kann auch ich mich lieben.

Sprechen Sie sich diese frohe Bestätigung jeden Morgen selbst vor dem Spiegel zu!

Ich will mein Leben heute unter die Herrschaft der Gedanken stellen, die Gott mir schenkt.

356

Erwarten Sie Liebe! 15. Dezember

„*Jeder, der glaubt, dass Jesus der Christus ist, stammt von Gott*"
(1. Johannes 5,1).

Vor zehn Jahren war ich einmal bei *Harrod's* in London. Ich wollte dieses außergewöhnliche Geschäft mit eigenen Augen sehen. Über dem Eingang hing ein riesiges Schild: „Treten Sie ein in eine neue Welt!" Und Sie können mir glauben, das entsprach tatsächlich der Wahrheit. Man kann in diesem Geschäft so gut wie alles kaufen, selbst lebende Elefanten.

Anschließend ging ich zurück in mein Hotel, um im Büro meiner Gemeinde in Kalifornien anzurufen. Ich wollte die Vermittlung wählen, als ich einen Hinweis las, dass ich auch direkt wählen konnte. Großartig! Wieder ein Neuland, das ich betreten durfte!

Ich nahm den Hörer ab und machte meine erste Erfahrung damit, quer über den Atlantik und den amerikanischen Kontinent anzurufen. Fast unmittelbar nachdem ich gewählt hatte, hörte ich die Worte: „Hier ‚Crystal Cathedral', was kann ich für Sie tun?"

Wir sollten uns jeden Tag diesen Satz vor Augen halten: „Sei darauf vorbereitet, eine neue Welt zu betreten!" Leider haben viele Menschen Angst vor allem, was neu ist. Wir alle neigen dazu, lieber im Gewohnten Schutz zu suchen. Aber wenn wir Liebe erfahren und daraufhin selbst zu Liebenden werden, erfasst uns ein Vertrauen, das uns einen Abenteuergeist verleiht – das ist der Lohn der Liebe!

Diese Weihnachten will ich es wagen,
neue Erfahrungen mit der Liebe Gottes zu machen.

16. Dezember   *Erwarten Sie Liebe!*

Durch den Glauben wohne Christus in eurem Herzen. In der Liebe verwurzelt und auf sie gegründet, sollt ihr zusammen mit allen Heiligen dazu fähig sein, die Länge und Breite, die Höhe und Tiefe zu ermessen und die Liebe Christi zu verstehen, die alle Erkenntnis übersteigt. So werdet ihr mehr und mehr von der ganzen Fülle Gottes erfüllt" (Epheser 3,17–19).

Ein besonderes Weihnachtsgebet

> *Ich bitte Gott, dass Christus in Ihrem Herzen*
> *Wohnung nimmt und Ihr Leben erfüllt,*
> *indem Sie lernen, ihm immer mehr zu vertrauen.*

Stern der Freude   17. Dezember

„Als sie den Stern sahen, wurden sie von sehr großer Freude erfüllt"
(Matthäus 2,10).

*E*ines der schönen Symbole für die Weihnachtszeit ist der Weihnachtsstern, der oft an der Spitze von Christbäumen angebracht
wird. Beim Glanz unserer herrlichen Weihnachtsfeier in *Crystal Cathedral* leuchtet er majestätisch über Bethlehem. Er wird auch „Freudenstern" genannt, vielleicht deshalb, weil er den Weisen Freude
schenkte, als er sie zur Krippe des Christkinds hinführte.

Aber: *Freude* – was ist das? Können Sie Freude beschreiben? Was
macht Ihnen Freude? Schreiben Sie auf, über welche Ereignisse, Personen oder Dinge Sie sich freuen. Macht es Ihnen Freude, zur Kirche
zu gehen? Haben Sie Freude am Lesen der Bibel? Wie steht es mit dem
Beten und mit Zeiten der Meditation?

Würden Sie Ihren Glauben als einen „fröhlichen Glauben" bezeichnen? Christus ist gekommen, um Freude in unsere Dunkelheit
zu bringen. Er will unser Leben wieder zum Strahlen bringen.

Worin für mich Freude liegt? An erster Stelle kommt Jesus, dann
die anderen, dann ich selbst. Ich habe mein persönliches Glück in
Selbstlosigkeit gefunden.

> *Vergessen Sie nicht:*
> *Sterne sieht man am besten in der Nacht.*

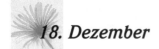

18. Dezember

Stern der Freude

Ein Weihnachtsgebet

O liebender Vater, wenn der Stern von Bethlehem aufgeht und Freude ausbricht im Himmel,
    dann will auch ich zu dir kommen und voll Jubel und Preis meine Lieder singen.
    Ich freue mich über die gute Nachricht, dass dein Sohn geboren ist, denn ich weiß,
    du wirst meinem Herzen Flügel verleihen, wenn es mit der Weihnachtsliebe in Berührung kommt.

Wenn Christus in mir geboren wird, wird mein Herz von Liebe durchströmt.
    Lass alles Negative in mir im hellen Glanz des Glaubens wieder hell werden,
    so wie in jener Nacht, als der Stern der Freude Licht in eine dunkle Welt gebracht hat.

Zu Weihnachten hast du deinen Traum verwirklicht, mich wieder zurück zu dir zu holen.
    Darum schenke jetzt auch mir den Mut, neue Träume zu träumen und neue Sterne ins Auge zu fassen.
    Ich will voller Hoffnung ins neue Jahr gehen, denn ich weiß, dass Christus der Stern ist,
    der mich führt, und dass dein Heiliger Geist mit hellem Schein über meinem Leben leuchtet.

> *Ich will mein Leben unter die Herrschaft der Gedanken stellen, die Gott mir schenkt!*

Stern der Freude   19. Dezember

*„Seht, die Jungfrau wird ein Kind empfangen, sie wird einen Sohn ge-
bären und sie wird ihm den Namen Immanuel (Gott mit uns) geben"*
(Jesaja 7,14).

E in Stern wird meistens fünfeckig gezeichnet, darum wollen auch
wir dem Freudenstern fünf Spitzen geben. Seine erste Spitze soll
„empfangen" genannt werden.

Nachdem der Engel der Jungfrau Maria angekündigt hatte, dass sie
den Messias empfangen und zur Welt bringen würde, brachte sie ihre
Freude im *Magnificat* zum Ausdruck, im Lobgesang der Maria, der im
Lukas-Evangelium, Kapitel 1, Verse 46 bis 54 nachzulesen ist.

In Webster's Enzyklopädischem Wörterbuch wird das Wort „empfangen" definiert als „veranlassen, dass etwas beginnt . . . dass eine
Vorstellung oder ein Bild entsteht". Von W. Clement Stone stammt der
Ausspruch: „Alles, was du dir vorstellen kannst, kannst du auch erreichen."

Welchen Gedanken hat Gott Ihnen heute ins Herz gelegt? Können
Sie sich vorstellen, das zu tun?

Ich weiß nicht, wie es Ihnen geht, aber mich macht es sehr glück-
lich, wenn ich mir vorstelle, dass es für Gott möglich ist, in unser
Leben zu kommen. Es ist möglich! Er will Ihnen den Weg durchs
Leben zeigen. Glauben Sie daran, und stellen Sie sich jetzt mit Gottes
Hilfe vor, dass Sie Christus diese Weihnachten empfangen, dass er in
Ihr Herz kommen und es mit *Freude* füllen wird!

*Ich möchte zu Weihnachten Freude erfahren.
Darum will ich empfänglich sein für die Vorstellung,
dass Jesus Christus jetzt in mein Herz und
in meinen Geist kommt. Ich will daran glauben,
dass es für ihn möglich ist, in mir zu leben.*

20. Dezember   *Stern der Freude*

„Und der Stern, den sie hatten aufgehen sehen, zog vor ihnen her bis zu dem Ort, wo das Kind war; dort blieb er stehen. Als sie den Stern sahen, wurden sie von sehr großer Freude erfüllt. Sie gingen in das Haus und sahen das Kind und Maria, seine Mutter; da fielen sie nieder und huldigten ihm" (Matthäus 2,9–11).

Die zweite Spitze des Freudensterns möchte ich mit *„aufnehmen"* bezeichnen. Die Bibel, dieses wunderbare Buch Gottes, macht die Welt nicht nur mit Jesus bekannt, sondern sie spricht auch ganz klar darüber, dass er in Ihr Leben kommen will, wenn Sie ihn darum bitten. Die drei Weisen, die sich aufgemacht hatten, um das neugeborene Kind zu suchen, nahmen ihn als ihren König an: „Sie fielen nieder und beteten ihn an."

Christus kommt in Ihr Leben durch Gedanken und Vorstellungen, die Sie über ihn haben. Auch durch Erfahrungen, die Sie mit ihm machen, oder durch die Liebe, die Sie ihm entgegenbringen. Ich kann das weder wissenschaftlich noch psychologisch noch auf eine andere Art und Weise erklären, aber es ist eine Tatsache. Die Bibel lehrt es. Versuchen Sie es! Es funktioniert.

Wenn Sie es bis jetzt noch nie gemacht haben, dann laden Sie Jesus Christus zu Weihnachten ein, in Ihr Leben zu kommen. *Nehmen Sie ihn auf* und lassen Sie seinen lebendigen Geist mit Ihrem Leben in Berührung kommen.

Schreiben Sie auf, was es für Sie bedeutet, Jesus in Ihr Leben einzuladen bzw. eingeladen zu haben:

_____

_____

Christus lebt in mir!

Stern der Freude — *21. Dezember*

„Der Gott der Hoffnung aber erfülle euch mit aller Freude und mit allem Frieden im Glauben" (Römer 15,13).

Wir wollen uns heute auf die dritte Spitze des Weihnachtssterns der Freude konzentrieren, auf *„glauben"*. Wenn Sie Christus als Ihren Herrn und Erlöser in Ihr Leben aufgenommen haben, dann sollten Sie nicht darauf warten, dass am Himmel ein Feuerwerk zu sehen ist oder ähnlich Außergewöhnliches geschehen wird. Gott hat uns nicht versprochen, dass wir zwingend überschwängliche Gefühle haben werden. *Glauben* Sie einfach.

Die Bibel berichtet uns, dass die ersten Christen auf Grund ihres neuen Glaubens Schwierigkeiten hatten, aber trotzdem voller Freude waren. Die Weisen aus dem Morgenland mussten ihre Pläne ändern, nachdem sie das Kind in der Krippe gefunden hatten. Von Gott gewarnt, zogen sie eilends wieder in ihr Land zurück. Nachdem sie den neugeborenen König freudig aufgenommen hatten, wurden sie sofort mit einer schwierigen Situation konfrontiert.

Vertrauen Sie darauf, dass Gott versprochen hat, nach unserem Glauben zu handeln.

Wenn unser Glaube schwach ist, wird auch die Freude weichen. Haben Sie Zweifel? Schreiben Sie diese Zweifel auf! Setzen Sie dann ein bestätigendes Wort Gottes dagegen, und Sie werden erleben, dass die Freude wieder zu Ihnen zurückkommt.

Mein Zweifel sagt: *Gott aber sagt:*

_____   _____

_____   _____

_____   _____

_____   _____

Herr, schenke mir Glauben, wie ihn die Weisen hatten, damit ich dem Stern folgen kann.

22. Dezember   *Stern der Freude*

„Ich bin das Licht, das in die Welt gekommen ist, damit jeder, der an mich glaubt, nicht in der Finsternis bleibt" (Johannes 12,46).

Heute wollen wir uns die vierte Spitze des weihnachtlichen Freudensterns ansehen: *von etwas frei werden.* Die Freude bricht auch dann auf, wenn Sie und ich alle negativen Gedanken verbannen. Furcht, Hass, Zweifel, Misstrauen, Feindseligkeit, Unglaube – all das sind Kräfte, die uns die Freude rauben. Wir müssen von diesen Dingen frei werden, weil sie mit dem Glauben nicht vereinbar sind.

Ich erinnere mich an einen kalten Wintermorgen, als eine einzige tote Spinne im Thermostat unsere ganze Heizung zum Erliegen brachte.

Wenn schon eine tote Spinne eine Störung dieses Ausmaßes verursachen kann, wie groß wird dann Ihrer Meinung nach der Schaden sein, den unser Glaube durch ein Vorurteil, Hass oder eine hartnäckige Sorge erleidet? Wenn Sie Ihr Herz von negativen Gedanken befreien, dann wird der leer gewordene Platz von Freude eingenommen.

Weihnachten ist auch ein Fest der Freude. Jesus Christus ist als Licht in unsere Welt gekommen, damit wir nicht länger in der freudlosen Umgebung von negativen Gedanken leben müssen.

Wenn Ihr Glauben an diesem Weihnachten keinen Glanz mehr hat, dann sollten Sie heute überprüfen, woran das liegen könnte. Und sich von neuem auf die Freude konzentrieren, die Ihnen jederzeit wieder zur Verfügung steht!

Ich will mein Herz von allen negativen Gedanken frei machen und offen sein für die Freude, die Jesus Christus mir schenken will.

Stern der Freude   23. Dezember

„Dies habe ich euch gesagt, damit meine Freude in euch ist und damit eure Freude vollkommen wird" (Johannes 15,11).

Wir wollen jetzt den Weihnachtsstern mit seiner fünften Spitze vervollständigen: *aktiv handeln.*

Aktiv sein – aber im Sinne eines Brausekopfs, der das Wasser der Freude durch sich hindurchströmen lässt. Oder wie eine Füllfeder, die zulässt, dass Christus wie schöne blaue Tinte durch sie hindurchfließt, damit er durch Ihr Leben seine Botschaft schreibt.

Wovon träumen Sie? Was würden Sie gerne erreichen? Was würde Ihnen großen Spaß machen? Tun Sie es! Wagen Sie, ein Mensch zu sein, der nach seinen Träumen handelt!

Scheiben Sie einen Traum auf, an dem Sie große Freude hätten:

_____

_____

Schreiben Sie den ersten Schritt auf, den Sie unternehmen müssen, um diesen Traum Wirklichkeit werden zu lassen. Und dann gehen Sie mit Gottes Hilfe diesen Schritt:

_____

_____

Der Stern der Freude ist erst vollständig, wenn er fünf Spitzen hat. Die Freude kommt, wenn wir *empfangen, aufnehmen, glauben, frei werden* und *aktiv handeln*. Alle fünf Aspekte sind nötig. Leben Sie danach und die Freude Christi wird Ihr Leben überfließend füllen.

24. Dezember   *Erwarten Sie Wunder!*

Heute ist euch in der Stadt Davids der Retter geboren; er ist der Messias, der Herr" (Lukas 2,11).

O Herr, wir kommen! Wir kommen, um zu feiern,
dass du als Kind in einem Stall geboren wurdest.

Öffne unsere Augen, damit wir das Wunder dieser Heiligen Nacht
nicht übersehen.

O Herr, wir kommen,
weil wir deine Worte des Friedens, der Freude, der Hoffnung
immer wieder brauchen.

Wir kommen alle, Herr, groß und klein, arm und reich,
damit wir sehen, hören, singen
und in Ehrfurcht vor dir knien.

Öffne unsere Herzen und
mache sie zur Krippe für das Kind.
Amen.

Erwarten Sie Wunder! 25. Dezember

„*Geben ist seliger als nehmen*" (Apostelgeschichte 20,35).

*E*s war einmal eine Familie, die weit oben in den Bergen lebte. Vater, Mutter, zwei Söhne namens Hans und Peter und eine Tochter, Gretchen, die Jüngste.

Eines Tages sah Gretchen ein entzückendes kleines, blaues Teeservice im Schaufenster des kleinen Dorfgeschäfts stehen und rief aus: „Das möchte ich zu Weihnachten haben!"

Am Tag vor Weihnachten wollte Peter ein Geschenk für Gretchen besorgen. Er nahm die eine Münze, die er besaß, und ging damit in das Geschäft. „Was kann ich dafür bekommen?" Der Krämer zeigte ihm ein kleines Schokoladenherz und Peter dachte: *Darüber wird sich Gretchen sicher freuen.* Er kaufte es und steckte es heimlich in ihren Strumpf.

Dann kam Hans, der große Bruder, nach Hause, fand das Herz in Gretchens Strumpf und steckte es – schwupps! – in seinen Mund. Danach fühlte er sich aber schrecklich. Was sollte er nur tun?

Er leerte sein Sparschwein, ging in das Geschäft und fragte: „Was kann ich dafür bekommen?"

„Es ist nur noch dieses kleine blaue Teeservice übrig", entgegnete der Krämer.

So kam es, dass Peter sich am nächsten Morgen darüber wunderte, wie das Schokoladenherz sich in ein wunderschönes blaues Teeservice verwandeln konnte.

Die Wahrheit, die in diesem Märchen steckt, lautet: Gib großzügig, und du wirst weit mehr bekommen, als du gegeben hast. Funktioniert dieses Prinzip wirklich? Da können Sie sicher sein. Und wie? Die Wirkung liegt darin, dass Sie Abstand bekommen zu Selbstmitleid, Kummer, Schmerz, Enttäuschungen und auch zu sich selbst.

Empfangen Sie heute Jesus Christus als Geschenk und vertrauen Sie ihm Ihr Leben an.

26. Dezember   Erwarten Sie Wunder!

„Die Hirten kehrten zurück, rühmten Gott und priesen ihn für das, was sie gehört und gesehen hatten" (Lukas 2,20).

Es geschah am Weihnachtsmorgen des Jahres 1968. Am Abend zuvor war die Kirche von wunderbarer Musik, Kerzenduft und strahlenden Lichtern erfüllt gewesen, aber jetzt lag sie still und verlassen da. Nur ein einziges Auto stand einsam auf dem Parkplatz, als ich mit Sheila, unserer Tochter, vorbeikam, da ich noch etwas zu erledigen hatte. Als wir näher kamen, bemerkten wir ein schmächtiges junges Mädchen, das an der Tür lehnte und zu schlafen schien.

Ich berührte ihre schmalen Schultern und sagte: „Hallo."

Sie zitterte, und ihre Augen schwammen in Tränen, als sie sagte: „Ich habe die Nacht im Auto verbracht."

Es tat weh, sich vorzustellen, dass sie zu Weihnachten allein in ihrem Auto geschlafen hatte. Ich fragte, wo sie die nächste Nacht schlafen würde. Sie entgegnete: „Ich weiß es nicht."

Sheila lud sie ein, zu uns zu kommen und ihr Zimmer mit ihr zu teilen. So war sie einige Zeit Gast in unserem Haus, wo sie auch mit dem Glauben in Berührung kam. Wir sprachen ihr immer wieder Mut zu. Schließlich fing sie ein neues Leben an, das Gott mit seinem Segen wirklich reich überschüttete. Heute ist sie eine sehr erfolgreiche Wirtschaftsprüferin.

Hat dieses Weihnachtsfest auch Ihr Leben verändert? Kommen auch Sie zurück, um Gott zu loben und preisen, so wie die Hirten es taten?

Ich will Gott dafür preisen, dass er mich zu Weihnachten auf besondere Weise berührt.

Erwarten Sie Wunder!   27. Dezember

„Das ist Gott, unser Gott für immer und ewig. Er wird uns führen in Ewigkeit" (Psalm 48,15).

Vor einigen Jahren ging ich mit meiner Frau auf eine Kreuzfahrt zum Nordkap. Obwohl wir schon ein, zwei Tage auf See waren, hatten wir den Kapitän noch nicht zu Gesicht bekommen. Wir machten gerade einen Spaziergang auf Deck, als der Lautsprecher ertönte: „Achtung, hier spricht Ihr Kapitän."

Alle um uns herum blieben stehen, als eine wohlklingende Stimme mit skandinavischem Akzent erklang. Als wir ihm zuhörten, wussten wir zwar immer noch nicht, wie er aussah, aber wir lernten seine Stimme kennen.

Wir alle sind Passagiere auf einem Schiff, das sich Erde nennt. Wir drehen uns um uns selbst, während wir mit unglaublicher Geschwindigkeit durch das All rasen. Aber die gute Nachricht lautet: Es gibt einen Kapitän, auch wenn Sie ihn noch nicht zu Gesicht bekommen haben.

Glauben Sie an ihn, und eines Tages, irgendwie, auf irgendeine Weise, wird er zu Ihnen sprechen – durch ein Ereignis, durch einen Eindruck, durch die Bibel oder durch einen Freund. Sie werden die Ankündigung hören und verstehen: „Achtung, hier spricht der Kapitän." In diesem Augenblick des Glaubens beginnt das Wunder. Denn ohne Glauben gibt es keine Wunder. Und der Glaube kann nur dann eintreten, wenn Sie einen ersten Schritt auf eine große Idee zu machen, die Ihnen unmöglich erscheint. Die Vorstellung, dass Gott der Kapitän Ihrer Seele ist, könnte der Anfang sein!

Gott ist mein Kapitän. Ich will ihm vertrauen,
heute und morgen.

28. Dezember   Erwarten Sie Wunder!

„Meine Hilfe kommt vom Herrn, der Himmel und Erde gemacht hat"
(Psalm 121,2).

Gestern habe ich Gott als den Kapitän unseres Lebens bezeichnet. David verwendet das Bild eines Hirten, um zu verdeutlichen, welche Beziehung Gott zu uns hat. Welches Bild oder Symbol würden Sie verwenden, um Ihre Beziehung zu Gott zu beschreiben?

Der Herr ist mein

_____

_____

_____

_____

_____

Das konkreteste Bild, das wir von Gott haben können, zeigt sich in der Person Jesu Christi. Jesus ist der Herzschlag Gottes für diese Welt. Und er liebt Sie und mich!

Es ist unfassbar – der Gott, der das All erschaffen hat, liebt mich! Wie könnte ich da je wieder Angst haben oder daran zweifeln?

Erwarten Sie Wunder!   29. Dezember

„Lobt ihn für seine großen Taten, lobt ihn in seiner gewaltigen Größe!" (Psalm 150,2).

Während einer Konferenz unseres Instituts für Gemeindeleitung wurde ein Pastor aus Minnesota eines Morgens wegen eines Notfalls aufgerufen. Sein drei Jahre alter Sohn war ins Schwimmbecken gefallen. Seine Frau hatte den reglosen Körper herausgezogen und beatmet. Als die Rettungssanitäter eintrafen, fing er gerade an, darauf zu reagieren.

Alle 400 versammelten Pastoren beteten mit mir für den kleinen Jungen. Und was für eine Freude war es, als dann der Junge mit seinen Eltern bei unserem Abschlussgottesdienst nach vorne kam. Vermutlich ist dabei kein Auge trocken geblieben.

Als sie im Krankenhaus eintrafen, erzählte mir der Vater später, war auf dem Röntgenbild zu sehen, dass sich in der Lunge seines Sohnes Wasser befand. Einige Stunden später, nachdem wir für ihn gebetet hatten, wurde die Lunge noch einmal geröntgt – und es war kein Wasser mehr zu erkennen!

Die Ärzte sprachen von einem Wunder. Und das war es auch. Denn es braucht nur Gott und Sie, dass ein Wunder geschieht.

Gott, ich will dir für die Berge in meinem Leben danken, die du und ich in Wunder verwandeln!

30. Dezember

Erwarten Sie Wunder!

„Ich selbst werde mich morgen auf den Gipfel des Hügels stellen und den Gottesstab mitnehmen" (Exodus 17,9).

Mose sprach mutig und voller Vertrauen. Ich wünsche mir, dass auch wir einen dynamischen Glauben ans Morgen bekommen, wie Mose ihn hatte.

Ich habe von einer Frau gehört, die zu Beginn des neuen Jahres düster ausrief: „Hinweg mit dir, Morgen!" Das finde ich traurig. Ich kann mich auf jeden Morgen freuen, weil jeder Tag voll von neuen Möglichkeiten ist.

Vielleicht argumentieren Sie jetzt: „Dr. Schuller, ich bin mir nicht sicher. Ich glaube, das neue Jahrtausend wird ein Computerzeitalter sein. Wir Menschen werden immer mehr durch Hochtechnologie ersetzt werden. Was wird dieses Jahrtausend nur für uns bringen? Ich fürchte, wir alle werden wertlos und unnütz werden." Das sehe ich nicht so.

Ihre Zukunft liegt ja nicht nur in Gottes Hand, sie liegt auch in Ihren Händen. So haben Sie zum Beispiel die Freiheit, an Gott zu glauben oder es nicht zu tun. Was geschieht, hängt nur von einem Menschen ab – von dem Menschen, der Ihnen Ihre Ziele vorgibt. Wer prägt Ihre Ansichten? Wer bestimmt Ihre Ziele? *Das machen Sie selbst!* Der Schlüssel zu Ihrer Zukunft liegt in Ihrer Hand.

Das neue Jahrtausend wird übervoll sein mit neuen Zielen, neuen Hoffnungen, neuen Entdeckungen, neuen Erfolgen und neuem Glauben. Geben Sie sich voll Freude ans Morgen hin, indem Sie an Gott glauben.

Ich freue mich auf morgen!

Erwarten Sie Wunder!   31. Dezember

„Morgen wird der Herr mitten unter euch Wunder tun!" (Josua 3,5).

1991 stieß ich in Amsterdam mit meinem Kopf gegen das Autodach. Dabei platzte eine Vene und Blut sickerte in mein Gehirn. Zwölf Stunden später fand man mich auf dem Balkon meines Hotelzimmers im Koma liegend auf. Die Ärzte öffneten meinen Schädel und saugten das Blut ab. Es stand ernst um mich. Man sagte mir, dass ich gestorben wäre, hätte man mich nur wenige Minuten später gefunden.

Fünf Tage später versuchte ich verzweifelt, einen Satz aufzuschreiben, aber es wollte mir nicht gelingen. Ich konnte meine Bewegungen nicht koordinieren. Eine zweite Operation war nötig, um die erneute Blutung zu stoppen. Erst danach war ich in der Lage, den Satz zu schreiben, von dem ich sicher wusste, dass er von Gott kam:

Welche Freude, an der Schwelle zu einem neuen Tag zu stehen!

Sie und ich, wir stehen heute an der Schwelle eines neuen Jahres. Ein Ausflug, den wir noch nie gemacht haben. Ein Ort, den wir noch nie besucht haben. Und dieser Ort heißt Morgen. Was wird uns dort erwarten? Ich weiß es nicht, aber eines ist sicher: Gott ist uns schon vorausgegangen und erwartet uns dort. „Morgen wird der Herr unter euch Wunder wirken."

Gott wird auf uns warten und für jeden von uns ein besonderes Geschenk in seiner Hand halten. Ein Geschenk, das er noch nie verschenkt hat. Ein Geschenk, das „heute" heißt. Wie schön, an der Schwelle zum Morgen zu stehen!

Gott weiß mehr über unsere Zukunft als wir je über unsere Vergangenheit wissen können!

Hour of Power
Deutschland

Seit 30 Jahren ist die *Hour of Power* mit Dr. Robert H. Schuller der meistgesehene Fernsehgottesdienst der Welt. Was ursprünglich mit einem Open-Air-Gottesdienst in einem Drive-in-Kino anfing, wird heute aus der *Crystal Cathedral* in Garden Grove, Kalifornien, in 20 Millionen Haushalte weltweit übertragen. *Hour of Power* ist ein 60-minütiger Gottesdienst der Extraklasse mit verschiedensten Elementen. In der Predigt wird lebensnah und alltagsrelevant auf Themen eingegangen, die Menschen auf Grundlage des Evangeliums und des christlichen Glaubens zu guten Gedanken bewegen und durch die sie neue Kraft für ihr Leben bekommen sollen. Sie sehen und hören eine der größten Kirchenorgeln der Welt, Stimmen eines Chores mit über 110 Personen, ein 60-köpfiges professionelles Orchester sowie besondere und interessante Interviewgäste z. B. aus Politik, Sport und Gesellschaft.

Abgerundet werden die Gottesdienste mit Beiträgen von namhaften Musikern und Sängern.

Ein Hauptanliegen von *Hour of Power* ist es, Gott den Menschen näher zu bringen und sie zu einem Leben in der Nachfolge Jesus zu ermutigen sowie die Botschaft eines positiven Christentums zu verkündigen.

Die deutschsprachigen Länder – Österreich, Schweiz und Deutschland – haben unabhängig voneinander *Hour of Power*-Büros eingerichtet. *Hour of Power* Deutschland wurde bereits 1992 von Nikolaus Enkelmann gegründet und hatte zuletzt sein Büro in Giengen an der Benz. Seit Juli 2001 präsentiert sich *Hour of Power* nicht nur durch einen neuen Internetauftritt, sondern auch durch ein neue Adresse in Augsburg/Bayern. Alle Anfragen werden hier entgegengenommen und der Freundeskreis wird hier betreut. Hier werden auch die deutschen Übersetzungen und Untertitel produziert.

Eine besondere Einrichtung für unsere Zuschauer stellt die *Newhopeline* dar. Sie ist eine „Telefonleitung zur neuen Hoffnung" und soll all denen Hilfen bieten, die Rat und Unterstützung suchen. Mitarbeiter aus dem Bereich Seelsorge, Gemeindearbeit und Psychologie stehen täglich, auch am Wochenende, für Hilfe suchende Menschen zur Verfügung.

Hour of Power kann langfristig nur mit Unterstützung von nationalen Sponsoren und Vereinen weltweit ausgestrahlt werden. Die Ausstrahlung der Gottesdienstsendungen sind sehr kostenaufwändig. Von daher bemüht sich *Hour of Power* Deutschland intensiv um den Aufbau eines Unterstützer- und Freundeskreises. Unser regelmäßig erscheinender Rundbrief hält alle Freunde und Spender mit aktuellen Informationen auf dem Laufenden. Ziel der deutschsprachigen Vereine von *Hour of Power* für die nächsten Jahre sind die komplette Finanzierung der Ausstrahlung und der deutschen Produktion sowie die professionelle Übersetzung und Verbreitung der sehr ermutigenden Bücher von Dr. Robert H. Schuller.

Informationen zum Dienst von *Hour of Power* Deutschland erhalten Sie unter:

Hour of Power Deutschland
Kapuzinergasse 18
86150 Augsburg
Tel. 0821/420 96 96, Fax 0821/420 96 97
E-Mail: info@hour-of-power.de
Internet: www.hour-of-power.de
Newhopeline: 01805/63 94 67
oder per Tastatur 01805 Newhope

Warum der Glaube Flügel verleiht

Schmerz – sei er körperlich, geistlich, oder seelisch – gehört unvermeidlich zu unserem Leben als Menschen. Er trifft uns unvorbereitet, oft hinterlässt er tiefe Narben und bereitet uns große Not und Leiden. Doch es gibt eine gute Nachricht: Trotz allem muss er unser Leben nicht bestimmen.

Ganz persönlich erzählt Robert H. Schuller in „Aus Tränen werden Edelsteine" von den vielfältigen Arten des Schmerzes, denen er sich in seinem Leben stellen musste. Und er lässt den Leser daran teilhaben, wie er diese Schmerzen durch sein Vertrauen auf Gott in kreatives Potenzial umwandelte.

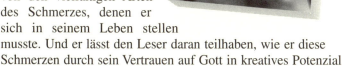

Begleiten Sie Robert Schuller bei seinem geistlichen „Trainingsprogramm", das Sie für unvorbereitete Tiefschläge des Lebens wappnen und in puncto Gottvertrauen fit machen möchte.

Robert H. Schuller
Aus Tränen werden Edelsteine
Paperback, 200 Seiten
Bestell-Nr. 657 465

Von der Lebenskunst, Gottes Weisheit in die Tat umzusetzen

Trotz des Überflusses an Informationen, Eindrücken und Wissen scheint eines in unserer Gesellschaft Mangelware zu sein: Weisheit. Doch gerade diese benötigen wir am dringendsten, wenn wir vor einem Problem in unseren Beziehungen stehen oder eine schwierige Entscheidung fällen müssen. Ob es um Ehrlichkeit, Disziplin, Beziehungsprobleme, Seitensprünge oder Erziehungsfragen geht – kein anderes Buch der Bibel bezieht so lebensnah und unverblümt Stellung zu ganz praktischen Lebensfragen wie das Buch der Sprichwörter. Bill Hybels nimmt Sie mit auf eine Entdeckungsreise durch diese geballte Sammlung von zeitlosen Weisheiten und hilft Ihnen auf seine warmherzige, ehrliche Art dabei, die ersten Schritte auf dem Weg der praktischen Anwendung zu tun.

Bill Hybels
Aufbruch zum Leben
Hardcover, 220 Seiten
Best.-Nr. 657 289